LES COURS

ET LES

CHANCELLERIES

IMPRESSIONS ET SOUVENIRS

OUVRAGES DU MÊME AUTEUR :

La Finlande, son histoire primitive. — Son génie national. — Sa condition politique et sociale depuis la conquête russe, 2 vol. in-8º — 1845.

Une saison de bains au Caucase, 1 vol. in-8º — 1845.

Le Glaive runique, ou la lutte du paganisme scandinave contre le christianisme, 1 vol. in-8º — 1846.

Esquisses politiques et littéraires du comte Ouvaroff, 1 vol. in-8o — 1848.

Histoire littéraire du Nord, 1 vol. in-8o — 1850.

La Question russe, 1 vol. in-16 — 1853.

La Russie contemporaine, 1 vol. in-16 — 1854.

La Russie et la Civilisation européenne, 1 vol. in-12 — 1854.

Les Iles d'Aland, 1 vol. in-16 — 1854.

La Baltique, 1 vol. in-16 — 1855.

L'Empereur Alexandre II, 1 vol. in-12 — 1855.

Etudes sur la Russie et le nord de l'Europe, 1 vol. in-12 — 1857.

Ivan, 1 vol. in-12 — 1859.

Gustave III, 1 vol. in-12 — 1861.

Antiquités trouvées dans le nord de l'Europe, 1 vol. in-4º 1863.

Le Congrès et le Conflit Dano-Allemand, 1 vol. in-8º — 1864.

Les Poemes nationaux de la Suède moderne, 1 vol. in-12 — 1867.

Voltaire et la Police, d'après des documents inédits recueillis à Saint-Pétersbourg; 1 vol. in-12 — 1867.

Le Kalevala, épopée nationale de la Finlande et des peuples finnois; 1 vol. in-8º — 1867.

Le Sarcophage de Napoléon en son Tombeau des Invalides, brochure in-8º — 1872.

M. Thiers et les Partis monarchiques, brochure in-8º — 1872.

Les Prisons cellulaires en Suède, brochure in-8º — 1873.

La Majorité du Prince impérial et l'appel au peuple, brochure in-8º — 1874.

Les Odeurs de Berlin, 1 vol. in-12 — 1874.

La Fille du Sorcier ou le roi Louis-Philippe en Finlande, 1 vol. in-12 — 1875.

Marie Histoire d'une jeune Fille, 1 vol. in-12 — 1875.

Paris. — Imprimerie de E. DONNAUD, rue Cassette, 9.

LES COURS

ET LES

CHANCELLERIES

IMPRESSIONS ET SOUVENIRS

PAR

L. LÉOUZON LE DUC

PARIS

E. DENTU, ÉDITEUR

LIBRAIRIE DE LA SOCIÉTÉ DES GENS DE LETTRES

PALAIS-ROYAL, 17 et 19, GALERIE D'ORLÉANS.

1876

AVANT-PROPOS

Le présent volume est une sorte de mosaïque. Parmi les chapitres qui le composent plusieurs ont déjà subi l'épreuve de la publicité, les autres l'affrontent pour la première fois.

En les réunissant, j'ai cédé à un conseil plus bienveillant peut-être que prudent. « Vos *Chroniques* et vos *Souvenirs diplomatiques*, me disait-on, ont été la plupart fort remarqués ; vos lecteurs vous sauraient gré de les leur représenter sous une forme moins éphémère. »

De là ce volume. Je dois dire cependant, que je me suis appliqué à lui donner un intérêt qui ne fût pas exclusivement rétrospectif. C'est ainsi que j'en ai élagué bien des questions qui, traitées à l'heure où elles surgissaient, avaient pu saisir plus ou moins vivement, mais qui, par suite des solutions intervenues, ont disparu du domaine de la discussion ; du moins, en revenant sur ces questions, n'en ai-je conservé que les éléments propres, si je puis m'exprimer ainsi, à prolonger leur actualité.

Ce volume a une physionomie essentiellement cosmo-polite ; c'est le voyage d'un diplomate amateur à travers ces chancelleries d'Europe où l'on s'occupe de la France, et où la France a son mot à dire et le dit. On y traite des hommes et des choses ; et chemin faisant, on sème les anecdotes, les traits caractéristiques, les appréciations, les jugements sur certaines personnalités marquantes dont le rôle public gagne ainsi en lumière. Somme toute et malgré la modestie de ses prétentions, ce volume n'en n'offrira pas moins, je l'espère, une lecture instructive, parfois attrayante, et pour plus d'un événement, pour plus d'un héros de notre histoire contemporaine, il pourra servir à la fois de guide et de *memento*.

Paris, le 20 mai 1876.

LES COURS

ET LES

CHANCELLERIES

FRANCE

LE DUC DECAZES

I

Le duc Decazes est un diplomate de race. Dans son cabinet du quai d'Orsay, il est chez lui; on s'étonnerait presque qu'il pût s'acclimater ailleurs. Son père, un homme d'État dont la France se souvient, l'avait formé, tour à tour maître et modèle. Le duc tient de son père la prudence, la finesse, la conception large, la prévision sûre, et aussi la dignité parfaite, l'aménité gracieuse. On sent en lui comme une harmonie traditionnelle qui impose et qui charme. Gentilhomme hautement titré, il a du grand seigneur la désinvolture et l'aplomb; en même temps, les goûts élevés et délicats. Rien de gourmé; il vit dans l'atmosphère des protocoles sans s'imprégner de ses effluves poudreuses et froides. Son allure grave, facilement solennelle, exclut la pose; c'est une spontanéité de nature. De même son abandon intime et familier. Sa poignée de main est chaude, son sourire franc. Par exemple, son regard est à lui seul une puissance : il a des effets prismatiques d'une vivacité sans égale. Tantôt lumineux, tantôt voilé, il se fixe ou élude ; par moment, il perce comme une flèche d'acier. Regard de diplomate, merveilleusement apte à forcer l'aveu tout en couvant le mystère.

II

Le duc Decazes compte d'illustres alliances, et ceci n'est pas indifférent au prestige que réclament les fonctions dont il est investi. Par sa mère, fille du comte de Beaupoil de Sainte-Aulaire, il tient aux familles princières de Brunswick-Bevern et de Nassau. Un Brunswick-Bevern ayant épousé la veuve du dernier duc de Slesvig-Holstein-Glücksburg, cette princesse sollicita du roi de Danemarck, Frédéric VI, la réversibilité de son titre héréditaire de Glücksburg, sur le mari de sa nièce, le duc Decazes, père du duc actuel. Frédéric VI déféra à son désir. Toutefois, modifiant le nom dans les lettres patentes, au lieu de l'écrire Glücksburg, ou, comme on le fait habituellement, *Glücksberg*, qui le rapproche de la forme suédoise, il lui donna la forme purement danoise de *Glücksbjerg*. C'est ainsi que, suivant l'usage héraldique, et jusqu'à la mort de son père, en 1860, le duc Decazes a porté exclusivement le titre de duc de Glücksbjerg. Il n'est pas sans intérêt de faire remarquer que, grâce à son titre étranger et à ses alliances, le ministre actuel des affaires étrangères touche précisément aux familles souveraines qui ont le plus souffert des ambitions de la Prusse.

Le duc Decazes a encore ajouté à l'éclat de sa maison en choisissant pour compagne la fille du général autrichien Lœwenthal. On citait à Vienne la future duchesse pour sa beauté, sa grâce et son esprit ; les salons de Paris ont ratifié cet hommage, et l'on sait qu'il est encore confirmé tous les jours par ceux qui sont admis aux grandes réceptions du quai d'Orsay.

III

Le duc Decazes est un travailleur sérieux. Il préside à tout, il dirige tout ; et comme il a la bonne fortune de trouver sous sa main des chefs de service très-zélés et très-capables, on se figure l'activité qu'il imprime à son ministère. Connaissant mieux que personne les réformes, les améliorations que son organisation comporte, il les réalise au besoin. On ne s'aperçoit guère d'un tel mouvement dans la masse du public; le département des affaires étrangères n'est pas de ceux qui se livrent à tous les vents; la plupart du temps, on recueille les fruits de son action, sans se douter seulement des efforts qu'ils ont coûtés.

Le duc Decazes écrit peu ; il préfère dicter, et il dicte bien. Ses notes, ses dépêches, sobrement quoique élégamment écrites, se distinguent par la netteté et la clarté. D'emblée il entre dans le vif du sujet et va droit au but ; rien de parasite ni de superflu. Ce mérite, que les diplomates apprécient fort, s'était déjà révélé dans la correspondance du duc, alors qu'en qualité de ministre plénipotentiaire ou d'ambassadeur il représentait la France à Madrid ou à Londres.

A la tribune, le duc Decazes apparaît tel qu'il est dans son cabinet : l'homme d'Etat précis et ferme. Ce n'est pas que ses aptitudes ne lui permissent de prétendre aux palmes de la grande éloquence ; il l'a prouvé. Mais son penchant n'est point là. Instruire, convaincre lui sufit. Tâche, du reste, la plus difficile, la plus ingrate. C'est pourquoi

si, par exception, il se développe, le plus souvent il se
borne à un exposé bref. La dernière Assemblée, il faut le
dire, l'aimait comme cela; elle le devinait sous sa réserve et
lui donnait raison ; il est sans exemple que dans une question importante il ait sombré sous un vote.

IV

Dès son entrée au pouvoir, le duc Decazes avait inspiré
la confiance. Né en 1819, il débuta fort jeune dans la carrière diplomatique dont il parcourut les divers grades avec
éclat. Ses éminentes qualités lui valaient dans le monde
des cours et des chancelleries un accueil privilégié, en
même temps qu'elles le rendaient apte aux missions les
plus compliquées, les plus délicates. Vienne, Copenhague,
Madrid, Londres, tous les postes qu'il a occupés ont conservé de lui les meilleurs souvenirs.

Ceci explique la haute estime dont jouit le duc Decazes
auprès des cabinets, comme auprès de l'opinion européenne. Les journaux étrangers qui nous sont le plus hostiles, n'osent l'attaquer, et ceux d'entre eux qui s'intéressent
le plus sincèrement à la fortune de la France, ne manquent
aucune occasion d'applaudir à sa politique. On a vu, naguère, à quel point l'apprécient les représentants des
puissances à Paris. Au seul bruit de sa démission, ils ex-
primèrent au maréchal de Mac-Mahon le regret qu'ils
éprouveraient à ce qu'il l'acceptât. Jamais ministre, que je
sache, n'avait été l'objet d'une semblable manifestation.
Citerai-je l'opinion du prince de Bismarck ? Le prince de
Bismarck, qui n'aime pas les résistances, sent, néanmoins,
qu'il doit compter avec le duc Decazes ; il avoue qu'il n'a
pu encore trouver en lui le défaut de la cuirasse.

V

Je n'ai point à m'occuper ici de l'homme politique. Un ministre des affaires étrangères pénétré de sa mission, fût-il inféodé à un parti, n'est point un homme de parti. Il négocie, il traite, non dans l'intérêt de tel ou tel programme isolé, mais dans l'intérêt de la France; et s'il demeure attentif aux péripéties de l'action intérieure, ce n'est que proportionnellement à l'influence qu'elle peut exercer sur l'action extérieure.

Le duc Decazes s'est montré fidèle à ces principes de conduite. Une fois au quai d'Orsay, il a été ministre des affaires étrangères, rien de plus. Aussi bien, la tâche était lourde.

Sans parler des désastres de la guerre, le traité de Francfort avait porté à notre diplomatie un coup funeste. Signé en dehors de toute médiation entre la France et l'Allemagne, et dépourvu de sanction internationale, il équivalait pour nous à un arrêt d'isolement. Nulle garantie ne nous protégeait, et pour les questions d'exécution, nous étions livrés sans merci aux exigences éventuelles d'un vainqueur infatué et ombrageux. La situation était critique.

Le duc Decazes avisa tout d'abord à conjurer le danger qu'elle impliquait pour le maintien de la paix. A cette fin il s'appliqua à convaincre l'Europe de notre ferme et inébranlable résolution de faire honneur à nos engagements. En même temps, et comme corollaire de notre attitude loyale, il revendiquait de la part de ceux qui se trouvaient engagés envers nous une complète réciprocité. Politique habile et sage qui devait avoir et eut, en effet, pour résultat de nous ménager auprès des puissances avides de la paix, à défaut de la garantie contractuelle qui nous manquait, cette sympathie effective et pratique que rencontre toujours un État observateur conciencieux de ses devoirs.

Le duc Decazes a expliqué lui-même cette politique dans un discours prononcé à Bordeaux en 1873. Je citerai ses propres paroles :

« Nous avons mis la paix sous une double sauvegarde : l'affirmation du droit de la France et notre respect religieux pour toutes les obligations internationales. C'est bien là en effet, j'ose le dire, tout le secret de notre politique étrangère, trop souvent méconnue et injustement attaquée. Certes, et vous ne sauriez me reprocher cette prudence, je n'essayerai point aujourd'hui de provoquer et de poursuivre une modification à ces conventions que le passé nous a léguées. J'en réclame la stricte observation et j'en offre de mon côté la loyale exécution. N'est-ce point là, messieurs, ce que nous commandent notre dignité et nos intérêts ? »

VI

Assurément un tel programme répondait on ne peut mieux à la logique des circonstances. Quel était notre premier, notre plus urgent besoin ? La paix, la paix qui, seule, pouvait nous permettre de rétablir nos affaires et de reconquérir notre influence. C'était aussi le besoin de l'Europe : ébranlée, plus qu'on ne saurait le dire, par la guerre où nous avions succombé, l'Europe voulait la paix.

Or, au moment dont il s'agit, la paix était exclusivement suspendue à l'exécution du traité de Francfort. Que cette exécution périclitât soit du côté de la France, soit du côté de l'Allemagne, la guerre était fatale.

Ainsi donc, eu égard au maintien de la paix, rien ne pouvait être plus efficace que la conviction inculquée aux puissances de la loyauté de la France à l'endroit du traité.

De la sorte, nous les rassurions, et, en les rassurant, nous nous les concilions. En outre, nous coupions court à toute suspicion que des subtilités ou des interprétations arbitraires eussent été capables d'élever contre nous. Ajoutons que nos bonnes dispositions une fois reconnues, notre droit à être payés de retour devenait indiscutable.

Cette politique du duc Decazes a porté ses fruits. Qu'on se rappelle nos inquiétudes au printemps de 1875 ! La presse allemande agitait toute l'Europe ; à l'entendre, nous nous relevions trop vite, nous étions impatients de revanche ; il était du devoir de l'Allemagne de prévenir notre attaque en brusquant une nouvelle guerre. La Russie intervint et le calme se fit. Mais pourquoi la Russie intervint-elle ? N'est-ce point parce que, grâce à la sagesse de notre diplomatie, éclairée sur la sincérité de nos intentions, elle était convaincue elle-même que nous ne menacions qui que ce soit ?

M. de Bismarck revenait naguère sur cette crise violente ; et c'était pour en dégager sa responsabilité. Que n'agissait-il ainsi dix mois plus tôt ? La crise eût été étouffée avant de naître. Sa protestation tardive n'en est pas moins une nouvelle preuve des succès persistants de notre politique étrangère, puisqu'il en ressort qu'à Berlin même, on juge opportun de se défendre d'avoir pu douter de nos sentiments pacifiques.

VII

Indépendamment de ce gros nuage, notre horizon diplomatique s'est trouvé obscurci plus d'une fois par des points noirs qui, sans l'extrême habileté de notre chancelier, eussent peut-être dégénéré en tempêtes. Cela tenait, d'une part, à la transition toujours difficile pour deux grands États qui viennent de se battre, entre la période

de guerre et la période de paix ; de l'autre, au travail
auquel se livrait l'Allemagne pour organiser l'empire
allemand. Ce travail donnait lieu de la part de M. de
Bismarck, à une prétention assez étrange. Dès qu'il pro-
mulguait dans l'intérêt de la fondation nouvelle, soit une
réforme, soit une loi, il lui semblait que les autres États
de l'Europe dussent s'empresser d'y conformer leur régime
propre. Toute divergence à cet égard passait presque à
ses yeux pour un acte d'hostilité et il s'en irritait. Que
n'a-t-on pas raconté de la pression exercée par lui sur le
gouvernement italien pour l'amener à modifier ses rapports
avec le Pape et aggraver les « lois de garantie »! Les
journaux belges ont signalé, de leur côté, ses remon-
trances infatigables au cabinet de Bruxelles. L'écho en a
retenti jusqu'à Londres.

Naturellement, nous devions avoir, nous aussi, à souffrir de cette prétention. Certains mandements de nos évêques offusquaient le fier ministre ; et il cherchait lui-même
dans l'arsenal de nos lois, les moyens de les refréner.
Même sur des points que nous estimerions indifférents ou
futiles, il insistait.

Le duc Decazes, qui prend souci des détails, sachant
qu'en diplomatie les questions les plus légères en apparence, risquent souvent, si on ne les empêche de s'envenimer, d'aboutir à des complications graves, le duc Decazes
demeurait attentif à toutes les réclamations de la chancellerie allemande, quelles qu'elles fussent ; mais nous devons
reconnaître que, tout en les traitant avec un grand esprit
de conciliation, il n'y a jamais satisfait que dans la mesure
de la justice et de la vérité, ne sacrifiant rien de nos droits
ni de nos principes.

Avec d'autres puissances, notamment avec l'Italie et
l'Égypte, le duc Decazes a dû suivre également des négociations fort difficiles. Il y a déployé la même habileté et

recueilli les mêmes succès. Quant à sa politique si correcte vis-à-vis de l'Espagne, les légitimistes ardents l'ont amèrement critiquée. Critique de parti fondée sur une équivoque. On ne saurait oublier, en effet, que pour nous, comme pour toutes les puissances européennes, il n'existait en Espagne qu'un seul gouvernement légal ; que Don Carlos, même à l'apogée de sa force, n'avait jamais été reconnu comme belligérant, et qu'ainsi, sans violer le droit public, sans manquer à nos devoirs internationaux, nous ne pouvions même le favoriser de notre neutralité.

En somme, et dans toute sa conduite politique, ce qu'il importe de constater, c'est que malgré la faiblesse de notre situation et la réserve qu'elle nous imposait, malgré l'impossibilité où nous avons été si longtemps, de compter sur d'autres appuis que des appuis problématiques, le duc Decazes a constamment sauvegardé nos intérêts et notre dignité, montrant que, pour être vaincue, la France n'en était pas moins toujours la France. Et certes, il faut bien qu'il en soit ainsi, puisque l'Europe revient chaque jour de plus en plus à nous. Si notre politique étrangère n'eût été vraiment digne et patriotique, au lieu de nous concilier la sympathie des cabinets, elle ne nous eût valu de leur part que la mésestime et le délaissement. On abandonne ceux qui s'abandonnent eux-mêmes.

VIII

Pour apprécier dans toute son étendue l'œuvre diplomatique accomplie par le duc Decazes, pour mesurer surtout la grandeur des difficultés contre lesquelles il a eu à lutter, il faudrait remonter jusqu'à l'empire. C'est de l'empire en effet que date la dislocation de notre diplomatie. Même aux plus beaux jours de sa splendeur il n'a

jamais joui auprès des cabinets que d'un crédit précaire;
on le suspectait. Comme il était issu d'un coup de force
enté sur un parjure, on s'attendait à ce qu'en dépit des am-
nisties plébiscitaires, il pérît par un coup de force, ce coup
dût-il venir du dedans ou du dehors. C'est pourquoi l'empire n'a pu se concilier une seule alliance sincère et durable; et quand a éclaté la crise finale, on l'a vu s'effondrer
sans qu'aucune puissance lui tendît la main où s'inquié-
tât seulement de sa chute.

L'empire disparu, ceux qui avaient assumé la tâche
de sauver du pays ce qui pouvait encore être sauvé,
s'empressèrent tout d'abord à reconstruire notre situation
diplomatique. C'était la nécessité la plus urgente; et
certes, tenter d'y faire face n'avait rien de téméraire, car
la France délivrée du régime qui avant de la perdre militairement l'avait déjà ruinée diplomatiquement, ne devait
que mieux s'imposer au respect et à la sympathie des
puissances.

Malheureusement la tentative a échoué. Ceci m'amène
à parler de la mission de M. Thiers auprès des cours de
l'Europe; et si, à propos de cette mission, j'ai à formuler
de graves reproches contre l'illustre homme d'État, on
ne m'accusera pas, je l'espère, d'hostilité systématique;
j'ai prouvé en d'autres circonstances que je savais lui
rendre l'hommage qu'il mérite (1).

IX

Deux écrivains distingués et fort compétents, MM. Jules
Valfrey (2) et Albert Sorel (3) se sont occupés de la mission

(1) Voir ma brochure : *M. Thiers et les partis monarchiques.*
Paris, 1872.

(2) *Histoire de la diplomatie du gouvernement de la Défense nationale.*
Paris, 1871-1872.

(3) *Histoire diplomatique de la guerre franco-allemande,* Paris,
1875.

de M. Thiers, l'un et l'autre avec une impartialité, une modération remarquables.

M. Valfrey publiant son ouvrage à l'époque où M. Thiers exerçait la première magistrature de l'État, se trouvait astreint par là même, suivant son expression, à ne parler de l'envoyé de la Défense nationale « qu'avec une grande réserve. » « D'autres viendront plus tard, ajoute-t-il, qui seront mieux en situation d'exercer à cet égard les droits de l'histoire. Il leur appartiendra de déchirer tous les voiles dont nous ne soulevons aujourd'hui qu'un coin, et de pénétrer à fond des situations que nous ne faisons qu'indiquer. »

M. Sorel, écrivant en 1875, est plus explicite ; toutefois c'est plutôt à développer les documents authentiques déjà fournis par son devancier qu'à les enrichir de nouvelles pièces, qu'il borne sa tâche ; mais autant à ce qu'il dit qu'à ce qu'il laisse pressentir, on reconnaît que la cause est jugée. Voici sa conclusion : « M. Thiers était chargé de conclure des alliances s'il le pouvait, à tout le moins d'obtenir la reconnaissance de la république et une médiation des États en faveur de la France. Il avait sans doute donné du crédit au gouvernement de la Défense, mais il n'avait point été possible de trouver des alliés ; les cabinets persistaient tous, en maintenant avec la France des rapports officieux et même sympathiques, à ne point reconnaître le gouvernement de Paris. La médiation même avait échappé. L'Angleterre refusait, l'Italie n'osait pas, l'Autriche gémissait de son impuissance, la Russie seule avait montré quelque obligeance ; elle consentait à demander pour M. Thiers un sauf-conduit qui lui permettrait de débattre avec la Prusse, seul et sans appui de l'Europe, les conditions de la paix. *C'était tout.* »

X

Ce qui frappe, dans la mission de M. Thiers, et ce qui, dès l'abord, devait en faire présager l'insuccès, c'est, comme le remarque très-justement M. Valfrey, l'incompatibilité qui existait entre les dispositions des mandants et celles du mandataire. Tandis que le gouvernement, dans son ensemble, croyait à la défense, M. Thiers n'y croyait pas. Selon lui, du moment que nos armées régulières étaient prisonnières ou inactives, tout était perdu.

Ceci posé, on se demande comment M. Thiers a pu accepter la mission qui lui était offerte. Comprend-on un homme convaincu qu'il n'y avait plus qu'à céder, se mettant aux ordres d'un gouvernement dont le programme inflexible se résumait dans ces mots : « Pas un pouce de notre territoire, pas une pierre de nos forteresses ! »

Sans doute, il n'est pas inouï dans les fastes de la diplomatie, qu'un agent ait été chargé de négociations contraires à son sentiment propre. Mais, en pareil cas, si l'agent est consciencieux et fidèle, il s'efface lui-même pour s'identifier aux volontés de son chef. Rien de semblable n'était à attendre de M. Thiers. M. Thiers est trop absolu dans ses idées, trop fier de sa compétence, trop infatué de la souveraineté, de l'infaillibilité de sa raison, pour se plier à une autre opinion que la sienne.

C'est pourquoi on l'a vu à Londres, à Vienne, à Saint-Pétersbourg, à Florence, semer inconsidérément ses doutes, ses espérances, le tout émaillé d'oiseuses récriminations contre l'empire et d'éloges décernés à ceux qui avaient pris sa place. Qu'en est-il résulté ? M. Thiers a recueilli pour lui personnellement beaucoup de politesses et d'hommages, mais pour la France, rien.

On me dira : « M. Thiers avait raison ; l'événement l'a prouvé, tout était perdu. » Je n'en disconviens pas. Mais, vu l'époque où il agissait, vu la mission dont il était chargé, n'était-il pas de son devoir de ne pas se découvrir ? Un fait prévu n'est point un fait accompli ; en diplomatie, le silence sur l'un peut avoir la chance d'empêcher l'éclosion de l'autre. M. Thiers a dédaigné cette tactique.

D'ailleurs, si toute confiance manquait à M. Thiers, que ne se retournait-il ? Pourquoi accepter la mission ? N'eût-il pas été plus patriotique d'user de son autorité et de son expérience pour peser sur le gouvernement de la Défense nationale, et lui dessiller les yeux ? Loin de là, toutes ses dépêches, tous ses télégrammes étaient conçus de façon à l'entretenir dans ses illusions. Bien plus, chaque fois que, dans ses voyages de Paris à Tours et de Tours à Paris, l'occasion s'est offerte à lui de renseigner la capitale sur la province et la province sur la capitale, il l'a déclinée. Sa qualité de négociateur, prétendait-il, le lui interdisait. Singulier scrupule, en vérité ! M. de Bismarck a dû en rire au moins autant que des larmes intempestives mais du moins patriotiques de M. Jules Favre.

XI

Ce n'est pas tout : après avoir échoué dans ce qu'il s'était chargé de faire, M. Thiers ne négligea rien pour saper ce qui avait été fait en dehors de lui. Tandis qu'il voyageait à l'étranger, le comte de Chaudordy, sur lequel reposait en réalité toute notre diplomatie, n'était pas resté inactif. Avec la sagacité qui le distingue, et grâce aux renseignements certains qu'il avait réussi à se procurer, il comprit que la Russie, dont l'unique objectif, depuis les

premières phases de la guerre, était la révision du traité
de 1856, ne se rapprocherait de nous qu'autant que nous
serions victorieux ou que tout au moins notre position
demeurerait indécise.

Or, malheureusement, nous n'en étions point là. Le
comte de Chaudordy estima donc superflu d'insister
directement auprès de la Russie et tourna ses efforts du
côté de l'Angleterre. En effet, l'Angleterre, arbitre des
neutres, étant entraînée, toutes les autres puissances suivraient nécessairement. Dès lors, la situation eût été radica-
lement changée ; les deux belligérants ne se fussent plus
trouvés seul à seul, le vaincu à la merci du vainqueur ;
les puissances se seraient interposées sinon militairement,
du moins diplomatiquement, et c'est avec elles qu'eu égard
au règlement de la paix l'un et l'autre eussent dû compter.

Cette négociation, poursuivie avec une constance et une
habileté extrêmes, touchait à son point le plus délicat,
lorsque M. Thiers fit sa réapparition à Tours. Il revenait
tout parfumé des gracieuses réceptions dont il avait été
l'objet à Saint-Pétersbourg. Et comme le prince Gortschakoff avait su flatter son amour-propre, en lui affirmant
qu'en traitant seul de sa personne avec M. de Bismarck il
en obtiendrait des conditions plus favorables que par
toute médiation étrangère, il avait pris ce compliment,
qui de la part du chancelier russe n'était qu'un adroit
déclinatoire, pour le dernier mot de la situation, résolu
d'y conformer sa conduite.

Dès ce moment il vit de mauvais œil tout ce qui risquait
de contrecarrer son action personnelle ; jaloux de conclure lui-même la paix, il ne voulait partager avec aucun
autre un privilége qui, si triste qu'il fût, n'en impliquait
pas moins l'ascension forcée au pouvoir.

Le succès du comte de Chaudordy dépendait principalement, on pourrait dire uniquement, des susceptibilités,

des craintes de l'Angleterre à l'endroit de la Russie. Sa tactique avait consisté à les éveiller, et il y avait réussi. Encore quelques jours de discrétion et de prudence, et le cabinet de Saint-James allait se trouver engagé; et la ligue des neutres, formée à l'origine contre nous, se prononçait pour nous; la France cessait d'être isolée.

M. Thiers ruina d'un seul coup ces espérances. Tandis qu'il eût fallu entretenir les inquiétudes que l'attitude éventuelle de la Russie causait à l'Angleterre, il les dissipa. Par ses indiscrétions, par ses confidences inopportunes, il fit comprendre à lord Lyons que les bonnes dispositions non-seulement de la Russie, mais encore de toutes les autres puissances qu'il avait visitées, n'aboutiraient qu'à un platonisme inoffensif; il le lui fit comprendre si bien que, lord Lyons en ayant informé lord Granville, l'Angleterre n'hésita pas à se retirer; tout fut rompu. En vain M. de Chaudordy, transportant la négociation d'ensemble sur certains détails isolés, tenta de sauver quelques débris de son édifice écroulé; il n'y réussit pas, il ne pouvait pas y réussir. « L'Italie, dit M. Sorel, répondit qu'à la vérité une paix sans annexion serait préférable, mais qu'avant de faire une déclaration elle voulait s'accorder avec les neutres. L'Autriche laissa entendre que l'on pourrait consulter les populations; M. de Beust épancha ses regrets dans une dépêche au comte d'Apponyi, il indiqua ce qu'il eût fallu faire et ce qu'il ne faisait pas lui-même. L'Angleterre s'en remit à la future Assemblée, dont M. Thiers provoquerait la convocation, et la Russie s'abstint. »

Tel est donc le résultat final auquel aboutit l'intervention de M. Thiers sous la Défense nationale. La France isolée, la France livrée pieds et poings liés à la Prusse, la France, à une des époques les plus tragiques de son histoire, exclue du concert des puissances.

Assurément, je ne prétends pas que, même l'Europe

intervenant, les conditions de la paix eussent été plus douces. La Prusse, peut-être, n'en eût pas moins abusé de sa force, et il n'est pas à croire qu'aucun des médiateurs eût armé pour la réduire. Malgré tout, que notre situation eût été différente! Vaincus, mutilés, nous n'aurions pas été seuls à dévorer notre douleur; l'Europe l'eût partagée, comme si, à certains égards, elle eût été sienne. Ajoutons que le ressentiment de son intervention méconnue nous eût valu dans ses conseils un appui sur lequel nous aurions toujours pu compter, et qui, en maintenant notre diplomatie dans son assiette internationale régulière, l'eût sauvée du trouble déplorable qui l'a si longtemps affectée.

Ainsi, grâce à M. Thiers, notre diplomatie manqua l'occasion de se réhabiliter que lui avait offerte la chute du trône impérial. Comprend-on les difficultés qui s'ensuivirent pour ceux qui plus tard devaient être appelés à la diriger? Il n'a fallu rien moins pour les surmonter qu'un homme de la compétence et de la sagesse du duc Decazes. Aujourd'hui notre ciel diplomatique a recouvré sa sérénité; la paix si laborieusement maintenue, une paix honorable paraît désormais assurée; notre dignité nationale est intacte; notre isolement, conséquence de la politique et des fautes de l'empire, cesse; la France reprend peu à peu sa place dans les concerts de l'Europe; en un mot, aux yeux de l'étranger, comme à ses propres yeux, la France se relève. De tels résultats ne sont-ils pas un témoignage éclatant que le ministre auquel ils sont dus est un ministre habile, un ministre heureux, et que la direction de nos affaires internationales n'aurait pu être placée en de meilleures mains que les siennes ?

UN TYPE DE DIPLOMATE

M. DOTÉZAC

On se fait parfois une singulière idée des diplomates. On les représente comme des hommes fermés, gourmés, d'un visage indéchiffrable, d'une attitude impassible ; et cette apparence de sphinx n'est, dit-on, la plupart du temps, que le masque d'un cœur sec et d'un esprit vide.

Il y a beaucoup à rabattre de ce jugement. Le diplomate, à la vérité, est, par profession, l'homme du mystère ; il porte en lui les secrets d'État ; sa chancellerie est un sanctuaire dont il est interdit aux profanes de soulever le voile. Mais ceci implique la discrétion, non la roideur, encore moins ce qu'on appelle la pose ; la roideur, la pose, quand on les rencontre dans un diplomate, ne sont chez lui, comme chez les autres mortels, qu'affaire d'éducation ou de caractère.

D'un autre côté, aux yeux de beaucoup de gens, la fonction de diplomate n'est qu'un emploi ordinaire. On sollicite une ambassade comme on sollicite un bureau de tabac. Ceci surtout aux époques de révolution. Quelques-uns obéissent simplement à une curiosité vagabonde. Ils veulent voyager : l'épée à poignée de nacre, l'habit brodé d'or, le chapeau à plumes, leur permettront, pensent-ils, une pérégrination plus facile et plus élégante. Puis, on a un beau nom, une belle fortune, que faut-il de plus ? Sans doute, un beau nom, une belle fortune ne sont pas à dédaigner. Grâce à eux, le diplomate peut multiplier les dîners et faire grande figure aux fêtes de cour; mais, dans les négociations de cabinet, ce prestige perd nécessairement de son éclat, et, si, l'on n'y joint des facultés d'élite, une initiation consommée, un tact souverain, une science des hommes et des choses acquise par un travail sévère, le diplomate le plus huppé sera *roulé*, qu'on me permette cette expression, le plus lestement du monde, par le premier chef de service venu, instruit et compétent.

I

Parmi les diplomates français que j'ai fréquentés, pendant mes longs séjours à l'étranger, M. Dotézac est un de ceux qui m'ont laissé les plus agréables souvenirs. Je l'ai connu à Copenhague; il eût été difficile, je crois, de le rencontrer ailleurs. M. Dotézac, en effet, a représenté la France près la cour de Danemark, en qualité de chargé d'affaires ou de ministre plénipotentiaire, durant une période ininterrompue de plus de trente ans; il n'a quitté le Danemark qu'en 1869.

Or, dans tout le cours de cette période, il n'a jamais pris un seul congé; il est resté cloué à son poste, ne se permettant même pas une excursion de quelque importance en dehors de la capitale. Si on l'a vu figurer à Stockholm, au mariage de la fille du roi Charles XV, c'est que cette princesse épousait le prince royal de Danemark, et qu'ainsi il ne s'écartait point moralement de sa mission. Autrement, il est certain qu'il se fût arrangé pour demeurer chez lui.

On avait surnommé M. Dotézac le « Résident idéal, » et l'on voit qu'il le méritait bien. « Quand vous quitterez la carrière, lui disais-je, on vous érigera, dans les salons du ministère des affaires étrangères, non un buste, non une statue, mais un obélisque. »

Par suite de cette humeur sédentaire, M. Dotézac était l'homme le plus connu de Copenhague. Grands et petits le saluaient, en l'appelant par son nom, ou en lui donnant, suivant l'usage du pays, ses titres et qualités. Un matin, avant l'aube, fatigué d'une nuit d'insomnie, il s'était levé pour faire une promenade ; il poussa jusqu'à un endroit très-écarté. Là, se sentant appétit, il entra dans un petit cabaret borgne, le seul qui se trouvât sur sa route, et demanda du café. Une grosse fille s'empressa de le servir, et quand il eut réglé son compte : « *Tak fransk minister* (merci, ministre de France), » lui dit-elle en le saluant profondément. Les gamins des rues le remerciaient dans les mêmes termes, en en recevant quelques sous pour lui avoir rapporté son mouchoir, qui s'échappait de sa poche assez souvent. « Il me serait difficile, disait-il en riant, de garder ici l'incognito. »

Cette constance de M. Dotézac à ne pas s'éloigner de son poste n'était pas chez lui une simple manie d'homme casanier, elle provenait d'un véritable attachement pour le Danemark et la nation danoise. Les Danois le lui rendaient bien : pas de dîners, pas de fêtes, pas de réunions brillantes auxquels ne fût convié le ministre de France, et partout il était l'objet des hommages les plus sympathiques, des plus gracieuses prévenances. Grand joueur de whist, il était le partenaire habituel et obligé du prince royal, aujourd'hui Christian IX.

Le roi Frédéric VII, de son côté, professait pour M. Dotézac l'estime la plus haute et lui témoignait une affection que je pourrais appeler fraternelle. Jamais il n'était plus gai que lorsqu'il le recevait dans ses châteaux. C'était une réception à grand orchestre. Une nuit qu'il l'avait retenu à Fredensborg, il lui fit la surprise d'une aubade tellement bruyante que tout le monde se réveilla en sursaut, croyant que le château s'écroulait. Cependant il arriva un moment où M. Dotézac reçut ses lettres de rappel. Frédéric VII en fut consterné et intervint aussitôt personnellement. « Figurez-vous, monsieur, me disait le roi à ce sujet, que votre gouvernement a eu l'idée de m'enlever Dotézac; mais je me suis hâté d'écrire moi-même à l'empereur, et l'empereur me l'a laissé. Dotézac ne peut s'en aller; il est né ici, nous avons été élevés ensemble. »

II

On s'imagine peut-être qu'un homme ainsi inféodé à un pays était devenu exclusivement l'homme de ce pays, laissant peu à peu s'atrophier en lui les qualités distinctives de sa patrie d'origine. Il n'en était rien : M. Dotézac était resté éminemment Français ; il en avait toute la verdeur d'idées, toute la spontanéité, tout l'esprit vif et petillant. Rien de plus charmant que sa conversation, de plus agréable que son commerce. Bordelais, d'ailleurs, il avait la causticité mordante, la finesse sagace des bords de la Garonne. Il avait aussi le culte de leurs crus, culte un peu trop absolu peut-être : je le trouvais, du moins, moi enfant de la Bourgogne ; mais ceux qu'il recevait à sa table et qui pouvaient apprécier jusqu'à quel point ses choix étaient distingués et délicats n'avaient qu'à s'en applaudir.

Avec ses secrétaires, M. Dotézac était d'une bonté toute paternelle, en même temps qu'il leur donnait l'exemple de l'exactitude et du travail. Je ne citerai parmi eux que le comte de Chaudordy, qui ne me démentira pas. J'ai beaucoup connu le comte de Chaudordy à Copenhague, et c'est pour cela qu'en le voyant élevé depuis à des postes si considérables, j'en ai conclu tout simplement que si la

justice avait, comme l'on dit, déserté ce bas monde, elle
conservait du moins encore un pied-à-terre à notre ministère des affaires étrangères.

M. Dotézac s'occupait aussi très-activement des Français
que leurs plaisirs ou leurs affaires amenaient en Danemark.
Malheureusement, il ne réussissait pas toujours à les con-
tenter. La tâche, il est vrai, n'était pas facile. Certains de
nos compatriotes qui vont à l'étranger se font, du rôle
d'un ministre de France, l'idée la plus extravagante; ils
s'imaginent qu'on peut lui demander n'importe quels services et qu'il lui est interdit de les refuser.

J'ai rencontré un jour, dans le cabinet de M. Dotézac,
une sorte de Gaudissart faisant la propagande des rubans.
Après avoir étalé sa pacotille devant le ministre, il lui dit
d'un ton presque solennel qu'il était enchanté de faire sa
connaissance, et que puisque sa qualité de représentant de
la France en Danemark lui imposait le devoir de protéger
les Français qui s'y livrent au commerce, il espérait
bien qu'il lui donnerait son concours. — « Comment en-
tendez-vous cela ? lui demanda le ministre. — Mais voilà,
répondit le Gaudissart en lui tendant un carnet d'échantillons; vous qui voyez tant de grandes dames, si vous
leur montrez seulement les jolies choses qu'il y a là dedans,
je suis sûr qu'elles s'empresseront de m'honorer de leurs
commandes. » — On se figure le joyeux éclat de rire qui
accueillit une telle proposition; le Gaudissart ne comprit
pas; il s'en allait le lendemain dans les cafés déblatérant
contre la manière ridicule dont les intérêts français
étaient protégés par notre diplomatie.

Il m'est arrivé à moi-même, étant en mission à Stockholm, de recevoir la visite d'un commis voyageur en papiers
peints. Il avait appris que j'allais faire une excursion en La-
ponie et venait me prier de le recommander aux Lapons.
« Je sais bien, ajouta-t-il, que les Lapons habitent des hut-

tes de peaux; mais, pour peu que vous m'y aidiez, je me
charge de leur prouver qu'ils ne sont que des imbéciles. »

III

M . Dotézac n'était pas seulement un diplomate
agréable, c'était encore un diplomate intelligent,
instruit et fort laborieux. En même temps que par
son attitude personnelle il faisait apprécier et aimer la
France, il étudiait à fond les affaires du Danemark. Nul ne
les connaissait mieux que lui; les ministres danois eux-
mêmes se plaisaient à le consulter, et il n'était pas rare
que, sur ses indications, ils ne corrigeassent des omissions
ou des erreurs, jusque dans les documents les plus intimes
de leur gouvernement, entre autres dans les projets de
budget. Je dois dire que pour ces sortes de questions
M. Dotézac trouvait dans son chancelier, M. Anguiot, un
auxiliaire des plus utiles. Le vicomte de Saint-Ferriol, qui
remplace aujourd'hui M. Dotézac et s'en montre le digne
successeur, se félicite tous les jours, je le sais, de ce qu'on
lui ait laissé pour les affaires de sa chancellerie, un homme
aussi expérimenté et aussi compétent.

A l'époque où M. Dotézac représentait la France à Copenhague, la tâche de la diplomatie était ardue. Le Danemark était alors aux prises avec l'Allemagne ; la
question des duchés était pendante. Tous les nuages capables d'obscurcir l'horizon le plus clair s'élevaient de la
chancellerie de Berlin ou de Francfort, en masses de plus
en plus profondes, autour de cette question. M. de Nessel-
rode lui-même s'en troublait. « Je n'y vois que du feu, »
disait-il. Persuadé, non sans raison peut-être, que cette
obscurité tenait en grande partie à ce que des deux côtés

les notes et dépêches étaient rédigées en allemand ; l'allemand, en beaucoup de choses, bravant volontiers la lumière ; je demandai un jour à l'un des ministres du roi Frédéric VII, pourquoi il n'invitait pas les cabinets allemands à correspondre avec le cabinet danois en français : — « Tout s'éclaircirait vite, » ajoutais-je. — « L'idée est bonne, répondit-il, malheureusement elle est inapplicable. Un article de l'acte final du traité de Vienne oblige les États de la Confédération germanique à correspondre entre eux en allemand ; or, le roi de Danemark, comme duc de Hosltein et de Lauenbourg, est membre de la Confédération germanique. » Du reste, à quoi bon ? Il y avait derrière tout cela, M. Benningsen en a fait lui-même l'aveu, une crise de force préméditée ; cette crise devait fatalement éclater.

Quoi qu'il en soit, M. Dotézac se jouait avec une facilité merveilleuse au milieu de ces ténèbres, de ces ambages, pour tant d'autres inextricables. Si, dans le temps, j'ai réussi moi-même à les débrouiller un peu, c'est à lui que je le dois. Je pourrais m'étendre longuement sur ce sujet. Qu'il me suffise de dire qu'au ministère des affaires étrangères, les communications de M. Dotézac étaient hautement appréciées ; et si les événements avaient pu être conjurés, elles y eussent aidé pour une bonne part.

Cette question des duchés peut nous servir de leçon, même pour aujourd'hui. Quand on pense que d'un simple établissement d'Allemands dans le Slesvig, établissement datant tout au plus du treizième ou du quatorzième siècle, la diplomatie allemande est parvenue à faire aux yeux de l'Europe une question de nationalité allemande, on peut s'attendre de sa part aux tours de force les plus incroyables. Ne l'avons-nous pas vue naguère se livrer à une sorte de gymnastique pour atteindre la France par-dessus la tête de l'Autriche et de l'Italie ? C'est le cas de veiller, le cas

surtout d'appliquer l'axiome : *Principiis obsta.* Si l'Allemagne a maille à partir avec ses évêques, si elle est en
délicatesse avec le pape, cela ne nous regarde pas. A chacun ses droits et ses devoirs. Nous ne ceindrions pas le
turban pour plaire au grand Turc. Je terminerai par une
anecdote.

Comme Pascal et tant d'autres grands esprits, M. Dotézac
était superstitieux. Le nombre treize était sa bête noire, et
il regardait le vendredi comme plein d'embûches. Or, un
jour, il fut convoqué avec ses collègues au ministère des
affaires étrangères, pour signer le traité relatif au péage
du Sund. C'était le 14 mars 1857, un vendredi ; les diplomates présents étaient au nombre de treize. Jugez de
l'effet. Heureusement, à la demande du ministre de Prusse,
la signature fut ajournée au lendemain. M. Dotézac respira,
il échappait ainsi au vendredi, mais les treize ! Il y échappa
aussi, car je ne sais plus quel chargé d'affaires ayant été
empêché, on passa outre. « C'est égal, disait à ce propos
M. Dotézac, le coup était porté. Six semaines après, nous
conduisions un des treize au cimetière. »

M. GUIZOT

ET LE TOMBEAU DE NAPOLÉON

I

Au moment d'expirer, à Sainte-Hélène, Napoléon avait
prononcé ces paroles : « Je désire que mes cendres reposent sur les bords de la Seine, au milieu de ce peuple
français que j'ai tant aimé. »

En 1840, le prince de Joinville partit pour Sainte-Hélène, et ramena à Paris les cendres du grand capitaine. On n'a pas oublié l'effet immense que cet événement produisit en France et en Europe.

Le cercueil de Napoléon fut déposé dans l'église des Invalides. C'est là que s'élève aujourd'hui son tombeau, monument splendide qui a pris plus de vingt ans de travail et coûté plusieurs millions. Napoléon III l'a inauguré le 7 avril 1861.

La partie principale du tombeau est le sarcophage. On délibéra longtemps sur la matière dont il serait composé. L'architecte Visconti opinait pour le porphyre rouge antique, cette belle pierre tumulaire dans laquelle les Romains ensevelissaient leurs empereurs. M. Guizot et M. Duchâtel partagèrent son avis. Mais où trouver ce porphyre ? Les carrières d'Egypte d'où les Romains le tiraient étaient perdues. On fit des recherches dans les Vosges, les Pyrénées, en Corse, etc., mais sans résultat. Tout à coup la nouvelle arriva au ministère de l'Intérieur qu'il existait du rouge antique en Russie.

C'était en 1846. J'étais sur le point de repartir pour le nord de l'Europe où j'avais déjà longtemps séjourné, chargé d'une mission de M. de Salvandy, ministre de l'instruction publique. M. de Salvandy notifia ma mission à M. Guizot et à M. Duchâtel, les invitant à l'utiliser au profit du sarcophage. D'un autre côté, M. Fulchiron, député du Rhône, une des personnalités les plus originales du gouvernement de Juillet, dont j'étais personnellement connu, et qui, lui aussi, était fanatique du rouge antique, poussait à mon voyage.

« J'irai voir Guizot, me dit-il, le matin à l'heure de sa barbe ; c'est le bon moment pour causer avec lui, et j'arrangerai l'affaire. »

M. Guizot me fit appeler.

« Monsieur, me dit-il, nous avons résolu, M. Duchâtel et moi, de vous envoyer en Russie, afin de nous en rapporter le porphyre dont nous avons besoin pour le sarcophage de l'Empereur et que l'on trouve, paraît-il, dans ce pays. Cela vous convient-il ? »

Ma réponse ne pouvait être qu'affirmative.

Quelques jours après, je me mettais en route muni de mes instructions. J'avais ordre de m'entendre, pour toute la partie diplomatique de la mission, avec le comte de Rayneval, notre ministre à Saint-Pétersbourg.

« Soyez prudent, soyez habile ! » me dit M. Guizot en me donnant sa dernière poignée de main.

II

Il serait trop long de raconter ici les diverses péripéties de mon voyage. Au bout de deux mois, près du village de Chokcha, dans le gouvernement d'Olonetz, sur les bords du lac Onéga, je constatais l'existence d'une carrière de porphyre, ou plutôt de grès passé au porphyre d'un superbe rouge-antique. J'en fis extraire quelques échantillons que j'envoyai à Paris. Une dépêche de M. Guizot m'annonça qu'ils étaient approuvés.

Mais, ce n'était pas tout que d'avoir la carrière ; il fallait encore, car elle appartenait à la Couronne, obtenir du gouvernement russe l'autorisation de l'exploiter. J'adressai une requête à l'empereur Nicolas, et j'offris, selon l'usage, un droit ou taxe d'exploitation que je portai à six mille francs. Or, pour aboutir, que de batailles à livrer ! Sans parler de compétitions de personnes très-ardentes, très-âpres, je me trouvai aux prises avec un conflit d'attributions entre deux centres administratifs dont l'accord était indispensable pour mon succès.

Enfin, l'affaire arriva jusqu'aux régions suprêmes. Grand admirateur de Napoléon, l'empereur Nicolas me donna aussitôt pleine et entière satisfaction.

Il se passa ici une scène émouvante.

C'était en conseil des ministres. Le prince Wolkonsky, ministre de la Cour, avait présenté ma requête à l'empereur.

« Quelle destinée! dit alors Nicolas, d'une voix grave, cet homme, nous lui avons donné le premier coup de la mort par l'incendie de notre antique et sainte capitale, et c'est à nous qu'on vient demander sa tombe. Qu'on accorde à l'envoyé du gouvernement français tout ce qu'il désire et qu'on ne perçoive pas de taxe! »

Ces derniers mots : « Qu'on ne perçoive pas de taxe, » occasionnèrent une méprise qui nous jeta, le comte de Rayneval et moi, dans la plus grande perplexité. Les journaux allemands, en effet, et beaucoup de journaux français, confondant la taxe d'exploitation, soit 6,000 francs, avec l'exploitation elle-même qui, frais de transport et autres compris, nous a coûté environ 200,000 f., s'empressèrent d'annoncer que l'empereur Nicolas avait fait cadeau à la France du tombeau de Napoléon.

III

« Que va penser M. Guizot de tout cela? me disait le comte de Rayneval. Nos dépêches, si précises qu'elles soient, ne réussiront peut-être pas à rectifier les bruits erronés de la presse, et M. Guizot va remercier l'empereur Nicolas d'un cadeau qu'il n'a pas fait. A tout prix, il faut prévenir une démarche qui nous placerait dans la situation la plus fausse. Vous allez partir pour Paris! »

Le comte de Rayneval avait quelque droit de se montrer aussi inquiet. Il sortait à peine d'une épreuve où son tact et sa délicatesse de diplomate avaient eu beaucoup à souffrir.

Notre ministre des affaires étrangères avait fait demander, par voie diplomatique, un exemplaire complet de tous les uniformes de l'armée russe. L'empereur Nicolas qui aimait à s'occuper personnellement des plus petites choses, fit de cette demande un événement. Il ordonna que les uniformes fussent confectionnés à ses frais, et, à ses frais, expédiés dans de superbes caisses à Paris.

En recevant les caisses, le ministre de la guerre se figurant, sans doute, qu'il les devait, comme cela eût eu lieu chez nous, en pareil cas, à la diligence d'un chef de bureau, remercia par une lettre des plus simples. Le comte de Rayneval en fut stupéfait; il n'osa remettre la lettre, et la renvoya à Paris avec de nouvelles explications, qui déterminèrent enfin une rédaction plus digne. Mais, toutes ces démarches prirent du temps; les rapports de notre légation avec la Cour s'en trouvaient singulièrement gênés; et c'est pour parer à l'éventualité d'un désagrément analogue que M. de Rayneval me pressait de partir pour Paris.

Nous étions au mois de mars 1847; le froid était des plus vifs, et la ligne de chemin de fer entre la Russie et la France à peine ébauchée.

Je montai en traîneau, et grâce au service spécial que les maîtres de poste faisaient à cette époque aux courriers diplomatiques, mon voyage fut si rapide que, moins de neuf jours après mon départ de Saint-Pétersbourg, je sonnais, rue Neuve-des-Capucines, à l'hôtel du ministère des affaires étrangères.

IV

Il était trois heures du matin. M. Guizot, prévenu de mon arrivée, se leva ; à quelque heure que ce fût du jour ou de la nuit, il recevait lui-même les porteurs officiels de dépêches.

J'entrai dans son cabinet ; une lampe brûlait sur le bureau, devant lequel il se tenait debout et en robe de chambre.

« — Eh bien ! me dit-il, vous arrivez de Saint-Pétersbourg ! C'est bien ! J'étais désireux de causer avec vous. Il paraît que l'empereur Nicolas nous fait cadeau du sarcophage, ma dépêche de remerciement est prête et doit partir aujourd'hui.

» — Alors, j'arrive à temps, répliquai-je ; votre Excellence a été induite en erreur ; et c'est dans cette crainte que le comte de Rayneval m'a envoyé à Paris. L'empereur Nicolas nous exempte du droit d'exploitation, mais nous exploitons à nos frais ; et j'apporte à ce sujet à votre Excellence une dépêche de notre ministre.

» — Voyons-la ! » me dit brusquement M. Guizot.

Ici, un incident assez plaisant.

J'étais couvert de fourrures des pieds à la tête, et sous les fourrures, un habit de voyage tout en velours. Le gilet, dans une large poche intérieure fermée à deux boutons, renfermait la dépêche.

Je voulus la retirer. Impossible ! Les cinq cachets de cire, amollis par la chaleur du corps, l'avaient collée à la doublure de la poche.

M. Guizot y mit les deux mains sans plus de succès.

« — Voilà un courrier, dit-il en riant, qu'il n'eût pas été facile de dévaliser !

2.

» — Oh ! monsieur le ministre, on m'aurait plutôt arraché la vie que ma dépêche. »

En désespoir de cause, M. Guizot eut recours au procédé d'Alexandre. Il prit sur son bureau une longue paire de ciseaux, et en trois ou quatre coups enleva la poche.

La dépêche lue, il me regarda d'un air satisfait.

« Tant mieux ! fit-il, il est des cadeaux que l'on n'ose refuser, mais qui n'en sont pas moins fort embarrassants. »

V

M. Guizot, en ce moment, ne croyait peut être pas si bien dire. Quelques semaines après, à la Chambre des pairs, le comte de Montalembert interpellait le gouvernement dans les termes les plus vifs, sur l'affaire du tombeau de l'Empereur; il trouvait honteux qu'on fût allé le mendier auprès de l'empereur Nicolas. On lui fit observer que l'on n'avait rien mendié du tout, et que si l'on s'était adressé à l'empereur Nicolas pour acheter la pierre du sarcophage, c'est parce qu'il en était le propriétaire.

« — N'importe ! répliqua l'irascible comte, il eût mieux valu choisir un autre propriétaire. »

Les graves pairs rirent beaucoup de cette boutade.

Avant de me congédier, M. Guizot me montra une dépêche qui se trouvait ouverte sur son bureau.

« — Verrez-vous aujourd'hui M. Duchâtel? me demanda-t-il.

» — C'est, en effet, mon intention.

» — Eh bien ! voici une nouvelle que vous serez, si vous le voulez, le premier à lui porter. Le vice-roi d'Egypte m'écrit pour m'offrir quatre petits obélisques qui, suivant lui, pourraient être placés aux quatre angles du sarcophage de Napoléon.

» — Un souvenir de Kléber, » murmurai-je en souriant.

J'offris mes obélisques à M. Duchâtel.

Il éclata de rire.

« — Ah ! ah ! me dit-il, je sais à quoi m'en tenir sur ces sortes de cadeaux, ils reviennent trop cher. L'obélisque de Loucqsor nous a coûté les yeux de la tête ; je ne suis pas d'humeur à en accepter d'autres. D'ailleurs ils ne rentrent pas dans notre projet. »

Bien des années après la révolution de février, M. Guizot me parlait encore de temps en temps, quand je lui rendais visite, de mon ancienne mission à la recherche du sarcophage de l'Empereur. Mais alors, il avait l'air soucieux et triste. On eût dit qu'il regrettait un acte qui avait marqué si fort dans sa carrière politique. N'avait-il pas contribué, en réveillant avec tant de vivacité les souvenirs du grand capitaine, à hâter le retour d'un ordre de choses qui cadrait si peu avec ses idées et ses principes ?

M. FERDINAND DE LESSEPS.

Il est des renommées qui, si éclatantes qu'elles soient, ne durent pas. Mirage d'un jour, elles s'évanouissent au premier souffle de réflexion sereine, et il n'est pas rare de voir succéder à l'admiration de surprise un dénigrement amer.

M. Ferdinand de Lesseps n'a point à redouter un pareil sort. Sa renommée est profonde et solide ; il peut être sûr que la postérité confirmera de plus en plus les justes hommages dont l'auront comblé ses contemporains. Oui, pendant des siècles, les navires des deux hémisphères

traverseront le canal de Suez, et pendant des siècles, ses
rives acclameront le nom de Lesseps.

Tout a été dit sur cette œuvre gigantesque; elle défie
les éloges les plus enthousiastes. Aussi mon but n'est-il
point d'en raconter la dramatique histoire; je voudrais
seulement résumer en quelques traits la carrière à la fois
si intéressante et si laborieuse de son illustre promoteur.

I

M. Ferdinand de Lesseps avait trouvé dans son héritage de famille le goût des grandes explorations, comme
aussi une aptitude remarquable aux fonctions diplomatiques et consulaires. Son père, mort en 1834, consul de
France à Lisbonne (1), accompagna La Pérouse dans son
voyage autour du monde, et fut envoyé par lui à la cour
de Louis XVI pour y rendre compte de ses opérations.
Après un court séjour au Kamtschatka, il traversa par
terre toute la Sibérie et la Russie, ces mêmes pays que le
fils prenait naguère pour objectif d'une nouvelle et gran-
diose entreprise.

M. Ferdinand de Lesseps est né à Versailles le 19 novembre 1805. Ce n'est donc plus un jeune homme : mais,
comme à tous les hommes de génie prédestinés aux
choses glorieuses, l'âge lui a épargné son aiguillon; il conserve une telle verdeur, une telle élasticité de corps et
d'esprit, qu'il rendrait jaloux les plus alertes et les plus

____

(1) Le baron Jean-Baptiste-Barthélemy de Lesseps naquit à Cette, en
1765, d'une ancienne famille noble, qui jouissait d'un grand crédit à la
cour. Il accompagna La Pérouse dans son voyage autour du monde, et
en écrivit la relation. On a de lui deux ouvrages sur ce sujet : *Journal
historique du voyage de La Pérouse*, etc. (1790) et *Voyage de La Pérouse* (1831).

forts. Marié depuis quelques années seulement à une femme charmante, qui le comprend et qui l'aime, il vit sous l'éclat d'une lune de miel inaltérable, et l'on sait que son foyer est orné de trois ou quatre jolies têtes blondes qui font sa joie et son orgueil.

En 1825, à peine âgé de vingt ans, M. Ferdinand de Lesseps entra au ministère des affaires étrangères. Il débuta par le poste de secrétaire au consulat général de Lisbonne. Son zèle et sa capacité fixèrent sur lui l'attention du comte de La Ferronays, qui, au bout de deux ans, le rappela en France et l'attacha à son cabinet. Mais les bureaux de l'administration centrale convenaient peu à son humeur aventureuse; bientôt il les quitta pour se rendre, en qualité d'attaché, au consulat général de Tunis, où il demeura jusqu'à la conquête d'Alger.

En 1830, chargé occasionnellement d'une mission auprès du maréchal Clausel, M. de Lesseps l'étonna et le charma si bien par sa hardiesse, son courage et sa connaissance singulière des choses africaines, que le maréchal demanda pour lui le poste de vice-consul au Caire. Trois ans après, il fut élevé au rang de consul et géra le consulat général d'Alexandrie. C'était l'époque où la peste désolait le pays. Le dévouement de M. de Lesseps en présence du fléau lui valut la croix de la Légion d'honneur.

Les événements politiques, qui alors étaient d'une extrême gravité, lui permirent aussi de se signaler. Ibrahim-Pacha, fils de Méhémet-Ali, ayant reçu ordre de son père de porter la guerre en Syrie, s'en était emparé et l'occupait souverainement. La situation des chrétiens sous un tel maître était critique. M. de Lesseps intervint énergiquement en leur faveur et obtint d'Ibrahim la promesse qu'il les protégerait; en même temps, il contribua pour une bonne part à la réconciliation de Méhémet-Ali avec le sultan.

Le zèle, les succès de M. de Lesseps devaient naturelle-

ment porter ombrage aux consuls anglais ; et déjà ils ma-
nifestaient leur mécontentement. Pour prévenir toute
complication, notre gouvernement jugea opportun de
rappeler son agent. M. de Lesseps quitta le consulat d'A-
lexandrie après une gérance de dix-huit mois, et passa au
consulat de Rotterdam, puis successivement à ceux de
Malaga et de Barcelone.

C'était en 1842 : la guerre civile sévissait en Espagne ;
Barcelone était bombardée. Au milieu de circonstances
aussi tragiques, la conduite de M. de Lesseps fut admi-
rable. Après avoir offert impartialement un refuge sur les
navires français à tous les Espagnols dont la vie était
menacée, il s'interposa avec une constance que rien ne
pût lasser, entre les combattants, et obtint une suspen-
sion des hostilités. Tels furent l'éclat et l'efficacité de
ses services, que les rois d'Espagne, de Hollande, de Sardaigne, de Naples et de Suède s'empressèrent de l'en féliciter. En outre, à la suite d'une décision de l'*ayuntamiento*,
il eut l'honneur de voir ériger son buste en marbre dans
une des salles de l'hôtel de ville de Barcelone. Le gouvernement français, de son côté, lui conféra le rang de
consul général, et il resta en cette qualité à Barcelone
jusqu'en 1848, époque à laquelle il échangea ce poste
contre celui de ministre plénipotentiaire à Madrid.

II

Ainsi, M. de Lesseps cessait d'appartenir au corps consulaire pour prendre place dans le corps diplomatique. Il
ne tarda pas à en sortir. La cause de sa retraite est assez
curieuse.

Rappelé de Madrid en 1849, il allait être envoyé à
Berne quand, à l'occasion du siége de Rome par nos

troupes, le gouvernement du président de la république française éprouva le besoin de déléguer un diplomate habile auprès du gouvernement provisoire de la république romaine pour traiter avec lui au nom de la France. Son choix tomba sur M. de Lesseps.

Nul n'ignore que, dès le début de la campagne de Rome, il avait été décidé dans les conseils de l'Élysée que ce gouvernement serait renversé et l'autorité du pape restaurée. On s'y attendait, par conséquent, à ce que le rapport du délégué confirmât cette décision. Il n'en fut rien.

M. de Lesseps, n'obéissant qu'à sa conscience, jugeant la situation telle qu'il l'avait vue et d'après ce qu'il croyait être la vérité, déclara nettement que le gouvernement romain était animé d'un esprit sincèrement patriotique, qu'il était éminemment populaire, et qu'ainsi le mieux était de le laisser en paix.

Il va sans dire qu'un semblable rapport fut on ne peut plus mal accueilli. On le traita comme on devait traiter plus tard ceux du colonel Stoffel: on n'en tint aucun compte. Bien plus, M. de Lesseps se vit rappelé et frappé de disgrâce. Une correspondance fort vive s'échangea alors entre lui et le ministre des affaires étrangères, correspondance qui n'eut d'autre résultat que de provoquer son éloignement définitif du service, avec pension. On ne contestait nullement, il est vrai, sa haute capacité, on reconnaissait que son énergie le rendait apte aux postes les plus difficiles, mais on n'estimait pas que sa franchise, son indépendance et son zèle désintéressé pussent lui permettre de jouer un rôle utile dans le nouveau système politique que l'on prétendait inaugurer.

III

Une disgrâce aussi honorable pour sa personne et pour son caractère mit fin à la carrière officielle de M. de Lesseps. D'ardentes et nombreuses sympathies l'en dédommagèrent. Mais déjà le temps était proche où ses facultés puissantes et sa dévorante activité auraient à s'exercer sur un théâtre autrement vaste que celui d'une chancellerie.

M. de Lesseps avait laissé en Égypte, dans Mohamed-Saïd, un ami sincère et dévoué. Dès son avénement au trône, en 1854, Mohamed l'invita à lui faire une visite au Caire. M. de Lesseps s'y rendit. C'est au Caire, c'est dans le palais du vice-roi dont il était l'hôte, qu'il traça le plan du canal de Suez. L'idée première en remontait à Napoléon Ier; M. de Lesseps l'avait souvent méditée durant ses précédents séjours dans le pays des Pharaons, mais sans avoir le temps d'en étudier les côtés pratiques. Au cours d'un voyage de plaisance qu'il entreprit avec Mohamed-Saïd d'Alexandrie au Caire, par le désert de Lybie, il l'entretint de son projet. Le vice-roi, frappé de sa grandeur et des avantages que pourrait en retirer l'Égypte, l'approuva aussitôt. « Je suis convaincu, dit-il à M. de Lesseps, j'accepte votre plan ; nous nous occuperons dans le reste du voyage des moyens d'exécution ; c'est une affaire entendue ; vous pouvez compter sur moi (1). »

Une fois le projet sorti de la méditation platonique et sanctionné par le monarque égyptien, une opposition étrange, personne ne l'a oublié, s'éleva contre lui. Le

(1) Dans une suite de lettres charmantes, accompagnées d'une masse de documents, M. de Lesseps a raconté les diverses phases qu'a traversées son entreprise. Je ne sache pas de lecture plus instructive et plus attachante. Voir : *Lettres, journal et documents pour servir à l'histoire du canal de Suez.* Paris, 1875.

gouvernement anglais surtout le voyait d'un œil jaloux ; lord Palmerston n'en parlait que d'un ton de mépris ; le sultan lui-même, cédant à l'influence britannique, chercha, quoique timidement, à l'entraver. Quant à Napoléon III, qui avait toujours sur le cœur l'attitude de M. de Lesseps dans la question romaine, il s'y montrait indifférent. Seule, l'impératrice Eugénie l'accueillit avec enthousiasme.

M. de Lesseps avait foi dans son œuvre ; il ne se laissa décourager par aucun obstacle. Les obstacles au contraire, tout en l'irritant, l'excitaient, et il les défiait en redoublant de hardiesse et d'efforts. L'histoire est connue ; il serait superflu même de l'esquisser à grands traits. Jamais le génie servi par une volonté indomptable n'avait offert un tel spectacle. Enfin, le 15 août 1869, le canal de Suez fut inauguré ; le monde entier assista à la fête.

IV

Il fallut bien alors se rendre à l'évidence ; l'opposition rentra dans l'ombre, et ceux-là même qui avaient le plus ardemment combattu M. de Lesseps, le couvrirent de plus d'applaudissements. En France, il fut nommé grand-croix de la Légion d'honneur. Pourquoi pas duc de Suez ? On s'en est étonné. Son triomphe n'équivalait-il pas au gain de plusieurs batailles ?

Entre tous les adversaires acharnés du canal, l'Angleterre a fait noblement amende honorable. Voici en quels termes s'exprimait naguère en plein Parlement le ministre de la reine : « Nos sentiments envers l'éminent fondateur et les promoteurs de cette grande entreprise sont ceux de la plus grande bienveillance et du désir de nous associer à leurs efforts. Nous reconnaissons que l'incrédulité pre-

mière de l'Angleterre dans cette entreprise a été une
grande erreur. Nous espérons que notre intervention, en
la double qualité de principaux clients et d'actionnaires,
aura pour résultat d'assurer l'avenir de cette grande œuvre qui, loin d'être une œuvre passagère, est destinée à
rester la possession éternelle de la race humaine. »

Un tel hommage, quoique tardif, et bien qu'inspiré,
peut-être, par le besoin de rassurer l'Europe sur certaines
tendances trop accusées de domination exclusive, un tel
hommage n'en doit pas moins retentir profondément dans
le cœur de M. de Lesseps. C'est la consécration méritée
de son labeur héroïque. Ajoutons l'accueil empressé et
sympathique qu'il recevait naguère d'Ismaïl-Pacha. Le
Khédive a compris sans doute, que dans M. de Lesseps
s'incarne la France, et qu'en faisant honneur à la France,
M. de Lesseps s'est montré à la fois le bon génie de
l'Égypte et le bienfaiteur du monde entier.

TURENNE

ET L'ABBÉ DE GRAVELLE

I

Si les livres ont leur destin, il en est de même des
hommes. Voici un diplomate très-hardi, très-vigilant,
très-expert, l'auxiliaire dévoué, l'éclaireur toujours sûr
et toujours écouté d'un de nos plus grands capitaines, un
diplomate qui du fond de sa chancellerie a contribué
efficacement au succès d'une campagne mémorable entre
toutes, rendant ainsi à la France le service le plus signalé.
Eh bien ! qui le connaît ? Oui, qui connaît l'abbé de Gra-

velle, notre représentant auprès de l'électeur de Mayence
en 1674-1675, c'est-à-dire à l'époque où, grâce à sa stratégie savante bien plus qu'au nombre et à la bravoure de
son armée, Turenne conserva l'Alsace à Louis XIV (1)?

La duchesse Decazes, mère de notre ministre, une femme
éminente, qui avait le culte des grandes choses de la
diplomatie, la duchesse Decazes avait, il est vrai, fourni
quelques éléments propres à relever la mémoire de l'abbé
de Gravelle. On a trouvé dans ses papiers un certain
nombre de lettres de ce diplomate à Isaac Feuquières;
mais les lettres de l'abbé de Gravelle, étouffées sous celles
de Feuquières, avec lesquelles elles ont été publiées, res-
sortent à peine; elles n'embrassent d'ailleurs que la période
de 1671 à 1672; rien de la correspondance de l'abbé avec
Turenne en 1674.

Un officier des plus laborieux et des plus instruits de
notre armée, M. Henri Choppin, a comblé cette lacune.
Utilisant les loisirs que lui laissent ses fonctions militaires
à faire des recherches dans la bibliothèque de Tours, il y
a découvert un manuscrit intitulé : *Marches, campemens
et logemens de l'armée du Roy, commandée par M. de Turenne pendant la campagne de* 1674. M. Choppin a publié ce
manuscrit sous le titre : *Campagne de Turenne en Alsace.*

(1) « Le nom de l'abbé de Gravelle ne se trouve ni dans le grand
dictionnaire historique de Moreri, ni dans celui de Bouillet, ni dans les
tables analytiques d'Henri Martin; pas davantage dans la table générale
et analytique des mémoires relatifs à l'histoire de France de Petitot, dans
la nouvelle biographie générale de Firmin Didot, dans le grand dictionnaire universel de Pierre Larousse. M. Camille Rousset, dans l'*Histoire de Louvois*, n'en fait pas mention. Il paraît complétement
ignoré des meilleurs écrivains modernes. » Ainsi s'exprime M. Henri
Choppin. Je lui ferai observer, cependant, qu'une courte notice sur
l'abbé de Gravelle se lit dans la sixième édition du *Dictionnaire général*
de Dezobry et Bachelet. Il est vrai qu'à beaucoup de points de vue,
ce dictionnaire est, de tous ceux du même genre, le plus exact et le plus
complet. J'ajouterai que le nom de l'abbé de Gravelle est aussi mentionné
dans les historiens danois, ce diplomate ayant quitté le poste de Mayence
pour remplir celui d'ambassadeur à Copenhague.

II

Naturellement M. Choppin a mis dans son livre beaucoup du sien, ou plutôt il s'est plu à développer le côté militaire. Une campagne comme celle dont il s'agit, une campagne de Turenne devait avoir de l'attrait pour un soldat !

« Quand on suit attentivement toutes les phases qui ont donné une si grande réputation à cette guerre, dit M. Choppin, on est surpris des changements inattendus qui se présentent dans les « marches sourdes » de Turenne, marches qui ne paraissent pas toujours être en rapport avec les principes les plus élémentaires de la stratégie. L'Alsace n'en est pas moins conquise, la Lorraine occupée, la Franche-Comté gardée, et tout cela avec une armée de 25,000 hommes, composée en grande partie de cavalerie, armée qui s'attaque à 75,000 combattants, qu'elle fatigue, qu'elle bat, pour forcer enfin les généraux de la coalition à repasser le Rhin. »

Je ne suivrai point M. Choppin à travers les émouvantes péripéties des marches de Turenne; je m'abstiendrai même de relever le talent distingué, la remarquable compétence dont il fait preuve en traitant son sujet. Ce que je tiens à constater, c'est le soin qu'il apporte à mettre en lumière le concours si actif, si utile que le général reçut du diplomate. Tout son livre est rempli des lettres de l'abbé de Gravelle. « L'abbé de Gravelle, dit-il, jouissait de toutes les qualités nécessaires à un diplomate habile, d'une passion profonde pour ce qu'on peut appeler l'esprit d'investigation secrète de la diplomatie. »

De sa résidence de Mayence, l'abbé de Gravelle embrasse tous les détails de la campagne; rien ne lui échappe. Par ses émissaires, ses éclaireurs, il suit en quelque sorte

l'ennemi pas à pas; il pénètre ses plans; il sait combien
il a d'hommes, de chevaux; quelles sont ses ressources en
argent et en vivres; les ponts qu'il jette ou qu'il détruit.
D'avance, il préjuge l'endroit où il se portera; et il ne se
trompe jamais; si des intrigues se nouent, il les perce à
jour et les fait avorter. Pas un auxiliaire ne se lève ou ne
se prépare à se lever qu'il n'en soit aussitôt informé. En
un mot, la chancellerie de Mayence est un foyer où affluent
les renseignements les plus nombreux, les plus divers, les
plus complets, renseignements toujours justes, toujours
sûrs, parce qu'ils sont toujours sévèrement et intelligemment contrôlés.

Et tout cela, l'abbé de Gravelle le communique à Turenne chaque jour, à chaque heure; ses lettres le suivent
et l'atteignent partout. En sorte que, grâce à l'abbé de
Gravelle, Turenne marche continuellement en pleine
lumière; pas l'ombre de doute ni d'indécision. Si ses opérations paraissent sortir de la tactique connue, si elles
déconcertent parfois ses lieutenants, les informations de
l'abbé de Gravelle en sont cause; Turenne s'y conforme
parce qu'il sait qu'elles ne le trompent pas. Turenne a
confiance aussi dans le caractère de l'abbé de Gravelle.
Car, ainsi que le dit M. Choppin, ce zélé diplomate « n'a
qu'une seule ambition, être utile à la France. Il n'a rien
de frivole, de voluptueux, d'inappliqué dans sa conduite,
tout son temps est aux affaires. En un mot, c'est un
homme qui fait son devoir. »

Un des points qui s'éclaircissent dans le livre de
M. Choppin, c'est l'incendie du Palatinat. Avec quelle
violence les journaux allemands ne nous l'ont-ils pas
reproché pendant et depuis la guerre de 1870! Eh bien!
d'abord, l'incendie du Palatinat a été beaucoup moins
notre fait que celui des troupes anglaises à notre service.
Ensuite, ce n'a été, en réalité, qu'un acte de représailles.

« Il n'y avait pas de cruautés excessives auxquelles ne se livrassent les paysans du Palatinat pour faire souffrir les soldats qui leur tombaient entre les mains. Ils en pendaient quelques-uns la tête en bas, ou bien les brûlaient à petit feu et les laissaient ainsi mourir sans les étrangler. Ils arrachaient le cœur et les entrailles à ceux qui étaient en vie ou leur crevaient les yeux. » Les Allemands modernes n'ont-ils pas commis des horreurs analogues sur nos francs-tireurs, notamment à Nuits en Bourgogne ?

III

Parmi les personnages cités dans les lettres de l'abbé de Gravelle, il en est un qui me rappelle un curieux souvenir : je veux parler de M. de Lisola ou l'Isola (1). Ce personnage, à la fois publiciste et diplomate, qui avait quitté le service de la France pour celui de l'Autriche, se trouvait alors tantôt à Francfort tantôt à Mayence, intriguant au profit de nos ennemis. L'abbé de Gravelle le surveillait de près : « Monsieur de Lisola, écrit-il à Turenne, le 18 août, qui arriva hier ici par eau, ne s'y est pas arrêté. Monsieur l'électeur l'a envoyé complimenter par quelques-uns de ses gentilshommes et lui offrir une chambre dans le château, qu'il a refusée à cause de son indisposition qui ne lui permet pas de remuer beaucoup. On croit qu'il fera quelque séjour à Francfort, où il espère trouver de bons médecins et de bons remèdes. Il a ordre de se rendre à Vienne le plus tôt qu'il pourra, mais des gens qui l'ont vu croient qu'il achèvera sa vie dans ce voyage. »

(1) François-Paul, baron de Lisola, né à Salins en 1613, mort en 1675, fit ses études à Dôle et exerça à Besançon la profession d'avocat. Son esprit d'opposition lui valut d'être chassé de France. Accueilli avec distinction en Autriche, il y occupa des postes diplomatiques importants. On a de lui plusieurs pamphlets pleins de verve et d'originalité.

M. de Lisola mourut, en effet, l'année suivante. Il paraît qu'à ses derniers moments, ses sympathies pour la France, son pays d'origine, se réveillèrent, témoin son testament. J'ai retrouvé cette pièce spirituelle à Saint-Pétersbourg, parmi les manuscrits français enlevés à la Bastille en 1789 et conservés à la Bibliothèque impériale. On sait que j'ai révélé le premier à la France cette collection nombreuse et précieuse, et que les rapports et notices (1) dont elle m'a fourni le sujet ont servi de guide à tous les explorateurs auxquels le ministre de l'instruction publique a donné mission d'y faire des recherches. Il me paraît d'autant plus opportun de reproduire ici le testament de l'ambassadeur des empereurs d'Allemagne Ferdinand III et Léopold que, sous une forme caustique, il trace un tableau fidèle de cette glorieuse période du règne de Louis XIV.

TESTAMENT DU SIEUR L'ISOLA

En vertu de ce testament,
Je donne libéralement
Mon cœur à la triple alliance,
Car elle tombe en défaillance;
Et pour reconnaître l'honneur
Que nous fait en m'aimant mon prince et mon seigneur,

Je lègue ma plume fidèle
Pour remplumer un peu l'aigle de l'empereur,
Qui, depuis si longtemps, ne bat plus que d'une aile.

Item, je cède et j'ai cédé
Mes ongles au lion d'Espagne
A qui le prince de Condé
Les rogna de si près, la dernière campagne.
Mon corps aux États généraux,
Est destiné, d'abord qu'il n'aura plus de vie,
Pour en faire une anatomie,
Afin de découvrir d'où viennent tant de maux.

(1) Voir mon livre : *Voltaire et la Police*. — Paris, Bray et Retaux, 1867.

Je lègue aux électeurs partisans de l'empire
   Mes habits tant vieux que nouveaux,
   Pour leur faire des drapeaux,
Car ils en ont perdu plus que l'on ne peut dire.

   De peur qu'il ne soit morfondu,
Je donne mes cheveux au vieux duc de Lorraine,
   Que le vicomte de Turenne
   A si vaillamment tondu.
Je nomme Vanbruning exécuteur fidèle
   De ma dernière volonté,
   Et je lui cède ma cervelle
   Afin de subvenir à sa nécessité.

A l'heure de sa mort, sans haine et sans colère,
Même à ses ennemis tout chrétien doit bien faire;
   Aussi je donne au prince de Condé
   Mes mules de satin brodé,
Car, quoique le zéphyr ou que la bise souffle,
Ce grand héros toujours fait la guerre en pantoufle.
   Quand tu devrais t'en offenser,
   Pauvre Allemagne, toi qui pleures
   Aujourd'hui les méchantes heures
   Que Turenne te fit passer,
   Je donne ma montre sonnante
   Pour être mise dans sa tente,
Et marquer que ce chef sait bien prendre son temps
   Pour aller à la gloire.
Car l'heure qu'il choisit pour employer les gens
Est toujours à coup sûr l'heure de la victoire.

   A Louis qu'on entend tonner
   Dans tous les lieux de ce bas monde,
   Hélas! que pourrais-je donner,
   Qu'une admiration profonde
   Que méritent tous ses beaux faits?
Mais si ce grand roi veut que je repose en paix,
   Qu'il la donne à toute la terre
Qui ne peut soutenir son courroux dans la guerre!

DE L'ISOLA.

IV

Pour en revenir à l'ouvrage de M. Choppin, il mérite
d'autant plus d'être apprécié, qu'il renferme, en faveur de
ce qu'on appelle les *civils*, un hommage auquel les gens

de son uniforme nous ont peu habitués. Sans remonter plus haut dans notre histoire, combien de fois, pendant le siége de Paris, n'a-t-on pas déploré le dédain dont les civils, même les plus instruits, les plus zélés, étaient l'objet ! M. Trochu repoussait systématiquement tous les renseignements qui s'offraient à lui sous une autre livrée que celle de l'épaulette. Il y avait, sans doute, dans son entourage des hommes qui, par leur science, leur capacité, faisaient exception ; mais ces hommes-là étaient les moins écoutés. De là tant de bévues, tant de défaillances. C'était le plan !

M. Trochu, il est vrai, n'est point un Turenne. Tandis que Turenne écoutait l'abbé de Gravelle et agissait, M. Trochu s'écoutait lui-même et n'agissait pas. Cela nous a coûté cher ; la leçon doit nous profiter. Éclairons-nous à cette belle campagne de 1674. Ici, la diplomatie et tous ses moyens d'information marchent de front avec l'épée ; elles se soutiennent mutuellement ; le patriotisme est des deux côtés. Si donc l'avenir nous ménage un nouveau Turenne, qu'il n'oublie pas l'exemple de son illustre devancier ; et s'il surgit alors quelque *civil* capable et bien informé, qu'il l'écoute avec autant de déférence, autant d'intelligente docilité que le Turenne de Louis XIV écoutait l'abbé de Gravelle !

3.

LE MARÉCHAL VAILLANT [1]

J'ai beaucoup connu le maréchal Vaillant; nous étions tous les deux de Dijon, et je suis né dans la rue qui porte son nom.

Cette communauté d'origine, jointe à d'autres circonstances, m'ouvrit la maison du maréchal. De longs et nombreux voyages m'empêchèrent de le fréquenter autant que je l'aurais voulu; mais il fut un temps où je le voyais souvent; souvent aussi, il m'écrivait. De là, pour moi bien des souvenirs, souvenirs intimes, se rattachant, la plupart, aux petits côtés de la vie; mais par là même d'autant plus propres à éclairer d'un jour vrai une des personnalités les plus originales de notre histoire contemporaine.

Je retracerai ces souvenirs au courant de la plume, tels qu'ils se sont conservés dans ma mémoire ou dans mes notes. J'y joindrai aussi quelques extraits des lettres que m'adressait le maréchal, lettres toujours pétillantes de cet esprit si fin, si mordant qui le distinguait, et, dans certaines circonstances graves, empreintes d'une élévation de sentiment qui étonnera peut-être beaucoup de ceux qui n'ont pu le juger qu'à la surface.

---

[1] Bien que le maréchal Vaillant n'ait pas joué de rôle politique proprement dit, il a néanmoins assez marqué dans les conseils officiels du second empire, pour que je lui donne place dans ce livre. J'ajoute que les *souvenirs* retracés ici me sont exclusivement personnels.

I

On a dit du maréchal Vaillant qu'il était brusque, bourru même. Rien n'est plus vrai; le maréchal le reconnaissait très-franchement. Mais, sa brusquerie n'était pas sans charme, et les privilégiés qu'il honorait de son amitié trouvaient un certain agrément à ses bourrades. Le maréchal, en effet, les assaisonnait d'une humeur caustique qui désarmait la rancune. Il perpétuait en lui cette race de Bourguignons *salés*, toujours prêts à pourfendre et à mordre.

Plein de déférence pour les grands, le maréchal ne les en jugeait pas moins sur leur valeur propre, et n'éprouvai du prestige qui les environnait aucun éblouissement. D'ailleurs, il se montait sans peine à leur taille, et traitait de pair avec eux. Le prince Napoléon en savait quelque chose. Plus d'une fois, il est arrivé que Son Altesse ayant maille à partir avec Son Excellence, Son Excellence envoyait lestement promener Son Altesse.

Le maréchal occupait plusieurs places. C'était l'usage sous l'empire, comme du reste sous tous les régimes qui l'avaient précédé; et, d'après ce que l'on voit aujourd'hui, il en sera probablement toujours ainsi. On citait alors un personnage qui, à lui seul, cumulait une vingtaine de places, dont douze seulement, disait-on en plaisantant, étaient convenablement rétribuées. Le maréchal n'en était pas là: il n'en avait guère que cinq ou six. Mais, à dire vrai, elles le gênaient peu; il avait l'administration facile; puis il se fiait à ses surintendants et à ses directeurs.

Sévèrement économe, il veillait sur les deniers de l'Etat

avec une sollicitude jalouse; il les gérait aussi consciencieusement que les siens propres (1).

Les dépenses extraordinaires que certaines occasions solennelles imposaient à la liste civile le mettaient hors de lui. Il maugréait sans cesse de ne pouvoir les enrayer. L'exposition de 1867 fut pour lui, sous ce rapport, un véritable cauchemar.

Je me trouvais dans son cabinet le lendemain du grand bal donné en l'honneur de l'empereur de Russie.

— C'était bien beau, lui dis-je, hier aux Tuileries!

— Vous en parlez à votre aise, me répliqua-t-il, on voit bien que ce n'est pas vous qui payez.

— Comment!... et l'impôt?

— Farceur! Tenez, je vous le dis, l'empereur se ruine, l'empereur nous ruine. Tous ces souverains-là feraient beaucoup mieux de rester chez eux; ils ne pourront jamais nous rendre la pareille. Après tout, je conçois que l'empereur se laisse aller; il faut qu'il fasse dignement les honneurs de la France. Moi qui vous parle, moi le maréchal Vaillant, qui ne passe pas pour jeter mon argent par les fenêtres, je suis sûr que s'il prenait fantaisie à l'empereur de venir me relancer à ma campagne de Nogent, je ne pourrais me dispenser de me gêner pour plusieurs années... C'est égal, il serait sage d'aller moins vite; pour peu que cela continue, ma caisse sonnera creux comme un vieux pot.

(1) Voici quel était le chiffre des appointements de maréchal.

Maréchal de France.	40.000 fr.
Ministre	100.000
Indemnité supplémentaire.	30.000
Sénateur.	30.000
Grand maréchal du palais.	60.000
Grand-croix de la Légion d'honneur.	3.000
Évaluation de son logement au Louvre, chauffage, éclairage.	50.000
Total.	343 000 fr.

— Ah ! bah! lui dis-je, elle se refera.

— J'y compte bien, mais ce sera dur.

Ce qui exaspérait surtout le maréchal, c'est ce qu'il appelait « les mendiants aussi étranges qu'étrangers de la cassette. »

— Ah! me disait-il, ils sont là une fameuse bande, gens de tout acabit, de tout pays. Depuis que l'empereur a inventé les nationalités, elles viennent toutes tendre la main. Les Allemands, par exemple, ont la palme; on n'a jamais vu tant de sotte vanité mêlée à tant de platitude. C'est écœurant (1)!

Et me montrant un tas énorme de papiers :

— Voyez ce dossier; il est curieux, sans compter celui que l'empereur garde dans son cabinet. Ah! l'empereur! on le *carotte* joliment.

Le maréchal était trop discret pour citer des noms. Mais quand il s'agissait d'un individu ridicule, il le dépeignait au vif; ceux qui le connaissaient ne pouvaient s'y méprendre.

Il me parlait un jour d'un certain scribe, gros bonhomme myope et perpétuellement enchifrené.

— Celui ci, me disait-il, est un type. Il se croit le premier moutardier du pape, et il s'en vante. Que ne nous a-t-il pas demandé ? que ne nous a-t-il pas promis ? A l'entendre, lui seul était capable d'écrire proprement l'histoire du règne. Il eût pondu tout un volume sur la moustache de l'empereur. C'était fort drôle. Nous lui avons jeté d'abord quelques os à ronger, puis sont venus les billets de mille. Il a tout englouti. Mais, au contraire de la mon-

(1) Dans son curieux livre intitulé : *L'Allemagne aux Tuileries de 1850 à 1870*, M. Henri Bordier a relevé près de deux mille suppliques d'Allemands de tout rang et de toute condition implorant la charité de l'empereur. On comprend, après l'avoir lu, les paroles méprisantes du maréchal. J'ai donné plusieurs extraits de ce livre dans mes *Odeurs de Berlin*.

tagne qui, du moins, accouchait d'une souris, il n'est accouché de rien du tout. Carottiers, mon cher, que tous ces grippe-sous. L'empereur, trop bon, se laisse duper, et c'est moi qui paye.

II

Outre ses fonctions officielles, le maréchal Vaillant avait trois choses auxquelles il s'intéressait plus spécialement : sa chienne, ses plantes ou ses insectes, et ses études de savant.

Le maréchal aimait l'Institut, dont il était un des membres les plus actifs et les plus distingués. Autant que possible, il assistait à ses séances, et l'on sait combien il répandait d'agrément et de vie sur les discussions du docte corps, par ses réflexions piquantes, ses solutions inattendues, ses aperçus pleins d'originalité. Ce n'était point le savant poudreux et sec; il vulgarisait avec art, et son style coulant et facile était toujours finement orné.

Rien de ce qui touchait à la science ne lui était indifférent; il en cultivait un peu toutes les branches; l'astronomie, entre autres, avait pour lui un attrait particulier.

Un soir d'automne, que devait se produire je ne sais plus quel phénomène astral, il se rendit au Trocadéro pour le mieux contempler.

Le temps était froid; il devint brumeux; l'horizon se voila.

Le maréchal descendit de son coupé, se promena longtemps sur la terrasse, la tête en l'air, l'œil collé à sa lunette, attendant une éclaircie. Mais le ciel devint de plus en plus noir, la pluie tomba ; il dut battre en retraite.

Le lendemain je le rencontrai.

— Eh bien! me dit-il, avez-vous vu l'étoile?

— Non, et vous?

— Ni moi non plus. J'étais allé pour cela au Trocadéro; je l'ai attendue près de deux heures; mais un vilain nuage, un grain est survenu; je l'ai ratée. Et me voilà enrhumé. Le plus drôle, c'est que mon valet de chambre prétend l'avoir vue d'une fenêtre en aérant l'appartement. Une autre fois, je ne bougerai pas de chez moi, et au lieu d'une lunette je prendrai un plumeau.

Malgré sa passion pour les étoiles, le maréchal, je suppose, n'eût pas volontiers prêté les mains à la dernière expédition organisée en l'honneur du passage de Vénus. Il eût pensé sans doute, avec M. Leverrier, que le plaisir d'assister à un rendez-vous furtif de cette fille du ciel avec le soleil ne valait pas deux cent mille francs; il eût soutenu, avec le chef de l'Observatoire, que les résultats attendus de ce rendez-vous étaient plus que problématiques; et qu'en tout cas, ils pouvaient être obtenus d'une autre manière, à moins de frais et aussi sûrement. Au besoin, le maréchal eût invoqué à l'appui de son opinion, celle des Anglais qui, on le sait, sont demeurés froids devant la scène galante qui se préparait dans la sphère céleste, réservant leur argent pour des expériences d'un caractère plus précis et d'une utilité plus générale.

Il paraît qu'étant jeune le maréchal Vaillant possédait dans sa propre personne un sujet d'observations scientifiques des plus curieuses. Il était à lui seul tout un monde d'électricité. Voici comment il s'exprime dans un de ses *mémoires* :

« Pendant longtemps, surtout de 1818 à 1830, lorsqu'il faisait un froid vif et sec, et que je rentrais dans ma modeste chambre sans feu, après avoir passé la journée dans des lieux bien chauffés, j'étais témoin et sujet de phénomènes électriques.

« Au moment où j'étais en chemise elle pétillait, deve-

nait toute lumineuse; une multitude d'étincelles s'en échappaient de toutes parts; les deux pans se collaient l'un à
l'autre, et restaient appliqués avec une certaine adhé-
rence. »

Ne pourrait-on pas dire que cette nature électrique n'a
jamais abandonné complétement le maréchal? Elle s'est
du moins manifestée jusqu'à la fin dans les éclairs petil-
lants de son esprit.

Je n'insisterai pas sur le goût du maréchal pour les
plantes et les insectes. Son cabinet en était encombré. Il
en recevait de partout et des plus rares espèces. Son bonheur était de suivre leurs évolutions. Que de fois, au plus
vif d'un entretien, ne l'ai-je pas vu s'interrompre pour
faire admirer à son interlocuteur les frémissements spon-
tanés d'une feuille ou les contorsions d'une chenille!

Mais, l'objet principal de ses prédilections, c'était sa
chienne, c'était *Brusca*. Elle n'était pas belle pourtant,
elle était même laide, avec sa mine refrognée, son mu-
seau baveux, son poil hérissé. Le maréchal l'avait recueillie sur le champ de bataille de Solférino, au moment
où elle léchait le sang de son maître, un général autrichien, tué par un boulet français. Telle est, du moins,
l'histoire ou la légende qu'il se plaisait à raconter. Il y
ajoutait parfois que le général lui avait légué et recom-
mandé la chienne en expirant. Quoi qu'il en soit, il adopta
la pauvre bête qui, depuis, ne le quitta plus.

Brusca vivait avec le maréchal sur le pied de la plus
étroite intimité. Elle mangeait à sa table, elle dormait
dans sa chambre à coucher, elle se promenait dans sa
voiture. Son cabinet lui était familier; elle en explorait
curieusement les coins et les recoins, humant le parfum
des fleurs et folâtrant avec les scarabées; elle assistait
aux audiences, tantôt blottie aux pieds du maréchal, tantôt perchée sur un dossier. Un solliciteur avisé pouvait

trouver en elle un utile auxiliaire ; un compliment lancé à propos sur son air éveillé, sa mine intelligente, aidait merveilleusement au succès d'une requête. Malheur, au contraire, à qui la rebuffait ! Je m'attirai un jour un regard furibond du maréchal pour avoir secoué trop fortement ma bottine qu'elle s'obstinait à mordiller.

Jadin fut chargé de faire le portrait de Brusca. Il le réussit ; le maréchal s'en montra satisfait, et il le vantait comme un chef-d'œuvre.

Ce portrait, tous ceux qui fréquentaient les mardis officiels du maréchal ont pu l'admirer exposé dans son cadre sur le canapé rouge circulaire du principal salon de réception.

L'original se promenait en chair et en os, aux alentours, à travers les jambes des visiteurs qui, lorsqu'ils étaient habiles, ne manquaient pas de l'associer aux hommages qu'ils venaient rendre au maître.

— Savez-vous faire des vers ? me demanda un jour le maréchal.

— Comme tout le monde. Je crois même en avoir dispersé quelques-uns dans mes livres.

— Eh bien, composez-moi quelque chose sur Brusca ; mais que ce soit court, afin que je puisse placer le morceau en guise d'inscription au bas du portrait.

Je composai un dithyrambe.

Le maréchal le trouva mauvais.

D'autres furent plus heureux, car le maréchal demandait des vers pour sa chienne à presque tous ses intimes. On a chanté Brusca dans une foule de langues. Je pourrais citer un membre de l'Institut qui l'a chantée en grec ; et, si j'ai bonne mémoire, sa pièce, copiée sur parchemin, figura sur un guéridon d'honneur à l'une des réceptions du mardi. Du reste, fort souvent, le mardi, le maréchal se plaisait à étaler sur le canapé du salon rouge quel-

ques échantillons des vers qu'il avait reçus dans la semaine.

Cependant, de toutes les pièces de vers inspirées par
Brusca, une seule fut jugée digne de servir d'inscription
au portrait. Le maréchal la fit graver au bas du cadre.

Voici ces vers :

> Si je suis près de lui, c'est que je le mérite.
> Rêvez mon sort brillant; rêvez, ambitieux !
> Du bien de mon bon maître en ami je profite,
> J'aimerais son pain noir s'il était malheureux.

On a attribué au maréchal lui-même la paternité de ce
quatrain. Je n'y vois rien d'impossible. En tout cas, il
répond tout à fait aux sentiments qu'il prêtait à l'héroïne
de Solférino.

Le maréchal vantait, à qui voulait l'entendre, les mérites et les vertus de Brusca. On connaît les choses charmantes qu'il a écrites sur elle et sur la race canine en général. Lamartine, cet ami exalté des chiens, n'est, quand
il parle d'eux, ni plus gracieux, ni plus ému.

— Voyez-vous cette bête, me disait un jour le maréchal,
je l'aime beaucoup, mais elle me le rend bien. Elle m'aime
tellement qu'elle ne veut être distraite par aucun autre
amour. Elle vit dans le plus rigoureux célibat.

Le maréchal me disait cela en riant, et en riant aussi,
chaque fois que je le voyais, je lui demandais des nouvelles de la vertu de Brusca.

— La malheureuse ! me répondait-il souvent, elle a
failli succomber. La faiblesse du sexe se trahit. Je la surveille; ce n'est point une mince besogne.

Enfin, Brusca s'oublia tout à fait. Je l'appris au retour
d'un long voyage.

— Ah ! il s'est passé de tristes choses pendant votre
absence, me dit le maréchal; Brusca s'est déshonorée ;

mais son incartade ne lui a pas porté bonheur; elle est accouchée de trois chiens morts.

Et moitié sérieux, moitié plaisant, le maréchal me donna les détails techniques les plus circonstanciés sur l'opération de la délivrance, opération dans laquelle il avait secondé lui-même le vétérinaire.

— Espérons, soupira-t-il, que cette leçon lui profitera et qu'on ne l'y reprendra plus.

III

Le maréchal Vaillant ne discutait pas volontiers; la contradiction l'agaçait; il aimait à mener son monde à la baguette. Cependant, il ne se fâchait pas trop quand on s'avisait de lui tenir tête ; plus d'une fois même, on l'a vu se montrer d'autant plus gracieux qu'on lui répliquait plus hardiment ; il savait démêler dans la résistance ce qu'il y avait de conviction et de caractère, et il finissait toujours par y faire droit.

Un jour, arrivant dans son salon d'attente, j'y rencontrai un individu dont l'air mécontent trahissait un solliciteur évincé.

Il se promena quelques minutes à grands pas; puis, frappant du poing sur une table, il se mit à vociférer contre le maréchal de la façon la plus violente.

Le maréchal accourt au bruit.

— Revenez, monsieur, dit-il à l'individu.

Et un instant après, celui-ci reparaissait l'œil rayonnant.

— C'est tout de même un brave homme, s'exclamait-il, en se frottant les mains.

— Eh bien! dis-je au maréchal, que se passe-t-il donc ici ?

— Un original, qui n'admet pas qu'on le refuse ; mais il a du caractère, et, ma foi, je lui ai accordé ce qu'il demandait.

Ce retour du maréchal sur un refus déjà signifié accusait évidemment en lui un profond instinct de justice, en même temps qu'un véritable courage contre ses propres entraînements. Cependant l'humeur bourrue à laquelle il avait cédé d'abord ne s'effaçait pas entièrement pour cela, et il n'était pas rare qu'elle fit explosion de nouveau, mais, cette fois, avec une acuité inoffensive.

Pendant la guerre de 1854, j'avais eu occasion de fournir au général Niel, pour sa campagne de Bomarsund, des renseignements qu'il avait cherchés vainement ailleurs. Le maréchal Vaillant, alors ministre de la guerre, l'apprit et m'invita à venir le voir.

Je le surpris dans son cabinet en manches de chemise ; il faisait très-chaud.

— Attendez, me dit-il, que je passe un vêtement, et nous causerons.

Il disparut un instant, puis revint couvert d'un léger veston en toile.

Il serait trop long de raconter l'entretien qui eut lieu entre nous. Le maréchal voulait que Bomarsund une fois tombé en notre pouvoir, le général Niel occupât les îles d'Aland pendant l'hiver, afin de se trouver là pour la reprise de la campagne de la Baltique.

Je lui fis observer que c'était impossible, que le corps du général Niel, composé seulement de 14,000 hommes, serait insuffisant ; qu'il trouverait à peine où se loger ; que son ravitaillement se heurterait à des difficultés insurmontables, et qu'enfin les Russes, libres de toute inquiétude dans ces parages, pourraient s'il leur en prenait fantaisie, lancer contre lui des forces écrasantes.

Le maréchal répliqua, s'emporta. Je tins bon, et j'y

mettais d'autant plus d'assurance, que les événements de la guerre de 1808-1809, entre la Suède et la Russie, me fournissaient des arguments péremptoires, et qu'un récent voyage à Bomarsund et aux îles d'Aland m'avait permis d'étudier sérieusement le terrain.

Le maréchal, armé de cartes et de plans, n'en défendait pas moins son idée ; il parlait sur un ton des plus vifs.

Cependant, peu à peu il se radoucit.

— Ainsi, me dit-il, vous croyez réellement que c'est impossible ?

— J'en suis certain, et je vous le prouve. Je pense, en outre, que le général Niel, avec lequel je me suis expliqué plus longuement, est de mon avis ; ses prochaines dépêches vous amèneront sans doute à le partager.

— Allons ! allons ! ne nous fâchons pas. Puisqu'il le faut, on se bornera à s'emparer de Bomarsund ; on démolira la forteresse et on reviendra.

— C'est en effet le seul parti à prendre. Il ne faudrait pas faire dans la Baltique ce qu'on vient de faire dans la mer Noire. Vous savez que nos marins ont cherché à grands frais sur ses côtes le fameux Schamyl, afin de le rallier à notre cause. On leur a montré des Schamyl de toutes conditions, car le nom de Schamyl est un nom de famille très-répandu dans ces parages. Mais le fameux, le vrai Schamyl n'a jamais quitté les bords de la mer Caspienne. Quelle boulette !

Le maréchal sourit. Puis il se leva, me tendit gracieusement la main, et, tout en me reconduisant, il m'adressait ses remercîments.

Mais, arrivé près de la porte, il se redressa tout à coup, me secoua brusquement le bras, et de son ton le plus bourru :

— C'est égal, fit-il, c'est embêtant d'avoir tort !

IV

Au mois de mai 1862, le maréchal Vaillant me fit appeler.

— Il paraît, me dit-il, que l'on a parlé de vous à l'empereur; et il m'écrit de Vichy, de vous donner une mission pour vos pays du Nord.

— Je suis persuadé, en effet, qu'il y aurait à recueillir dans ces pays, en Danemark surtout, beaucoup de matériaux archéologiques, qui pourraient servir à l'histoire de César.

— Eh bien ! rédigez-moi une note ; je l'enverrai à l'empereur.

Quelques jours après, je revis le maréchal.

— Tout est convenu, me dit-il, nous n'avons plus qu'à régler l'affaire. De quoi vous occuperez-vous pendant votre voyage ?

— Je vous l'ai indiqué dans ma note : étudier, dans les antiquités du Nord, notamment celles de l'ancienne Chersonèse cimbrique, le génie des Celtes et des Cimbres, ces ancêtres des Gaulois, adversaires de César; puis relever et expliquer les nombreux hiéroglyphes gravés sur rocher découverts en Suède et en Norvége, que l'on attribue aux Normands... Avez-vous quelque chose à ajouter?

— Moi! pour qui me prenez-vous? Est-ce que je m'entends à ces rubriques-là? C'est bon pour l'empereur. Mon affaire est de vous payer, combien vous faut-il ?

Je fixai la somme.

— C'est cher.

— Comment, cher!.... D'ailleurs, vous déclinez tellement toute compétence à l'endroit de mes rubriques que..

— Vous avez raison. Mais nous en donnerez-vous pour notre argent ?

— En doutez-vous ?

Je connaissais trop le maréchal pour m'étonner de cette brusque façon de régler une mission. Je le plaisantai même sur son excès de modestie en matière archéologique; enfin, je le déridai tout à fait en lui promettant de lui rapporter, si la race n'en était point perdue, quelque cousin ou cousine d'un insecte boréal microscopique, que j'avais donné jadis au Muséum d'histoire naturelle, et qui m'avait valu de la part des professeurs de l'établissement une superbe lettre de félicitations.

Je partis. J'explorai pendant plusieurs mois le Danemark, la Suède et la Norvége. A si longue distance, il n'était pas toujours facile de s'entendre, et ma correspondance avec le maréchal se heurtait parfois à d'étranges quiproquos. Il vint un moment où je crus qu'il prenait ma mission pour celle d'un autre. Il me gourmandait, en effet, de ne pas lui envoyer d'inscriptions romaines, alors que je voyageais précisément dans des pays où les Romains n'avaient jamais mis le pied. Il finit même par se persuader qu'il m'avait donné des instructions et il m'y rappelait.

A la vérité, je n'en voulais pas trop au maréchal de ses méprises. Mon premier rapport envoyé du Danemark, celui qui devait lui donner la clef de tous mes travaux ultérieurs, ne lui était jamais parvenu.

J'appris, après une longue enquête à travers les bureaux de poste d'Allemagne et de Belgique, que l'huissier placé à la porte du ministère, avait refusé de recevoir le paquet qui renfermait ce rapport, sous prétexte qu'il n'était pas affranchi et que le port coûtait trop cher. Voulait-il flatter ainsi l'esprit d'économie bien connu de son maître !

A mon retour, je rappelais de temps en temps cet incident au maréchal. Un jour que je le troublais dans ses observations entomologiques et botaniques, il prit son air le plus bourru :

— Croyez-vous donc, me dit-il, que j'ai le temps de m'occuper de vos bucoliques de savant ? J'ai bien d'autres chats à fouetter.

C'est dans une de ces visites qu'il me dit un mot digne d'un Bourguignon du temps de Rabelais.

Le maréchal Vaillant était, on le sait, dans ses allures, d'une très-grande rondeur. Avec ses amis et ses familiers surtout, il affectait de dédaigner les titres auxquels sa haute situation lui donnait droit. Il tenait seulement à celui de maréchal.

Or, un matin, entrant dans son cabinet, il m'arriva de le traiter d'Excellence.

Il poussa un gros éclat de rire.

— Jolie Excellence, fit-il, qui va... au cabinet !

Et il me campa là, disparaissant brusquement par une porte dérobée.

Par exemple, je rentrai complétement dans les bonnes grâces du maréchal, et il fit son deuil des inscriptions romaines, quand je lui annonçai l'envoi à l'empereur, par le roi de Danemark Frédéric VII, d'une collection spécimen des antiquités du Nord.

Le roi Frédéric VII, qui s'occupait beaucoup d'archéologie, et avec une compétence peu commune, m'honorait de sa bienveillance. J'en profitai pour lui suggérer l'idée de faire cadeau à l'empereur de quelques types des antiquités de son pays.

— Votre idée est excellente, me répondit le roi ; mais à l'heure qu'il est, je ne suis pas riche. Mes plus belles choses se trouvaient à Frederiksborg, et elles ont péri dans l'incendie du château. Enfin j'aviserai. Le musée de

« Copenhague est riche, et si la loi m'interdit de rien lui
» enlever, elle me donne du moins le droit de lui proposer
« des échanges... Vous voudrez bien, n'est-ce pas, accompa-
« gner mon cadeau à Paris? »

Sur mon refus, motivé par la nécessité où j'étais de
prolonger encore mon séjour dans le Nord pour y terminer mes travaux, le roi organisa la mission de M. le conseiller Thompsen, directeur général des musées du
royaume, et M. Steinhauer, l'intelligent inspecteur du
musée ethnographique de Copenhague.

Edifié par une de mes dépêches sur l'importance personnelle des envoyés de Frédéric VII, le maréchal Vaillant
leur fit un accueil empressé. Ils furent reçus aux Tuileries,
où ils remirent à l'empereur, en même temps que la collection archéologique, une lettre autographe de leur souverain. Tous les journaux du temps ont raconté cette
affaire, les journaux danois naturellement, dans les termes
les plus pompeux.

La curieuse collection du roi de Danemark figure aujourd'hui dans les galeries du musée Saint-Germain.

Absent de Paris au moment de son inauguration, je me
bornai à écrire au maréchal cette simple phrase :

— Eh bien! pensez-vous que je vous en aie donné pour
votre argent?

Le cadeau de Frédéric VII, en effet, était estimé en Danemark à une trentaine de mille francs; et il ne nous
avait coûté, outre une lettre de remerciment de l'empereur au royal donateur, que deux rubans rouges, l'un de
commandeur pour M. Thompsen, l'autre de chevalier
pour M. Steinhauer.

A la mission dont je viens de parler se rattache un épi-
sode fort original, et où le caractère du maréchal Vaillant trouve encore occasion de se donner carrière. Je le
raconterai avec quelques détails.

V

Le roi Frédéric VII m'avait invité à passer quelques jours à son château de Fredensborg, situé à environ quarante kilomètres de Copenhague. J'y occupais un petit appartement très-confortable. Les matériaux pour mes études archéologiques n'y manquaient pas, car, grâce au concours des amateurs danois, qui tenaient à le dédommager des pertes de Frederiksborg, le roi y avait déjà réuni un assez joli musée.

Ce qui me charmait aussi à Fredensborg c'était la cuisine. Elle ne s'écartait guère, il est vrai, des traditions nationales, mais le maître queux royal trouvait moyen de l'idéaliser. Cela reposait mon estomac des lourds fardeaux dont un marchand de soupe de la capitale, très-brave homme d'ailleurs, chez lequel j'avais pris pension, se plaisait à le charger.

On se figurerait difficilement ce que c'est que la cuisine danoise, en la prenant bien entendu dans son sens le plus brutal, le plus exclusif. Je n'en citerai que les potages, et parmi eux les plus caractéristiques. Je défie de rêver plus étrange amalgame.

Potage au pain, sorte de brouet fait avec du pain noir, du citron et du vin. Potage à la purée de pommes de terre avec des tranches de céleri, du poivre de Cayenne et du vin de Porto. Potage aux pruneaux. Potage aux choux verts avec des boulettes de céleri et du sucre. Potage à l'avoine, avec des pruneaux, du raisin sec, du sucre et des galettes de biscotte. Potage au bœuf, liquide blanchâtre, ni consommé, ni bouillon, dans lequel nagent des quenelles de pâte grosses comme des œufs. Potage au gruau bouilli, servi chaud et dont on précipite la déglutition avec du beurre salé et du lait froid.

Potage au riz mêlé de gruau et d'amandes pilées, assaisonné de cannelle et de sucre et arrosé de bière. Enfin, potage à l'oie fait avec les abatis et l'intérieur de l'animal, des carottes, du céleri, des quenelles de pâte et des tranches de pommes. On sert le tout dans la même assiette. Potage solide, comme on voit, et où il y a beaucoup à ronger. Une assiette auxiliaire est placée devant chaque convive pour recevoir les os.

Le potage à l'oie est, en Danemark, un mets traditionnel, auquel s'attache une idée symbolique. Il y est de rigueur le 10 novembre, anniversaire de la naissance de Luther. Est-ce un hommage à la vigilance que déploya le fondateur de la Réforme, pour échapper à la suprématie romaine? Ce qui est certain c'est que, dans les pays du Nord, l'oie jouit d'une tout autre considération que chez nous. On y rend justice à son calme, à sa prudence, à sa finesse, et tandis que pour célébrer les charmes d'une jeune fille nos poëtes la qualifient de douce colombe, les poëtes finlandais, par exemple, l'appellent une belle oie.

Je n'ai pas mangé de potage à l'oie au château de Fredensborg, mais j'y ai mangé de l'oie aux choux rouges sucrés. C'était, ma foi, fort bon, et je n'ai eu garde d'y ajouter, comme le font d'ordinaire ceux qui trouvent ce plat un peu fade, du sel, de la moutarde et du vinaigre.

Un jour, à dîner, le roi étant d'excellente humeur, mettait beaucoup d'entrain à la conversation.

— Goûtez-moi ce bordeaux, me dit-il en me passant un verre plein; c'est mon vin préféré. Je ne puis pas souffrir le bourgogne.

— Ah! sire, répliquai-je, voilà un aveu pénible à entendre pour un Bourguignon, et si le maréchal Vaillant, qui m'a envoyé en Danemark, se trouvait ici, il en serait gravement offusqué. Mais en frappant ainsi sur le bourgogne, Votre Majesté ne frappe-t-elle pas un peu sur ses propres sujets? car enfin il existe en Danemark une île de Bornholm. Or, si je ne me trompe, les anciens auteurs danois la nomment Burgundsholm, c'est-à-dire île des Burgundes ou des Bourguignons.

Cet à-propos archéologique fit beaucoup rire le roi. Il dit quelques mots à son maître d'hôtel, et un instant après je vis se dresser devant moi un superbe chambertin.

— Vous voyez, me dit le roi, que, pour frapper sur ses sujets, on n'en est pas moins bon prince. Mais puisque vous vous intéressez aux antiquités, je vais vous en offrir une que vous apprécierez sans doute. Prenez ce verre, c'est un vin du Rhin de 1538.

— Mettez-y du sucre, me souffla la comtesse Danner, épouse morganatique du roi, à côté de laquelle j'étais assis; il est un peu aigre.

La comtesse avait raison. Ce vénérable vin était même très-aigre. Je le dégustai du bout des lèvres.

— Croyez-vous, me dit le roi, que c'est là ce que j'ai de plus vieux dans mes caves? Vous allez en juger; avancez-moi un verre.

Alors, le roi prenant des mains de son maître d'hôtel une nouvelle bouteille, remplit lui-même son verre et le mien, et me dit avec une certaine solennité :

— Nous appelons ce vin le vin de la reine Marguerite. Il a été bu en 1397, au banquet donné par cette reine pour célébrer l'union de Calmar. C'est un vin de votre pays, un vin du Jurançon. A votre santé! Vous le sentirez tout à l'heure jusqu'au bout des ongles.

Le lendemain, en entrant dans le cabinet du roi pour mon audience de congé, je remarquai sur une console une bouteille cachetée, et près d'elle une feuille de papier couverte de quelques lignes d'écriture.

Vers la fin de l'audience, le roi se leva, s'approcha de la console, et me montrant la bouteille et la feuille de papier, il me dit :

— Le vin de la reine Marguerite, le vieux vin de l'Union de Calmar vous a paru curieux. Emportez donc cette bouteille en France avec la notice que j'y ai jointe et que j'ai rédigée moi-même après m'être fait présenter les protocoles des caves. Vous prierez le maréchal Vaillant, de ma part, de le faire goûter à l'empereur. Jamais, j'en suis sûr, il n'aura rien bu d'aussi vieux.

A mon retour à Paris, je me rendis chez le maréchal.

— Savez-vous, lui dis-je, ce que je vous rapporte du Danemark ?

— Quelque chose de curieux ?

— Une bouteille de vin.

— Du bourgogne ?

— Non, du jurançon.

— La belle affaire !

— Mais c'est un jurançon de 1397.

— Allons donc !

Je mis sous les yeux du maréchal l'original danois de la notice écrite par Frédéric VII et lui en fis la traduction.

Cette notice portait que le vin de la reine Marguerite était resté d'abord deux cents ans dans les fûts, ou plutôt dans les foudres, car ces fûts sont énormes. Quand on les visita, ils étaient réduits de moitié ; on les compléta en les vidant les uns dans les autres. C'est seulement beaucoup plus tard que le vin fut mis en bouteilles. La bouteille que j'apportais était scellée aux armes du roi Frédéric IV et datait, par conséquent, de la fin du dix-huitième siècle.

— Eh, bien ! me dit le maréchal, que voulez-vous que je fasse de votre liquide ?

— Le roi de Danemark désire que vous le fassiez goûter
à l'empereur. C'est une curiosité archéologique qui en
vaut bien une autre.

— Du jurançon ! Tenez, buvez votre bouteille et laissez-
moi tranquille.

— Je ne demanderais pas mieux, mais il y a ici une
fantaisie du roi de Danemark, dont je ne puis faire si bon
marché. Que lui dirai-je, à mon prochain voyage à Copenhague, s'il me parle de son vin ?

— Vous lui direz ce que vous voudrez.

Le maréchal se buta à son refus ; il me fut impossible
d'en rien obtenir. De guerre lasse, je m'adressai au duc de
Bassano, qui me mit enfin à même de m'acquitter de ma
commission.

Ceci ne contribua guère à réconcilier le maréchal avec
mon jurançon. Était-ce de sa part jalousie de Bourguignon ? Il ne voulut jamais avoir l'air de savoir que l'empereur avait goûté le vin et l'avait trouvé bon, et chaque
fois que j'allais le voir ou que je le rencontrais, il manquait
rarement de me demander d'un air narquois si je m'étais
décidé à boire ma piquette.

VI

J'ai nommé plus haut la comtesse Danner. Le maréchal
Vaillant eut à s'occuper d'elle ; mais avant de dire à quelle
occasion, je crois opportun de toucher quelques mots de
cette dame.

La comtesse Danner, aujourd'hui décédée, appartenait
à une famille de petite bourgeoisie nommée Rasmussen.
Elle se fit connaître d'abord comme danseuse au théâtre
royal de Copenhague ; puis, ayant quitté le théâtre, elle
vint à Paris, apprendre l'état de modiste, et retourna en-

suite à Copenhague, où elle fonda, sous l'enseigne de Mlle Charpentier, un grand magasin de modes. C'est dans ce magasin qu'un beau jour le roi Frédéric VII, dont elle avait été la maîtresse alors qu'il était prince royal, la retrouva. Sa belle passion se réveilla ; il l'emmena au château ; enfin, le 7 août 1850, il l'épousait morganatiquement, en jetant dans la corbeille de l'ancienne modiste une couronne de comtesse.

Bien que ce mariage ne pût avoir aucune conséquence dynastique, il n'en révolta pas moins toute la noblesse. Elle déserta le château, qui devint silencieux et morne. En même temps les pamphlétaires se déchaînèrent. On déversa sur la nouvelle comtesse les insultes et les calomnies les plus flétrissantes. Son ancien état de danseuse y prêtait. Tel fut le nombre des brochures publiées contre elle qu'elles forment aujourd'hui un véritable cycle littéraire connu en Danemark sous le titre de *Danner-Litteratur*. Quelques-unes, et des plus croustillantes, ont été traduites en allemand, par des demoiselles allemandes, pour servir la cause prussienne dans le Slesvig-Holstein.

Le roi et sa femme, car c'est ainsi que Frédéric VII appelait toujours la comtesse, laissèrent dire et écrire tout ce qu'on voulut. Cependant, peu à peu l'orage se calma. Grâce à son habileté, à son tact, à ses dons charitables intelligemment distribués, grâce aussi à l'influence qu'elle exerçait sur le roi, la comtesse se fit des partisans, des amis. Elle arriva même à jouer un rôle politique ; elle eut son ministère à elle. L'acharnement de ses détracteurs lui suscita des apologistes exaltés. Ceux-ci n'hésitèrent pas à suggérer au roi de la créer duchesse de Slesvig, afin de lui frayer ainsi le chemin du trône.

Et ils rappelaient à Frédéric VII l'exemple d'un de ses ancêtres, Frédéric IV, exemple, en effet, admirablement choisi. Frédéric IV, qui régnait au commencement du dix-huitième siècle, était d'une galanterie effrénée, et quand il s'agissait de ses amours, il ne respectait ni convenances ni lois. Ayant enlevé la belle comtesse Reventlow, il l'épousa du vivant de la reine, sa femme légitime, la mère de l'héritier de la couronne. Ce fut un grand scandale : aucun prêtre danois ne voulut y prêter les mains. Mais, à cette époque, la cour de Danemark regorgeait de parasites allemands; un prêtre allemand nommé Claussen fit l'affaire.

Frédéric IV vécut ainsi en état de bigamie pendant neuf ans. Puis, la reine étant morte, le surlendemain même de ses funérailles il installa solennellement la comtesse Reventlow à sa place et la couronna de ses propres mains.

Frédéric IV faisait si peu de mystère de son double mariage qu'il ne s'en cachait même pas avec la reine.

Un jour qu'ils se trouvaient ensemble, accoudés à une fenêtre du château de Rosenborg, regardant défiler les équipages dans les allées du parc, celui de la comtesse Reventlow apparut tout à coup.

La reine l'examina avec attention :

— Quelle est cette dame ? demanda-t-elle au roi.

— C'est ma femme.

— Votre femme ! Et moi, qui suis-je donc ?

— Vous, vous êtes ma reine.

Le roi Frédéric VII était trop sage pour céder au projet qu'on lui suggérait. Je crois que, de son côté, la comtesse Danner ne s'en souciait pas non plus. Ils vivaient unis et heureux, la plupart du temps dans une des résidences royales, plus ou moins éloignées de Copenhague, préférant les joies douces de l'intérieur au fracas des fêtes officielles.

Cette intimité persistante entre le roi et sa femme morganatique les avait rendus nécessaires l'un à l'autre. Ils ne se séparaient jamais ; et lorsque parfois les devoirs de chef d'État retenaient le roi loin d'elle plus longtemps que de coutume, la comtesse était inquiète.

Un jour, à déjeuner, le roi prononça tout à coup ces paroles :

— Décidément, il faut que j'aille à Paris !

— A Paris ? fit la comtesse étonnée.

— Oui, j'aime beaucoup l'empereur ; je veux faire sa connaissance personnelle.

L'idée d'un voyage à Paris était loin de déplaire à la comtesse ; elle lui souriait plutôt, car elle comptait bien que le roi ne partirait pas sans elle. Mais, ici, se présentait un point délicat.

La comtesse Danner serait-elle reçue aux Tuileries avec tous les honneurs auxquels lui donnait droit, suivant elle, sa qualité d'épouse du royal visiteur ?

Des négociations discrètes furent entamées à ce sujet. Elles étaient pendantes au moment de mon arrivée à Copenhague. Mais il paraît qu'elles ne marchaient pas au gré de la principale intéressée. Un de ses familiers vint en causer avec moi, et, à ma grande surprise, il me demanda s'il ne me conviendrait pas d'intervenir personnellement. On pensait sans doute que, relevant pour ma mission d'un personnage aussi rapproché de la cour des Tuileries que le maréchal Vaillant, mon intervention pourrait être utile.

Je coupai court aux insinuations par cette réponse :

— Je suis chargé ici d'une mission archéologique ; par conséquent lorsque j'écris au maréchal Vaillant, je ne lui parle que d'antiquités : or il me semble que la comtesse Danner n'est pas encore d'âge à figurer dans une pareille correspondance.

Cependant j'informai le maréchal de l'affaire dans une dépêche confidentielle. Il en conféra avec le duc de Bassano.

Quelque temps après, il m'en donna des nouvelles.

L'impératrice, dont l'avis avait été demandé, avait fait, soi-disant, une réponse très-fine :

— Si j'étais une souveraine de vieille roche, je n'hésiterais pas à recevoir Mme Danner comme elle le désire ; mais je le suis de trop fraîche date pour me permettre cette liberté.

Enfin, une seconde lettre du maréchal m'apprit que l'arrêt suprême avait été rendu.

On avait consulté le cérémonial. Or, le cérémonial prévoyait bien la réception d'une reine, mais il était muet sur la réception de l'épouse morganatique d'un roi...

Les choses en restèrent là. D'ailleurs, Frédéric VII ne tarda pas à être pris de la maladie qui devait l'emporter au tombeau ; le projet de voyage à Paris fut abandonné.

VII

Les audiences du maréchal Vaillant étaient d'ordinaire assez courtes ; il n'aimait pas les gens prolixes ; il voulait qu'on allât droit au fait. Pour conjurer les visites inutiles, il avait imaginé de fixer ses rendez-vous à une heure très-matinale, même pour les dames.

— On ne vient pas chez les gens de si bonne heure, disait-il, quand on n'a rien de sérieux à leur demander ou à leur apprendre.

Comme je lui faisais observer que certaines personnes pouvaient se formaliser de ces audiences au chant du coq :

— C'est vrai, me répondit-il ; mais qu'est-ce que cela me fait ? Avez-vous connu le prince de Canino ? Eh bien ! un jour, désirant me faire je ne sais quelle communication, il m'écrivit pour me demander une entrevue. Je la lui indiquai pour le lendemain matin à sept heures.

C'était pendant l'hiver. Au lieu de venir lui-même, le prince m'envoya deux témoins. Ceux-ci me déclarèrent en son nom qu'on ne dérangeait pas à pareille heure un personnage de son importance, et qu'il m'en demandait raison. Je mis les deux témoins à la porte. Depuis Canino est mort, sans que j'aie eu occasion de m'expliquer avec lui.

On a raconté une foule d'histoires sur ces réceptions du maréchal Vaillant. On a prétendu, par exemple, qu'en certaines circonstances il s'était conduit plus que cavalièrement avec l'archevêque de Paris et d'autres prélats, même avec de très-grandes dames. Je ne crois pas un mot de toutes ces histoires. Le maréchal était brusque, bourru, mais il ne l'était pas indifféremment avec tout le monde; il observait, au contraire, la plus haute convenance vis-à-vis des personnes que leur situation ou leur caractère lui imposaient de respecter. D'ailleurs, si dans ses brusqueries il semblait parfois dépasser la mesure, il avait toujours ses raisons pour cela.

Voici un fait qui s'est passé sous mes yeux.

C'était dans les premiers jours de janvier 1864, j'étais dans le cabinet du maréchal, l'entretenant d'une affaire qui semblait l'intéresser vivement.

Son huissier lui apporta une carte.

Il y jeta les yeux, et, sans interrompre la conversation : « Faites entrer ! » dit-il.

Je vis alors un homme de haute taille, d'une tenue roide et gourmée, la rosette d'officier de la Légion d'honneur à la boutonnière; un militaire retraité évidemment.

— Que me voulez vous? lui demanda le maréchal, toujours assis et sans se retourner.

— Je suis venu à Paris, Excellence, pour les fêtes de Noël et du jour de l'an, et je n'ai pas voulu retourner dans ma province sans vous présenter mes hommages.

— C'est tout ce que vous avez à me dire? fit brusquement le maréchal.

— Oui, Excellence, répondit le visiteur en balbutiant.

— Eh bien ! vous pouvez vous retirer.

J'exprimai au maréchal mon étonnement d'une réception aussi sommaire.

— Vous êtes naïf, me dit-il, je connais ces hommages-là ; ils ont toujours une suite : c'est pourquoi j'ai trouvé bon d'y couper court.

Outre ses audiences particulières, le maréchal avait, comme tous les autres ministres, ses réceptions officielles hebdomadaires. On y rencontrait plus ou moins de monde, suivant les jours. Un soir, j'y arrivai d'assez bonne heure ; les salons étaient déserts.

— Me voici, aujourd'hui, le premier, dis-je au maréchal, en le saluant.

— Et vous serez probablement le dernier. On méprise les vieux, voyez-vous. Je ne fais pas mes frais. Cependant, je nourris et j'abreuve mes clients tout aussi bien que mes collègues.

La maréchale assistait d'habitude à ces réceptions, dont elle relevait l'éclat par sa belle prestance et son luxe de bon goût. On sait qu'avant d'épouser M. Vaillant, elle avait été la femme du célèbre général Haxo.

Beaucoup de bruits couraient sur le peu d'harmonie qui régnait, disait-on, dans leur intérieur ; mais, en public, il était impossible de s'en douter, tellement le maréchal témoignait à la maréchale d'attentions et de déférence.

Il ne manquait jamais de me présenter à elle comme revenant du Danemark.

— Mais, maréchal, lui dis-je un jour, je ne fais pas profession de revenir du Danemark.

— C'est égal, cela fait bien sur la maréchale ; ne revient pas du Danemark qui veut.

La maréchale, en effet, m'accueillait chaque fois comme un voyageur nouvellement débarqué; et pour ne pas mentir à mon rôle, je lui racontais des impressions souvent vieilles d'un an ou deux comme des actualités d'une fraîcheur incomparable.

VIII

Le maréchal Vaillant avait une parente demeurant à Nuits, près de Dijon. Il allait de temps en temps la voir et se plaisait beaucoup dans son intérieur modeste.

Il arrivait ordinairement chez elle à l'improviste et incognito. Sa grande préoccupation, quand il voyageait, était de ne pas manquer le train. Aussi, le trouvait-on à la gare longtemps avant le départ; il y attendait, impassible, l'heure réglementaire.

A Nuits, il s'étendait dans un fossé voisin de la station, et s'endormait sur le gazon. Il n'était pas rare qu'il laissât passer ainsi plusieurs convois, ce qui le mettait fort en colère contre ceux qui n'avaient osé troubler son sommeil. Vers la fin, ordre avait été donné, d'accord avec lui, à un employé, de le réveiller au moment juste.

Quand le maréchal se rendait à Dijon, sa ville natale, il défendait qu'on se mît en frais pour le recevoir. Cela le gênait, prétendait-il. C'est pourquoi il n'acceptait jamais l'hospitalité du préfet ou du maire. Il descendait au vieil hôtel de *la Cloche*, et voulait qu'on l'y traitât comme un simple bourgeois. Le maire, M. Vernier, député de la Côte-d'Or, puis conseiller d'État sous l'empire, un homme d'esprit, riait beaucoup de cette fantaisie, mais la respectait.

Il n'en était pas de même des habitants de Dijon. A peine le maréchal était-il arrivé qu'ils se portaient en

foule sous les fenêtres de l'hôtel de *la Cloche*, avides de
voir l'homme qu'ils comptaient à bon droit parmi les
illustrations de leur ville et qui, en plus d'une circonstance,
s'était montré son bienfaiteur. On sait déjà qu'ils avaient
donné son nom à une rue.

C'est en vain que le maréchal cherchait à éluder les
hommages qu'on lui témoignait. On déjouait sa stratégie, et à moins de demeurer confiné jour et nuit dans
son appartement, il était obligé de traverser la population enthousiaste et de subir ses applaudissements et ses
vivats.

— Ces Dijonnais, disait-il, sont de drôles de corps;
impossible avec eux d'avoir un seul moment de silence et
de tranquillité !

En 1858, Dijon se donna le luxe d'une exposition indus-
trielle, artistique et agricole, exposition qui, pour le dire
en passant, réussit au delà de toute espérance. Le maréchal, alors ministre de la guerre, fut invité à présider la
distribution des récompenses. Il accepta, mais toujours,
bien entendu, sous la réserve qu'on le recevrait très-sim-
plement. Ce fut convenu.

Le jour de son départ, il y avait grand couvert au
ministère. Il quitta ses convives au beau milieu du dîner;
car, cette fois moins que jamais, il ne voulait s'exposer
à manquer le train. Il arriva à la gare près de trois quarts
d'heure avant l'ouverture des guichets.

La population dijonnaise le reçut avec son élan accou-
tumé. Cependant l'exposition retenant dans ses galeries
une bonne partie de la foule, les abords de l'hôtel de *la
Cloche* furent laissés à peu près libres; le maréchal put
respirer.

Le lendemain, à l'heure fixée pour la distribution, le
préfet, accompagné des autorités, vint le chercher dans
sa voiture.

La cérémonie devait avoir lieu dans un des ronds-points du parc, magnifique emplacement.

La ville tout entière s'y portait, joyeuse et parée.

A la porte du parc se tenait le général Picard, à la tête de plusieurs bataillons et entouré de son état-major.

Au moment où parut le maréchal, le général salua de l'épée, et aussitôt les tambours de battre, la musique d'exécuter ses plus belles fanfares.

— Qu'est-ce que cela signifie? s'écria le maréchal, n'avais-je pas défendu.... Ne m'avait-on pas promis?..

— Ah! monsieur le maréchal, répondit le maire assis en face de lui, ne vous en prenez qu'à vous-même... Regardez votre poitrine... Vous portez le grand cordon de la Légion d'honneur... Dès lors, le cérémonial...

— C'est vrai, je suis pincé !

Le maréchal ne s'en montra pas moins de fort bonne humeur; et quand, après le dîner officiel qui suivit la distribution, il reprit la route de Paris, il déclarait à tout le monde qu'il était enchanté de sa campagne.

IX

Le maréchal Vaillant avait l'orgueil de son origine plébéienne, et il mettait autant d'empressement à révéler sa généalogie que certains parvenus à dissimuler la leur.

« Mon grand-père, écrivait-il à quelqu'un qui l'avait interrogé sur ce point, était petit marchand de soie sur la place Saint-Vincent, à Dijon ; son père avait été chaudronnier ; je ne puis remonter plus haut ; mes quartiers de noblesse s'arrêtent là. »

Par exemple, il n'admettait point l'adage : « Tel père tel fils » ; et il en voulait fort aux grammairiens pour l'avoir pris comme paradigme d'une règle latine : *Qualis pa'er, talis filius.* « Mon père, dit-il dans une de ses lettres, est mort pauvre et estimé de tous. Je ne lui ai pas connu un seul ennemi. Ses amis l'appelaient Jésus-Christ, tant il était bon pour tout le monde. Je ne lui ressemble en rien. Il était mince, et je suis fort et gros ; il était doux, et l'on me trouve bourru. Enfin, autant il avait de bonnes qualités, autant on dit que j'ai de défauts, et je crois qu'on ne se trompe pas. »

En 1868, je ne sais plus à quelle occasion, je demandai au maréchal s'il était parent de M. Royer, curé de Montbard. Il se livra à ce sujet à une enquête minutieuse, qui aboutit à une réponse négative. « Au surplus, ajoutait-il dans une lettre qu'il m'adressa, je vais m'informer si ma sœur *Josabeth* (rien que cela) a eu un parent du nom de Royer. Je ne crois pas qu'elle s'en connaisse. »

Dans une seconde lettre sur la même question, le maréchal s'aventure à une digression assez curieuse.

« J'ai lu l'autre jour, dans le *Spectateur militaire*, que le grand roi Louis XI préférait de beaucoup le vin de *Mons Barrus*, Montbard, aux vins de Touraine, dont le grand maréchal du palais du temps le faisait empoisonner ; j'ai compris, dès lors, pourquoi j'avais tant d'admiration pour Louis XI, bien qu'il eût un peu battu mon duc de Bourgogne à Montlhéry, mieux battu devant Paris, dont il lui fit abandonner assez honteusement le siége.

« Vous trouverez dans Commines une histoire de chardons qui furent pris pour des cavaliers du roi par les éclaireurs du Duc-le-Téméraire. C'est absolument comme à Constantine, mais quatre siècles plus tôt, tant il est vrai qu'il n'y a plus rien de nouveau sous le ciel, ni la peur, ni les chardons. J'ai eu une terrible venette causée par des roseaux dans une plaine voisine de Blidah. Si quelque chose pouvait excuser un homme qui a peur, je dirais que j'étais seul, étendu sur une charrette, avec la fièvre et un bras cassé etc., etc., tous les *et cætera* possibles, comme circonstances un peu atténuantes. »

Dans le courant de cette même année 1868, j'eus avec le maréchal une singulière querelle.

— Savez-vous, maréchal, lui dis-je un jour, que mon intention est d'écrire quelque chose sur vous. Je veux faire votre *monographie.*

A ce mot de monographie, il bondit. — A-t-on jamai vu une idée plus saugrenue!

Puis il s'expliqua par lettres.

« J'avais toujours cru qu'on faisait la monographie d'une espèce de plantes, d'une espèce d'animaux. Mais la monographie d'un homme !... Cela me passe. On ne peut faire que sa biographie. J'ai vu longtemps chez Debauve, marchand de chocolat, rue des Saints-Pères, l'annonce d'un ouvrage intitulé : *Monographie des cacaos.* A la bonne heure, cela peut se comprendre. »

Je poursuivis la taquinerie ; elle m'amusait et le maréchal y trouvait plaisir, je crois.

« On fait bien la monographie d'un monument, lui répliquai-je, pourquoi donc ne ferais-je pas la vôtre ? N'êtes-vous pas le personnage le plus monumental que l'on puisse voir en ce temps d'individualités vulgaires et effacées ? »

Le maréchal me répondit :

« On dit la *monographie* d'un monument, c'est vrai. Toutefois, c'est un emploi un peu forcé du mot, mais l'usage y est, un peu aussi la raison. En effet, la monographie d'une église, par exemple, signifiera l'histoire de toutes les modifications apportées à ce monument dans le cours des siècles, qui en ont fait successivement bien des églises différentes, et comme autant d'individus bien distincts, se ressemblant cependant et formant une seule famille, comme les cacaos de Debauve.... Mais, la monographie d'un homme! Personne que son père n'a travaillé à le faire ce qu'il est, n'est ce pas? »

J'insistai encore ; j'étais curieux de voir jusqu'où irait le débat.

Le maréchal changea alors de ton : et sans se départir de la causticité qui était dans sa nature, il m'écrivit cette belle page, où l'élévation de la pensée s'associe à l'éloquence la plus émue :

« Que vous ai-je fait pour que vous vous occupiez de ma biographie, dès à présent, *hic et nunc*, comme dit ma chère nièce, quand elle ne se sert pas du mot *illico* ? Attendez donc ; je vais mourir : les quelques jours de grâce (est-ce bien grâce qu'il faut dire ?) ces quelques jours sont comptés. Le dernier d'entre eux luira peut-être demain... Qui vous presse ? Attendez que je sois refroidi, et que soient refroidies aussi les haines, les colères que chacun de nous soulève autour de lui ! Attendez que le rabot du temps ait quelque peu abattu les aspérités qu'on me reproche : Vous ne me connaissez pas d'ailleurs. Voltaire disait : *J'ai fait un peu de bien*. Moi, je n'en ai pas fait du tout, malgré mon envie sincère et fréquente d'en faire.

« Laissez-moi donc mourir en paix ; laissez-moi juger par Dieu, par Dieu seul ! Les deux plateaux de sa balance éternelle ne sont pas également lourds : il y en a un qui a un fameux lot de plomb : c'est celui de l'indulgence, de la miséricorde et de la bonté, c'est celui où il pèse les hommes qui n'ont jamais fait le mal volontairement. J'espère y être pesé, et vous verrez si je n'ai pas bon poids. »

Je n'ajouterai ici aucune réflexion. N'est-ce pas là un langage digne d'un compatriote de Bossuet ?

M. WALLON

ET LA DIPLOMATIE DE SAINT LOUIS

I

L'honorable M. Wallon, un savant qui cumule avec les facultés d'un père de l'Eglise celles d'un homme d'Etat plein de hardiesse, s'est illustré par deux ouvrages mémorables : l'*Histoire de saint Louis* et la *République du 25 février*. Comme tout auteur bien équilibré, il tient à ce que le second de ces ouvrages ne jure pas avec le premier ; à ce que les vertus préconisées dans l'un ne se heurtent pas à des vices fomentés ou tolérés dans l'autre. M. Wallon, en un mot, veut non uniquement comme M. Jules Simon une république *aimable*, il veut une république *vertueuse*.

N'est-ce point pour cela qu'il s'est montré de si facile composition à l'endroit de la liberté de l'enseignement supérieur ? Le grand maître de l'Université s'est incliné, ici, devant le fondateur de la République ; il a senti qu'en dotant la France d'un régime dont trop souvent les adeptes soi-disant les plus purs usent pour le ravaler et le pervertir, il était prudent d'ouvrir un champ plus vaste à l'action d'une puissance qu'il devait estimer, lui traducteur des Évangiles et auteur d'une foule de pieux écrits, plus capable que tout autre, de le moraliser, de le transfigurer.

C'est pourquoi, sans se demander si à la façon dont elle

était posée, la question de la liberté d'enseignement ne devenait pas plutôt une subtilité de parti qu'une affaire de principes, M. Wallon n'a pas hésité à sacrifier entre les droits et priviléges de l'Université, ceux-là même qui avaient passé de tout temps comme les plus essentiels, les plus inaliénables. M. Wallon a obéi à ses instincts d'homme d'Eglise ; il n'y a pas à lui en vouloir.

II

L'*Histoire de saint Louis*, telle que nous la présente M. Wallon, n'est comme tout ce qui sort de sa plume, qu'une compilation laborieuse, sans éclat, sans hauteur de vue, froide, sèche, et tout à fait au-dessous de ce qu'un pareil sujet eût inspiré à un esprit de large envergure et ouvert aux émotions fortes. Je n'en prendrai que le côté diplomatique.

Par un temps ou les excès de la force brutale trouvent de si impudents défenseurs, il est utile, je crois, de rappeler ces belles phases de l'histoire où la force morale a marqué sa victorieuse empreinte. Il y a là des leçons autrement imposantes.

Le grand but de la diplomatie de saint Louis, c'était la paix, la paix dans son royaume, la paix à l'étranger ; non une paix résultant de l'indifférence ou de l'énervement, mais une paix fondée sur le droit, la justice et la conscience. Saint Louis s'employait à cette paix avec une ardeur passionnée ; il n'y ménageait ni son action, ni ses sacrifices. Aussi son influence était-elle sans limites ; et, comme le dit un historien du temps : « Le royaume de France, gardé et affermi par saint Louis, resplendissait aux regards de tous les autres royaumes comme le soleil qui répand partout ses rayons. »

Aucun différend ne s'élevait entre potentats, grands ou petits, sans que sa médiation ou son arbitrage ne fussent invoqués; il ne les refusait jamais ; ses décisions faisaient loi. Malheur à ceux qui passaient outre! Tôt ou tard, ils étaient réduits à demander merci. Saint Louis ne refusait pas non plus son concours armé; mais il fallait alors que tous les moyens de conciliation eussent été épuisés; et il est à remarquer que, s'il secondait avec zèle les revendications légitimes, il s'abstenait scrupuleusement de prêter les mains à une spoliation, quelle qu'elle fût. C'est ainsi qu'il alla jusqu'à restituer à Henri III certaines provinces de France arrachées à Jean-sans-Terre, n'estimant pas qu'il fût juste de frapper le fils dans le père. On a blâmé cet acte, bien que, d'après les idées du temps, il n'impliquât aucun sacrifice de nationalité, et que la restitution ne dispensât point le roi d'Angleterre de faire hommage au roi de France, même pour les pays auxquels elle s'appliquait. Toutefois, grâce au noble motif qui l'avait inspiré, l'ascendant de saint Louis et, par suite, du trône de France sur les autres trônes du monde, devint encore plus grand et plus fort. C'était là une assez glorieuse compensation.

III

Il serait long de suivre l'action diplomatique de saint Louis à travers les États d'Europe, et même jusqu'en Orient où le portèrent les croisades. La Flandre et le Hainaut, la Hollande, le Luxembourg et la Lorraine, Rome et Naples, l'Angleterre, l'Italie, l'Allemagne en ressentirent tour à tour les effets salutaires. Frédéric II, le farouche antagoniste des papes, n'osait entrer en hostilité, racontent les historiens, avec le roi le plus respecté de la chrétienté ; les Sarrasins se contentaient, en garantie de ses engagements, de sa seule parole.

Le nom de saint Louis était en si haute et si universelle renommée, son influence était si bien établie, que rien ne pouvait en obscurcir le prestige. « Après l'échec de la croisade, dit M. Wallon, il est plus que jamais l'arbitre de l'Europe. C'est à lui que l'Angleterre s'adresse pour tenter de prévenir, par un équitable jugement, la guerre civile prête à la déchirer. C'est à lui que le pape demande secours contre les Hohenstaufen. S'il a rendu quelques provinces à l'Angleterre, c'est par pur esprit de justice ; s'il s'est refusé des acquisitions au dehors, ce n'est pas que l'occasion lui ait manqué de s'agrandir ; mais il est un bien qu'il recherchait par-dessus tout, pour lui et pour les autres : la paix. Par là il assurait à la France une position plus forte qu'il ne l'eût fait par la guerre. Il gagnait en influence infiniment plus que ne lui eût donné la conquête. C'est parce qu'on le savait pacifique, respectant les droits des autres, que tout le monde se montrait prêt à accepter sa loi. »

IV

« Blanche de Castille, écrit M. Édouard Charton dans son *Histoire de France*, n'avait rien négligé pour faire naître et cultiver dans ses fils les mâles vertus qui pouvaient les rendre dignes de régner. Elle contribua beaucoup, par les pures et nobles idées que son fils aîné avait été habitué à puiser dans ses entretiens, à élever le niveau de l'esprit public en France. »

Tel est en effet le principe qui éclaire, qui explique tout le règne de saint Louis : l'éducation religieuse qu'il reçut de sa mère. Ses mâles vertus ont fait de lui un grand roi, ses pures et nobles idées ont transformé son peuple. Ne nous étonnons donc pas si après avoir écrit l'*Histoire de saint Louis*, si après s'être pénétré de ce merveilleux sujet, M. Wallon, fondant la république, prêche la vertu, les pures et nobles idées, aux républicains, s'il les leur représente, avec Montesquieu, comme la condition *sine qua non* de la stabilité, de la durée de la république. M. Wallon est logique; il ne gardera le respect de la république qu'autant qu'il la verra s'encadrer dans la sainteté de son Histoire.

M. Wallon peut-il compter sur ce dernier résultat? En tout cas, il n'y contribuera que comme simple sénateur. M. Wallon n'est plus ministre. Mais qu'importe! Si à l'exemple de saint Louis, il s'était imposé pour tâche durant son règne éphémère « d'élever le niveau de l'esprit public en France, » il applaudira de grand cœur, sans doute, à ceux qui la rempliront à sa place.

LAMARTINE

ET LES PREMIÈRES HEURES DU GOUVERNEMENT PROVISOIRE

EN 1848

I

Le 24 février 1848, vers huit heures du soir, je rencontrai dans la rue de Rivoli un de mes amis, le docteur Tavignot, marchant, bras dessus bras dessous, avec Alphonse Désirabode, fils du célèbre dentiste. Ils avaient l'air fort animé; Désirabode surtout gesticulait d'une façon désordonnée.

— Où allez-vous donc ainsi ? leur demandai-je en les abordant.

— A la *Réforme ;* Désirabode a une idée fixe... venéz avec nous ! me répondit Tavignot, en me prenant par le bras.

Aux bureaux de la *Réforme*, nous rencontrâmes Baune et Gouache, rédacteurs du journal. « Mes bons amis, leur dit Désirabode, la République nous tombe des nues..., ni vous ni moi ne comptions sur elle... n'importe, il ne faut pas la laisser échapper... Or, demain matin, en apprenant la nouvelle, toutes les *bonnes femmes* de France vont se récrier... L'échafaud, la Terreur, 93... Elles ne verront que cela... Il faut rassurer les *bonnes femmes*, il faut leur montrer que nous n'en sommes plus là... Autres temps, autres mœurs... Abolissons la peine de mort ! Qu'en pensez-vous ? »

En sa qualité d'actionnaire de la *Réforme*, d'ami de Ledru-Rollin et autres vainqueurs du jour, Désirabode ne pouvait qu'être favorablement écouté. On rit bien un peu des *bonnes femmes* sur lesquelles il insistait tant ; mais son idée, en somme, fut trouvée excellente.

Le docteur Tavignot, qui avait la plume facile, s'assit à une table et rédigea une pétition au gouvernement provisoire. Baune et Gouache l'ayant approuvée, il la signa ; Désirabode fit de même ; on apposa ensuite au bas de la pièce le cachet du journal.

— Maintenant à l'Hôtel-de-Ville !

Toute révolution offre, à son début, un côté curieux et instructif. J'avais, moi jeune homme, et jusqu'alors étranger aux choses de la politique, une trop belle occasion de le prendre sur le vif pour la laisser échapper. J'accompagnai les deux pétitionnaires.

Neuf heures sonnaient quand nous arrivâmes sur la place de l'Hôtel-de-Ville. Elle était encombrée de gardes nationaux en uniforme, d'ouvriers en blouse, d'hommes du peuple armés de fusils. Des femmes ornées d'écharpes rouges versaient à boire; des gamins affublés de défroques militaires chantaient des chants patriotiques. Nous nous frayâmes un chemin à travers la foule.

— Mission de la *Réforme* pour le Gouvernement provisoire! criait Désirabode.

Au nom de la *Réforme*, toutes les têtes s'inclinaient. La grille, la grande porte d'entrée de l'Hôtel-de-Ville, gardées par des sentinelles, s'ouvrirent devant nous; nous montâmes au premier étage.

Là se tenait une sorte d'huissier.

— *Mission de la* Réforme *pour le Gouvernement provisoire,* répéta Tavignot d'une voix impérieuse.

L'huissier nous salua jusqu'à terre; puis, nous faisant signe de le suivre, il nous conduisit à travers deux sombres couloirs jusqu'au cabinet où siégeait le Gouvernement provisoire. Il nous en ouvrit la porte, et sans nous demander nos noms, sans nous annoncer, il nous introduisit.

— Ah! ah! dit en souriant le docteur Tavignot, les révolutions ont du moins cela de bon qu'elles suppriment l'étiquette.

Il était neuf heures et demie.

Le cabinet était une pièce fort étroite et d'un ameublement tout à fait démocratique. Une dizaine d'hommes y étaient rangés autour d'une table couverte d'un tapis vert.

Ces hommes étaient en proie, pour la plupart, à une inquiétude qu'ils dissimulaient à peine. M. François Arago, plus agité que les autres, épiait tout ce qui se disait ou se passait autour de lui. Notre arrivée parut surtout le préoccuper. Peut-être nous prenait-il pour de nouveaux collègues.

Flocon, en garde national, la croix de Juillet sur la

poitrine, causait avec quelques autres individus étrangers
au Gouvernement et entrés comme nous. Ayant reconnu
Désirabode, qui l'avait fréquemment obligé et dont quelques jours après il reconnut les services en le faisant
nommer gouverneur du château de Saint-Cloud, Flocon
s'approcha de nous; nous lui remîmes notre pétition; il la
lut, et la glissa dans sa poche :

— C'est bien, nous dit-il; mais il est impossible au
Gouvernement de s'en occuper immédiatement.

En effet, c'est le lendemain ou le surlendemain seulement que l'abolition de la peine de mort en matière politique fut proclamée. Dans son *Histoire de la Révolution de
février*, Lamartine attribue la sagesse opportune de ce
décret à une inspiration providentielle. C'est possible;
mais il n'en est pas moins vrai que la Providence transmit
son inspiration au Gouvernement provisoire par l'organe
de MM. Désirabode et Tavignot. La *Réforme* l'a constaté
en reproduisant la pétition signée de leurs deux noms.

II

Sur l'invitation de Flocon, nous nous retirâmes dans
un salon voisin. C'était comme une succursale du Gouvernement, une sorte de secrétariat général improvisé. Quelques rares figures s'y montraient, car le Gouvernement
n'était pas encore assez solide pour attirer les solliciteurs.
Les personnages présents avaient tous plus ou moins pris
part à la lutte.

C'étaient Emmanuel Arago, Auguste Billiart, Baune,
Bocage, Thoré et quatre ou cinq autres dont je
ne me rappelle plus les noms. On devisait des affaires
du temps ou même de choses indifférentes. Emmanuel
Arago posait déjà pour le futur ambassadeur; nous

sourions à ses airs d'aristocrate, contrastant avec le débraillé démocratique qui s'étalait autour de nous. Entre tous, le colonel Dumoulin se distinguait par une turbulence agaçante; il allait, venait, écrivait, se levait, s'asseyait, ne pouvait rester en place. Heureusement, M. de Lamartine nous en débarrassa en le nommant gouverneur du Louvre.

Les minutes s'écoulaient. De notre salon, qui touchait d'un côté au cabinet du Gouvernement, de l'autre à de vastes salles envahies par la foule, nous entendions à la fois les chuchotements des hommes du pouvoir et les murmures du flot populaire. Quelques coups de fusil retentissaient aussi de temps en temps sur la place de l'Hôtel-de-Ville ; nous n'étions qu'à demi rassurés.

Enfin, vers dix heures un quart, M. Crémieux vint nous rejoindre.

— Messieurs, nous dit-il, voici la composition du nouveau ministère.

Et comme il se préparait à dicter, chacun de nous prit la plume, s'offrant à suppléer officieusement les secrétaires officiels qui manquaient encore.

M. Crémieux était très-pâle ; les traits altérés, l'air soucieux.

— Voyez, me souffla un de mes voisins, n'a-t-il pas l'air d'un vaincu plutôt que d'un vainqueur?

— Parbleu! murmura le docteur Tavignot, sur ses trois batailles de la journée, il en a déjà perdu deux : l'une pour la réforme, l'autre pour la régence. Maintenant il lutte pour la république, mais est-il assez convaincu?

M. Crémieux dictait, et sa voix, en effet, était fort incertaine. A chaque nouveau nom, il appuyait avec une insistance marquée sur le mot : *provisoire*. L'ayant oublié une fois : *Provisoire! provisoire!* reprit-il aussitôt : —

Rappelez-vous bien, messieurs, que tout ceci n'est que provisoire !

La dictée marchait.

— Ministre provisoire de la guerre, le général Lamoricière.

Toutes les plumes restèrent suspendues. Une voix s'éleva et protesta. « C'est impossible ; vous vous ferez écharper ; le peuple n'acceptera point pour ministre l'homme auquel le roi donnait encore ce matin l'ordre de le mitrailler. »

M. Crémieux ne répliqua point ; il rentra dans le cabinet du Gouvernement où il resta environ dix minutes.

— Messieurs, nous dit-il, en revenant, le général Lamoricière nous écrit à l'instant même pour refuser le ministère de la guerre. Il prétend qu'étant de retour à Paris depuis trop peu de temps, il n'est pas assez au fait de la répartition des troupes dans les différentes divisions militaires, et nous propose à sa place le général Bedeau. Il ajoute que, regardant la guerre comme probable, il tient son épée à la disposition du Gouvernement pour combattre à la frontière.

Nul de nous ne fut dupe de cet à-propos, le docteur Tavignot moins que tout autre, car une heure auparavant, il avait reçu et introduit auprès du Gouvernement le porteur d'un message du ministère de l'intérieur où les intentions du général Lamoricière étaient présentées sous un jour tout différent.

Voici la copie de cette pièce dont le docteur Tavignot conserve encore aujourd'hui l'original. Elle est datée du 24 février, 8 heures du soir.

» Monsieur le maire (Garnier-Pagès),

» Le général Lamoricière est en conférence avec moi au moment où je reçois votre lettre. Je m'entends avec lui sur les mesures à prendre pour maintenir l'ordre. Il manifeste le désir de se charger de cette grave mission à la tête de la garde nationale. Il est, du reste, tout prêt à se rendre à l'Hôtel-de-Ville, si le Gouvernement provisoire lui en donne l'ordre; il est à sa disposition.

» J'ai l'honneur de vous saluer,

> » *Le délégué du Gouvernement provisoire,*

> » A. ANDRYANE. »

La liste s'acheva sans soulever de nouvelles objections ; cependant, au nom de Flottard, proposé pour le secrétariat général de la mairie de Paris, un grenadier de la garde nationale, qui faisait partie de notre groupe, protesta énergiquement, demandant, au nom des faubourgs dont il se disait le délégué, qu'on nommât à sa place Recurt, son voisin et son ami. M. Crémieux hésita; mais personne n'appuyant le grenadier, il passa outre. Ceux qui venaient de renverser un ministre de la guerre jugèrent au-dessous d'eux de s'occuper d'un secrétaire de mairie ; leur dédain fit la fortune de M. Flottard.

III

La liste épuisée, M. Crémieux se mit à causer avec nous. Il avait l'air moins inquiet. « Les rapports qui nous arrivent de tous côtés, nous dit-il, sont de plus en plus rassurants. » Puis, des soucis de l'Etat passant à ceux de la famille, il chargea un de ses amis d'aller porter de ses nouvelles à sa femme qui, depuis le matin, prétendait-il, devait ignorer ce qu'il était devenu. « Hélas! murmura derrière moi un ombrageux démocrate, c'est bien moins à Mme Crémieux qu'aux vrais républicains à s'inquiéter, car ils savent, eux, que M. Crémieux est devenu membre du Gouvernement et ministre de la justice. »

En ce moment Garnier-Pagès, le nouveau maire de Paris, fit son entrée dans notre salon. Il était très-ému, la pâleur de sa figure égalait celle de son faux-col. A quoi pensait-il? aux 45 centimes peut-être ! Il ne parla à personne, il ne regarda personne, s'assit à la table qu'occupait un instant auparavant Emmanuel Arago, écrivit quelques lignes et sortit pour ne plus revenir.

Onze heures approchaient ; notre société devenait plus nombreuse, signe de la consolidation présumée du pouvoir. De minute en minute on frappait à la porte qui donnait sur les salles occupées par le peuple. Notre rôle se compliquait. Nous formions l'avant-garde du Gouvernement ; on ne pouvait pénétrer jusqu'à lui que par nous ; les solliciteurs étaient à notre discrétion. Nous admettions ou nous refusions ceux qui se présentaient, suivant que leurs noms étaient plus ou moins connus, leurs demandes plus ou moins opportunes. Quand il s'agissait d'une députation, nous exigions qu'elle nommât un délégué. Tous ces délégués s'annonçaient naturellement au nom du peuple. Félix Pyat jeta son nom ; on hésita à l'introduire, sa notabilité démocratique étant alors des plus douteuses ; Bocage, son ami, s'en porta garant, et on lui ouvrit la porte.

Tout à coup un éclat de rire retentit dans un coin du salon.

Nous nous retournâmes.

— N'avez-vous pas vu le personnage qui vient de s'é-
chapper ?

— Cet homme en casquette ?

— Oui.

— Qui est-ce ?

— Le prince Jérôme Napoléon.

C'était vrai ; le prince en a fait l'aveu plus tard dans un
de ses discours.

L'éclat de rire reprit bientôt.

Le général Piat, le fameux général Piat s'était glissé
jusqu'à notre table, saluant à droite et à gauche. Il posa
à peine et s'enfuit si précipitamment devant l'hilarité générale, qu'il oublia son chapeau.

IV

A onze heures et demie, M. de Lamartine entra pour la
première fois dans notre salon. Sa figure calme et grave
contrastait avec la physionomie inquiète de ses collègues.
Tout le monde en fut frappé. Nous comprîmes que seul il
était à la hauteur de la situation ; et c'est à lui seul que
nous nous adressâmes désormais pour toutes les difficultés que chaque minute nous apportait à résoudre.

M. de Lamartine jeta un rapide coup d'œil autour de
lui, donna quelques ordres, signa quelques nominations
dont nous lui suggérions les titulaires, entre autres celle
de David d'Angers, comme maire du 11ᵉ arrondissement.
Puis, s'adressant à Bocage, il lui proposa d'aller chercher
ses chevaux et de faire avec lui une excursion dans Paris.
Sur l'observation que cette excursion était matériellement
impossible, la plupart des rues étant encore barricadées
ou dépavées, M. de Lamartine y renonça.

Certes, il ne manquait pas dans notre entourage de

gens très-désintéressés ; mais que d'autres aspiraient à se dévouer plus lucrativement au service de la République !

A un de ces derniers qui insistait vivement, quoique à voix basse, auprès de lui pour qu'il se fît nommer directeur des Beaux-Arts, Félix Pyat répondit d'un ton très-haut et très-ferme qu'il ne voulait pas de place, qu'il voulait contrôler librement le pouvoir et ne demandait pour cela que la liberté de la presse. « Oui, ajouta-t-il, que la pensée humaine ne soit plus garrottée, et cela me suffit. »

Le démon tentateur se tourna alors de notre côté : « Ah çà ! messieurs, nous dit-il, n'abusons pas de notre position; nous sommes tout-puissants ici ; soyons désintéressés et gardons-nous de nous partager les places. »

Quelques minutes après, le farouche puritain, s'insinuant doucement auprès de M. de Lamartine, se faisait nommer à une grasse sinécure.

Au même moment, le peuple brûlait le trône de Louis-Philippe sur la place de la Bastille, au pied même de la colonne de Juillet. La nouvelle en fut apportée à l'Hôtel-de-Ville. M. de Lamartine ne put s'empêcher de sourire. « Ce peuple, dit-il, a vraiment un sublime esprit d'à-propos. »

V

Cependant, un murmure sourd montait des salles où s'agitaient les légions populaires. On entendait au dehors, des cris de proscription contre le Gouvernement provisoire ; des délégués venus de divers quartiers nous apportaient les nouvelles les plus sinistres; l'inquiétude nous gagnait tous.

On ne frappait plus seulement à la porte ordinaire ; on

ébranlait à coups redoublés une porte latérale qui était condamnée.

« Ouvrez! criait la foule, ouvrez au nom du peuple ! »

Le docteur Tavignot, qui était de service, car on se relevait de quart d'heure en quart d'heure près de la porte, les poumons d'un seul homme ne pouvant y suffire, le docteur Tavignot s'approcha :

« Cette porte est condamnée, répliqua-t-il ; il n'y a ni clef ni bouton; impossible d'ouvrir. »

Il répéta plus de cent fois les mêmes paroles.

Les cris redoublaient.

« Ouvrez, ouvrez, ou nous enfonçons la porte. »

Cela dura plus d'un quart d'heure.

Enfin, Tavignot perdant patience :

« Eh bien ! fit-il, enfoncez la porte si vous voulez, je ne puis faire de miracle. »

Nous vîmes en effet la porte s'ébranler de nouveau, mais elle résista à tous les efforts. Les assaillants se retirèrent, allant chercher, je suppose, une entrée moins rebelle..

Il était près de minuit. Une députation de l'École polytechnique arriva. Nous la fîmes attendre quelque temps, car nous commencions à craindre l'encombrement. Enfin, nous l'invitâmes à nommer un délégué.

Le délégué entra. C'était un jeune homme de vingt à vingt-deux ans, trapu, aux gestes brusques, à la figure sombre.

Le docteur Tavignot le prit par le bras et l'attira dans l'embrasure d'une fenêtre.

« Eh bien, dit-il, que se passe-t-il? Que veut le peuple? Est-ce que l'on conspire déjà sous la république?

— Le peuple a été trompé en 1830, répondit le délégué; il ne veut plus l'être. Or, il y a au pouvoir certains hommes qui ne lui inspirent aucune confiance; il tient à avoir l'œil sur eux.

— Mais n'avons-nous pas Lamartine, Ledru-Rollin, Flocon? Ces noms-là parlent assez haut, je pense.

— Il y en a d'autres... »

Le docteur Tavignot, qui parle très-bien, déploya toute son éloquence. Mais il avait affaire à forte partie ; à chacun de ses raisonnements, le jeune homme secouait la tête d'un air incrédule. Heureusement, M. de Lamartine, absent depuis quelques minutes, rentra. On l'informa de ce qui se passait.

Il alla droit au polytechnicien : « Où sont vos collègues? lui demanda-t-il, faites-les entrer ? »

Il adressa alors aux jeunes gens un magnifique discours :

« Messieurs, leur dit-il en terminant, vous êtes véritablement l'âme de la France, vous êtes l'expression la plus haute de ses idées. A vous de l'aider à remplir ses destinées! La révolution s'est incarnée en vous, le peuple le sait, et vous êtes en réalité ses chefs providentiels. Votre caractère, votre uniforme peuvent tout sur lui. A vous donc de le diriger vers le but commun que nous voulons atteindre. »

Ces belles phrases dites de ce ton harmonieux qui était propre au grand poëte produisirent un effet que mon ami le docteur avec sa meilleure logique n'eût jamais obtenu. Non-seulement les jeunes gens se calmèrent, mais encore ils se mirent à la disposition de M. de Lamartine qui les chargea aussitôt de diverses missions, utilisant ainsi au profit du Gouvernement l'activité qu'ils s'apprêtaient à tourner contre lui.

A peine la députation de l'École polytechnique était-elle partie, qu'un individu se précipita brusquement au milieu de notre cercle. Son air, son costume, ses gestes trahissaient une exaltation étrange.

Il s'approcha de M. de Lamartine.

« Citoyen, lui dit-il (c'était la première fois que le mot de citoyen était prononcé à l'Hôtel-de-Ville), au nom du peuple je viens vous informer qu'il brûle de marcher sur le fort de Vincennes. Tant que ce dernier boulevard de la royauté restera au pouvoir des sbires du tyran, il ne sera pas tranquille. Je me propose de marcher à sa tête; j'attends vos ordres.

— Le fort est rendu, » répondit sèchement M. de Lamartine.

Déconcerté par ce laconisme, le délégué du peuple prit un maintien moins égalitaire.

« Celui qui a l'honneur de vous parler, dit-il, est le fils du général X..., tué au siége de Dantzik. »

M. de Lamartine le congédia d'un geste.

VI

Le peuple s'irritait de plus en plus; il nous envoyait délégués sur délégués. Nous les absorbions les uns après les autres, tantôt en leur confiant une mission, tantôt en les admettant dans notre intimité. Chose merveilleuse! dès qu'ils avaient pris un avant-goût des faveurs du pouvoir, ces énergumènes, ces loups dévorants devenaient les plus doux des agneaux, ce qui ne les empêchait pas, toutefois, d'aboyer en véritables cerbères contre ceux qui, jaloux de partager leur sort, frappaient encore à la porte; ils n'en voulaient que pour eux.

Mais, à l'extérieur, le volcan grondait toujours. L'idée vint à l'un de nous de faire appel à M. de Lamartine.

« Monsieur de Lamartine, lui dit-il, le peuple vous demande à grands cris, venez lui parler, venez l'apaiser. »

Toujours calme et maître de lui, M. de Lamartine chercha son paletot et son chapeau. Ne les trouvant pas, il se rendit tête nue et en simple habit sur le seuil de la porte. A son aspect, la foule se tut. Il parla. Des cris mille fois répétés de : Vive Lamartine! lui répondirent. La tranquillité se rétablit.

Minuit venait de sonner. Nous attendions avec impatience la première proclamation du Gouvernement provisoire. On l'apporta enfin. Elle se terminait par ces mots : *Le Gouvernement provisoire veut la République.*

« Comment ! s'écria Bocage, ils ne proclament pas la République! Que va dire le peuple ?... Ils sont perdus! »

Félix Pyat et d'autres poussèrent les mêmes exclamations. On se groupa, on délibéra, on proposa une formule plus hardie, mais sans succès.

Cependant, les républicains de la veille commençaient à défiler. Dupont (de l'Eure), appuyé sur le bras d'un ami ; François Arago, toujours inquiet et agité ; Bastide, en habit de ville, l'air gourmé d'un ministre ; Marrast, la face épanouie, la moustache hérissée ; « S... n... d... D..., s'écria-t-il en allant à un de ses amis, je la tiens enfin cette République que j'attendais depuis dix-sept ans! » Flocon suivait, brisé de fatigue, mais très-calme : « Messieurs, nous dit-il, le peuple qui s'est battu doit avoir faim ; a-t-on songé à le faire manger? Un morceau de pain trempé dans du vin pour ce brave peuple! » Sur l'assurance que des ordres avaient été donnés, Flocon sortit.

Le Gouvernement provisoire était constitué ; il fonctionnait. De nouveaux venus avaient remplacé, comme secrétaires officiels, les secrétaires officieux; les solliciteurs arrivaient en foule.

« J'en ai assez, dis-je au docteur Tavignot, je suis harassé; si nous nous en allions ?

— Parfaitement, répondit-il, mais c'est là une grosse question. »

En effet, au moment du départ de Flocon, que nous avions reconduit jusqu'au bout des couloirs, nous avions aperçu, à travers la porte entr'ouverte, la foule qui couvrait l'escalier. Un mur de fusils, de sabres, de têtes hurlantes, et quelle effroyable odeur !

Le moyen de se frayer un passage ?

Désirabode vint à notre secours. Se rappelant le succès de son truc de la soirée, il prit une feuille de papier et la glissa dans une grande enveloppe, sur laquelle il griffonna le mot de *Moniteur*.

« Venez ! » nous dit-il.

Arrivés en face de l'escalier, Désirabode brandit son papier, et de sa voix la plus forte :

« Citoyens, cria-t-il, la République est proclamée... Voici la dépêche du Gouvernement provisoire pour le *Moniteur*. Place !

— Bravo ! bravo ! lisez ! lisez !

— Impossible ! une dépêche est sacrée... mission officielle... mission confidentielle... Place !... »

Il est à remarquer que le pli n'était point cacheté ; nous jouions gros jeu.

On vociférait, on hurlait : « Lisez ! lisez ! » Toutes les mains étaient tendues, tous les regards dirigés vers la soi-disant dépêche.

Le docteur Tavignot, qui observait le mouvement, me prit par le bras et me tira vivement de côté ; la foule était moins compacte ; nous nous précipitâmes ; au bout de quelques minutes, sans trop savoir comment, nous étions dehors, nous respirions. Désirabode nous rejoignit bientôt.

Le surlendemain, Bocage revint à l'Hôtel-de-Ville ;

6

mais il ne put y pénétrer, lui qui, le grand jour, y était
entré le premier. « Les filous l'assiégent, » nous dit-il en
nous rencontrant. Ni le docteur Tavignot ni moi n'y retournâmes; j'avais assisté aux débuts d'une révolution,
ma curiosité était satisfaite.

ANGLETERRE

M. DISRAELI

I

M. Disraeli est un de ces hommes d'État fort rares
qui, arrivés à la politique par la littérature, n'aient pas
sacrifié complétement la littérature à la politique. Chez
lui, au contraire, la littérature et la politique marchent
de front; elles s'éclairent, elles se soutiennent mutuellement : le romancier inspire le ministre en même temps
que le ministre inspire le romancier. Pas une idée, pas un
sentiment, produits supposés de la chimère, qui n'aient
leur type, leur mobile et ne doivent avoir leur reflet dans
la réalité. C'est ainsi que M. Disraeli déblaye sa route et
fixe son but. En le lisant on sait où il va, où il ira, car sa
muse, toute libre d'allures qu'elle soit, ne butine point au
hasard et pour un gaspillage prémédité; tôt ou tard, elle
lui rapporte son butin, et il le féconde. Aussi les romans
de M. Disraeli, même les plus inoffensifs, même ceux qui
se jouent avec le plus d'insouciance dans les fantaisies de
l'esprit et du cœur, même ceux où le parti pris éclate le
moins, ces romans sont-ils un diagnostic sérieux et sûr :
l'homme politique s'y trahit manifestement.

II

Cette étroite solidarité entre le romancier et le politique réagit sur toute la carrière de M. Disraeli. Le romancier, je parle du romancier fort, celui qui sous la sensibilité imagée sent vibrer les muscles du philosophe, le romancier poursuit fatalement un idéal. Il y marche sans répit, n'importe par quelle route; peu lui importe qu'on l'accuse de versatilité, d'inconstance : du moment qu'il ne perd point de vue son idéal, il ne se reproche rien; l'unique triomphe auquel il aspire, c'est d'y atteindre.

Tel a été **M. Disraeli.** Anglais avant tout, il tient à ce que l'Angleterre conserve, intacte aux yeux du monde, toute la splendeur de son prestige; mais si pour cela le concours de la force matérielle est nécessaire, cette force, selon lui, ne doit être que le corollaire, le complément de la force morale. C'est pourquoi il pousse au culte de l'idée et des nobles sentiments. Le succès qu'enfante l'audace seule le touche peu; il ne lui rend hommage et ne le recommande que lorsqu'il est, en même temps, le prix de l'intelligence et du travail. M. Disraeli ne s'attache systématiquement à aucune opinion, à aucun parti; dès qu'ils lui paraissent s'écarter de sa visée générale, qu'il y voit un obstacle plutôt qu'un moyen, il n'hésite pas à les abandonner. N'est-ce pas là le motif pour lequel on le voit figurer successivement parmi les démocrates et les conservateurs, les whigs et les tories, les protectionnistes et les libre-échangistes, etc. ?

Ajoutons que ces diverses évolutions n'étant point de sa part l'effet d'une boutade, mais bien d'une conviction réfléchie, il se prodigue au camp où il s'est fixé, avec le dévouement le plus absolu, le plus généreux. Une telle indépendance de caractère témoigne assurément d'un esprit d'élite. J'y trouve aussi l'explication de cette verve ironique inimitable, qui distingue à un si haut degré le talent de M. Disraeli. Quand on est sûr de soi-même, quand on poursuit sincèrement une idée, on se moque très-cavalièrement des hommes et des choses qui se mettent en travers. Tant d'aptitudes justifient et au delà la grande fortune politique de M. Disraeli; aussi n'éprouvons-nous aucune surprise à voir l'illustre romancier placé par les Anglais au rang des hommes d'État les plus distingués qui aient dirigé les affaires de leur pays.

III

La première fois que j'ai vu M. Disraeli, c'était en 1846. Il était alors dans la plus belle phase de sa renommée; il venait de publier *Connisby et Sybil;* il préparait *Tancred;* la *Jeune Angleterre* qui venait d'arborer son drapeau, le reconnaissait pour chef. J'eus l'honneur de lui être présenté par une amie de ma famille, parente de sa femme. Il m'accueillit de la façon la plus gracieuse, et comme j'étais tout récemment arrivé d'un long voyage en Russie et dans les autres pays du Nord, il m'adressa une foule de questions sur ces pays, auxquels il me déclara s'intéresser particulièrement.

« L'attention de l'Europe, ajouta-t-il, se tournera un jour, bon gré mal gré, de ce côté. » Je lui fis hommage de mon premier ouvrage sur la Finlande, qu'il lut sans désemparer; de son côté, il m'offrit sa tragédie grecque, *Alarcos,* une œuvre remarquable par la hauteur de la pensée, la grandeur des caractères et la richesse luxuriante de la poésie. Je ne sais pourquoi aucun de ses biographes n'en fait mention.

Je vois encore M. Disraeli tel qu'il était à cette époque,
avec sa taille à la fois svelte et imposante, ses longs cheveux noirs finement bouclés, son œil ardent, son visage
expressif, sa lèvre fière et d'une mordante ironie. Il parlait volontiers de ses ouvrages ; le succès de *Sybil* l'émer-
veillait. « Figurez-vous, me disait-il, qu'il s'est vendu au
prix ridiculement aristocratique d'une guinée le volume ! »
Quant à son rôle politique, il l'esquissait comme s'il s'a-
gissait déjà d'un fait accompli ; on voyait qu'il ne doutait
point de sa destinée.

IV

M. Disraeli est aujourd'hui plus que sexagénaire ; mais
il conserve encore toute l'activité, toute la verdeur de
l'âge mûr. Issu d'une famille juive, chassée d'Espagne
par l'inquisition au quinzième siècle, réfugiée à Venise et
enfin établie en Angleterre, il rappelle son origine sémi-
tique par son obstination et sa ténacité dans la lutte. Son
grand-père était marchand ; son père, un littérateur estimé.
De bonne heure, il fut appliqué aux lettres, où il déploya
des facultés prodigieuses. Placé chez un avocat, il n'y
apprit rien ; sa fantaisie l'emportait ailleurs. Enfin, pour
compléter son éducation, il partit pour l'étranger, où il
voyagea pendant trois ans, visitant les pays méditerra-
néens, la Syrie et la Palestine.

V

Avant de quitter l'Angleterre, M. Disraeli était déjà un
écrivain célèbre. Il avait publié *Vivian Grey*, roman de
mœurs où il flagellait impitoyablement les vices et les

ridicules de l'aristocratie. Il s'était aussi essayé dans le journalisme ; mais comme il arrive souvent, même ailleurs qu'en Angleterre, son journal n'ayant pas été soutenu par ceux auxquels il devait servir d'organe, le jeune polémiste l'abandonna.

Au moment de son retour en 1831, le bill de réforme de la loi territoriale venait d'être lancé. M. Disraeli résolut de se mêler à la lutte et préluda par quelques écrits aux débats du Parlement. En 1832 il se porta candidat pour le bourg de Marylebone. Hume le radical et O'Connell le patronnaient. Il n'en crut pas moins devoir solliciter l'appui de lord Grey, dont le fils était son concurrent.

« Qu'est ce que cela ? *What is he ?* » demanda dédaigneusement le noble lord, en recevant la requête du jeune candidat. Froissé d'un tel accueil, Disraeli y répliqua par une brochure des plus acerbes, à laquelle il donna pour titre : *What is he ?* et où il se posait en champion résolu de la cause démocratique.

Ayant échoué, il ne se découragea pas ; mais, reconnaissant qu'en s'alliant aux démocrates il avait fait fausse route, il se présenta aux élections suivantes, c'est-à-dire en 1835, sous le patronage déclaré des tories. Il ne réussit pas davantage, et vit les partisans de la cause qu'il avait désertée se déchaîner contre lui. O'Connell le traita d'apostat, de renégat, de charlatan et « d'héritier du voleur mort sur la croix, à la gauche du Christ. »

Disraeli ne se laissa point désarçonner ; il expliqua et justifia sa conduite ; enfin dans une lettre à O'Connell il lui adressa ces fières paroles : « Je suis profondément convaincu que l'heure est proche où je serai plus heureux. J'espère être l'un des représentants du peuple avant l'abolition de l'union. Nous nous retrouverons à Philippes, et soyez assuré que, confiant dans ma bonne cause, et dans une certaine énergie qui est loin d'être restée sans se

fortifier, je saisirai la première occasion de vous infliger
un châtiment tel que, tout à la fois, vous vous souvien-
drez et vous repentirez des injures que vous avez prodi-
guées à Benjamin Disraeli. »

Disraeli avait prédit juste; lors des élections de 1837,
il fut envoyé à la Chambre des Communes par le
bourg de Maidstone. Au début, il ne fut pas heureux;
malgré le soin qu'il avait mis à préparer son discours, il
ne recueillit que des sarcasmes et des éclats de rire. Tout
autre que Disraeli fût rentré dans l'ombre; il ne perdit
rien, au contraire, de son sang-froid et se borna à prononcer, d'un ton calme et assuré, ces simples paroles :.
« Maintes fois j'ai recommencé plusieurs choses, et souvent
j'ai fini par y réussir. Je suis forcé de m'asseoir aujour-
d'hui, mais un jour viendra où vous m'écouterez. »

On sait jusqu'à quel point ces prévisions ont été justifiées.
Depuis 1837, M. Disraeli n'a jamais cessé d'être mêlé, soit
comme simple membre du Parlement, soit comme ministre, aux grandes affaires de son pays. Il s'est associé à
toutes les réformes importantes, se ralliant toujours sans
arrière-pensée à celles qu'il jugeait inévitables, même
lorsqu'il les avait combattues. Pour bien apprécier la conduite politique de M. Disraeli, il faut le prendre pour ce
qu'il est, c'est-à-dire pour un homme de transition. Il regarde en même temps le passé et l'avenir, penchant trop
parfois tantôt d'un côté, tantôt de l'autre, jusqu'à ce
qu'enfin il ait trouvé son équilibre. A ce point de vue, il
représente véritablement et de la façon la plus expressive
le mouvement conservateur, tel qu'il peut être de nos
jours dans un pays éclairé comme l'Angleterre.

VI

En 1839 M. Disraeli se maria. Mme Lewis, veuve d'un membre du Parlement, femme d'une grande intelligence et d'un grand cœur, lui offrit sa main et sa fortune qui était considérable. Il accepta, et son union conserva pendant toute sa durée le caractère romanesque qui avait présidé à son début. Jamais époux ne se témoignèrent une affection plus passionnée, un dévouement plus exalté.

Mme Disraeli était fière de son mari, et bien que sa modestie l'empêchât de l'avouer, elle exerça sur toute sa carrière une influence prépondérante. Sans parler de sa fortune qui lui permit de faire grande figure et de se livrer, dégagé des soucis matériels, aux fantaisies souvent exubérantes de son esprit, elle lui prodigua les conseils les plus éclairés et les plus sages, conseils toujours écoutés.

On raconte que M. Disraeli se rendant un soir avec sa femme au Parlement où il devait prononcer un important discours, le valet de pied ferma si brusquement la portière de la voiture, retenue à ce moment par Mme Disraeli, que l'un de ses doigts fut écrasé. Malgré la vive douleur qu'elle ressentit, elle n'en fit rien paraître, craignant qu'une émotion causée à l'orateur ne lui enlevât le calme et le sang-froid dont il avait besoin. Mme Disraeli réussit également à dissimuler à son mari, pendant de longues années, le cancer dont elle était atteinte et qui devait l'emporter. Quand enfin M. Disraeli apprit la maladie, il n'eut jamais le courage de lui en parler.

En 1868 M. Disraeli étant devenu premier ministre, sa femme reçut de la reine Victoria le titre de lady Beaconsfield avec le rang de pairesse. Elle est morte l'année dernière à l'âge de 83 ans. Sa mort a été pour l'Angleterre

presque un deuil public, et aux témoignages de condo-
léance qui lui arrivèrent de toutes parts, l'illustre homme
d'État put constater que l'Europe entière s'associait à sa
douleur.

VII

Un des grands mérites de M. Disraeli, depuis sa dernière
rentrée aux affaires, c'est d'avoir relevé le drapeau de l'Angleterre. On ne saurait, en effet, disconvenir qu'à partir
de 1862, l'influence de l'Angleterre s'était singulièrement
amoindrie. Elle s'était retirée de toutes les questions, elle
laissait faire, on eût dit qu'elle ne comptait plus. N'est-ce
pas surtout à l'Angleterre, n'est-ce pas à lord Russell,
qu'une visite à une petite cour allemande avait suffi
pour rallier à la cause allemande, et à la pression du noble lord germanisé sur le cabinet de Copenhague, que le
Danemark a dû de perdre le Holstein et le Slesvig ? A cette
époque funeste, M. Disraeli avait fait entendre de nobles
et généreuses paroles, il avait infligé le blâme le plus
énergique à cette politique égoïste qui abandonnait le Danemark aux coups de l'Allemagne, montrant que cette politique était indigne de l'Angleterre et qu'elle compromet-
tait sans retour son influence en Europe.

Tout récemment, M. Disraeli s'expliquait au Parlement
sur la note allemande au cabinet belge (1) ; et après avoir
traité cette note avec ce mélange de solennité hautaine et
de délicate ironie qui est si bien dans son caractère, il af-
firmait que si l'indépendance et la neutralité de la Belgique étaient menacées, le gouvernement de la reine saurait

____

(1) La note relative à l'affaire Duchesne et à l'adresse d'un comité
belge à l'archevêque de Paderborn.

faire son devoir. Il y a nombre d'années qu'une déclaration semblable n'était tombée de la bouche d'un ministre anglais.

M. Disraeli ajoutait qu'il regardait l'incident belge comme terminé. Tel n'était point l'avis du cabinet de Berlin. Du moins le prenait-il pour point de départ d'une nouvelle proposition, ayant but de provoquer chez toutes les puissances une réforme de leur constitution.

Ceci me rappelle une anecdote. En 1848, les Danois, fort excités, suppliaient le roi Christian VIII de leur donner une constitution. Christian VIII hésitait. « Comment, lui dit le prince royal, depuis Frédéric VII, Votre Majesté hésite ! Eh bien, si j'étais roi, je leur donnerais une nouvelle constitution tous les jours, pour peu que cela leur fît plaisir. »

Le gouvernement allemand semble être dans les mêmes idées que Frédéric VII; il s'imagine que les autres États ne peuvent être qu'enchantés d'amender, de réformer, même de renouveler leur constitution. Ne se comporte-t-il pas de la sorte avec la sienne ? Mais de sa part cela se comprend. Un État nouveau comme l'empire allemand, sans législation assise, sans organisme éprouvé, est fatalement condamné aux tâtonnements, aux essais. Il peut tailler, rogner, déchirer, suivant les besoins du moment, sauf à refaire plus tard ce qu'il a défait. Les autres États de l'Europe en sont-ils là ?

M. Disraeli, ministre d'un pays dont la constitution est l'œuvre des siècles, et où les lois sont inviolablement respectées, ne se prêtera pas facilement, sans doute, à la tentative allemande. D'ailleurs, il ne suffit pas de faire des lois, des conventions, des traités : l'important est qu'ils soient observés. Or, quels gages peut-on espérer à cet égard du gouvernement allemand ? N'est-il aucun traité ancien qu'il ait mis en oubli, aucun traité nouveau qu'il laisse en souffrance ? De plus, si l'intérêt de sa politique permet au gouvernement allemand d'user d'une telle désinvolture avec les traités, n'arrive-t-il jamais que les hommes auxquels est confiée la direction de cette politique changent eux-mêmes d'idée, et que ce changement d'idée les porte à des actes qui ébranlent toute l'Europe ? Voici un souvenir qu'il me paraît opportun de rappeler.

Le 28 mars 1849, le parlement allemand réuni à Francfort dans l'église Saint-Paul, proclama par 296 voix contre 238, le roi Frédéric-Guillaume IV empereur d'Allemagne héréditaire ; un mois après, le ministre Brandenbourg vint annoncer au même parlement que le roi refusait. Une immense agitation s'ensuivit. Or, au milieu de cette agitation, un député se leva, un seul, et d'une voix haute et ferme approuva le refus du roi.

« Je suis, dit ce député, de la Marche de Brandebourg, de ce pays où la monarchie prussienne a été fondée et affermie par le sang de nos pères. Mon opinion est que la Prusse doit rester en dehors de l'Allemagne. »

Le même député, au risque de froisser le sentiment patriotique de ses collègues, déclara en outre que, selon lui, la querelle du Slesvig-Holstein n'était « qu'une *dispute sur la barbe du pape, qu'une querelle d'Allemand* ». Il déplora que les troupes prussiennes fussent allées dans le Slesvig soutenir les insurgés contre leur *maître légitime*, ajoutant que c'était une entreprise *souverainement injuste, frivole et pernicieuse* »; que la Prusse ne devait point appuyer une révolution qui ne se justifiait par aucun motif.

Le député dont il s'agit s'appelait Von Bismarck Schœnhausen.

RUSSIE

L'EMPEREUR ALEXANDRE II

I

« Très-saint prélat, j'ai vu avec la crainte d'un faible mortel, mais avec l'espérance d'un chrétien fidèle, approcher le moment le plus décisif de ma vie. Incertain de ce que la Providence m'avait réservé, j'avais affermi mon âme par un vœu religieux, et j'attendais avec résignation la volonté de Dieu.

« Il a plu à la divine Providence de me faire goûter le bonheur d'être père ; elle a bien voulu conserver et la mère et le fils. L'expression de la reconnaissance, qui n'est pas nécessaire à celui qui scrute les cœurs, devient indispensable pour celui qui en est pénétré. Le vœu que je m'empresserai de remplir est d'ériger, sous l'invocation d'Alexandre Newski, une chapelle dans l'église de la Nouvelle-Jérusalem. C'est l'humble offrande d'un père heureux, qui confie au Tout-Puissant son bien le plus précieux, la destinée de sa femme et de son fils.

« Vous, Eminence, vous serez mon aide, mon guide dans l'accomplissement de ce vœu si cher à mon cœur.

Que de ferventes prières, pour la mère et le fils, soient adressées au Ciel au pied même de cet autel élevé par la reconnaissance d'un père! Que le Tout-Puissant prolonge leurs jours pour leur bonheur, pour le service du souverain, pour l'honneur et le bien de la patrie! »

Cette lettre fut adressée, le 29 avril 1818, par l'empereur Nicolas à l'archevêque de Moscou, pour lui notifier la naissance du prince qui devait être Alexandre II. Aux circonstances solennelles, l'empereur Nicolas exprimait toujours, dans un style plein de majesté, et comme empreint d'une inspiration de prophète, les grands sentiments dont il était pénétré.

II

Les vœux formés par l'empereur Nicolas en faveur de son fils ont été exaucés. Nul souverain n'a plus fait « pour l'honneur et le bien de sa patrie » qu'Alexandre II. Pierre-le-Grand avait introduit la Russie dans le concert européen ; Alexandre II l'y a maintenue ; de plus, par les glorieuses réformes qui ont signalé son règne, il a brisé les obstacles qui l'empêchaient d'y jouer un rôle moral prépondérant, en sorte qu'aujourd'hui tous les regards se tournent vers l'empereur de Russie comme vers l'arbitre suprême de l'équilibre occidental.

L'éducation d'Alexandre II l'avait merveilleusement préparé à cette mission. Son père y présidait en même temps que sa mère : la sévérité austère, tempérée par la tendresse indulgente et douce. Il eut d'abord pour gouverneur le général Mœrder, homme d'une capacité éprouvée. Alexandre Iᵉʳ, dont ce général avait été compagnon d'armes, le tenait en haute estime ; il l'amena à Paris en 1815 et le fit loger avec lui à l'hôtel Talleyrand, dans ce même entre-sol dont le baron Alphonse de Rothschild a fait un si riche et si curieux musée. Le général Mœrder s'appliqua à cultiver, dans le jeune prince, l'esprit et la raison.

Joukowsky lui succéda. Sous l'influence de ce poëte au talent élevé et délicat, Alexandre développa en lui les qualités de l'imagination et du sentiment. Joukowsky, qui fusionnait si bien dans ses œuvres le génie slave et le génie occidental, apprit à son élève à aimer son pays et à estimer l'Europe. Nul doute qu'Alexandre II n'ait déjà puisé dans cette initiation première la conviction que la destinée de la Russie n'était point, comme on le prétend quelquefois, d'agir exclusivement sur l'Orient, mais qu'elle devait encore et surtout prendre une place de plus en plus large au foyer de l'Occident, et se mettre en mesure d'y exercer son arbitrage. Tout ce qu'Alexandre II a fait depuis son avénement au trône, a convergé vers ce but ; en régénérant la Russie, en brisant les institutions tradi-tionnelles qui l'isolaient moralement de l'Europe, il a secoué ce qui, aux yeux de beaucoup de gens, assimilait le tzar à un souverain asiatique, pour lui imprimer le caractère d'un grand monarque européen.

III

Il est une phase de son existence, pendant laquelle Alexandre II se montra mélancolique et rêveur. Rien ne l'intéressait des splendeurs qui l'entouraient ; il vivait retiré, absorbé en lui-même, l'esprit comme perdu dans les nuages.

La mélancolie le reprend parfois ; il est évident qu'in-dépendamment des causes extérieures, elle tient beau-coup à sa nature. Mais n'est-ce point là le symptôme d'un esprit pacifique ? L'homme de fer et de sang ne rêve pas.

Alexandre II n'en est pas moins prévoyant et pratique. Il ne lâchera point la proie pour l'ombre ; et tout chevaleresque qu'il soit, il n'ira point figurer dans un tournoi pour le simple plaisir de la parade. Avant tout, il vise l'intérêt de son empire, son intérêt dans le présent, son intérêt dans l'avenir ; tout ce qui ne se rapporte pas à cette visée le laisse froid. Si la Russie doit en bénéficier, il n'hésitera pas à intervenir souverainement et même à tirer l'épée ; en dehors de là, il offrira peut-être une médiation bienveillante, jamais un concours effectif.

Certains publicistes s'extasient sur ce qu'Alexandre II n'a pas profité des complications européennes créées par la guerre de Syrie, par la guerre de la Prusse contre l'Autriche et d'autres événements, pour se jeter sur l'Orient ; et ils trouvent dans cette abstention un argument de plus en faveur de ses sentiments pacifiques. C'est naïf. Alexandre II est trop fier, trop loyal pour avoir pu songer à des entreprises qui eussent eu l'air d'un guet-apens. D'ailleurs, il se fût exposé ainsi à tomber en suspicion et à perdre son prestige. Ajoutons qu'Alexandre II avait pris très au sérieux ces mots inspirés par lui au prince Gortschakoff. « La Russie se recueille.!» Or, pour un pays comme la Russie, le recueillement devait être long ; il lui importait de reculer le plus possible l'heure de l'action.

Cependant il serait inexact de dire qu'Alexandre II n'a retiré aucun profit des dernières complications européennes.

Nous croyions avoir des raisons de compter sur lui dans notre lutte avec l'Allemagne. Il nous a manqué. Cette déception nous a été amère. Peut-être le fils de Nicolas entrevoyait-il dans la défaite possible de la France, la vengeance de Sébastopol. En tout cas, il en a saisi l'occasion pour rétablir son ancienne position dans la mer Noire. Hâtons-nous de dire que la révision du traité de 1856 n'a point été de sa part une affaire de surprise ; toutes les puissances ont été appelées à y concourir, et l'acte final qui la consacre porte la signature de la France.

Cette révision, au milieu de la tempête qui nous écrasait, a soulevé chez nous, on ne saurait le nier, un sentiment pénible. Aujourd'hui nous devrions, ce semble, nous en applaudir. Grâce à elle, en effet, les griefs et par suite les ressentiments de la Russie contre la France ont été effacés ; les vieux comptes réglés ; en sorte que dans les conseils où s'agitent les affaires de la France, Alexandre II, dégagé de toute préoccupation d'intérêt personnel, n'a plus à s'inquiéter que des intérêts généraux de l'équilibre européen.

IV

Depuis longtemps je suis Alexandre II, avec l'attention la plus vive, dans les manifestations de sa politique. J'ai publié sur lui un livre où je m'attache à faire ressortir les hautes qualités de cœur et d'esprit qui le distinguent, et qu'il m'a été donné d'apprécier (1). Je l'ai vu pour la première fois en Finlande, ce petit pays que nous connaissons peu, mais qui nous connaît bien et où notre civilisation trouve une admiration si sympathique. Alexandre II, alors qu'il n'était que grand-duc, la visitait souvent, et toujours dans un esprit de conciliation et de paix. Par sa douceur, son aménité, ses concessions opportunes, son dévouement éclairé pour tout ce qui était in-

(1) *L'empereur Alexandre II.* — Souvenirs personnels. Paris, 1855.

telligence et progrès, il calmait vite les froissements que produisait sur les Finlandais l'humeur parfois trop brusque et trop fantasque du prince Menschikoff, gouverneur général du grand-duché.

Aussi les Finlandais adoraient-ils le grand-duc Alexandre ; ils le fêtaient avec enthousiasme ; et comme je m'étais identifié de cœur avec leurs intérêts, ils me chargeaient de traduire en français les vers dont ils voulaient lui faire hommage, et qu'il n'eût pu comprendre dans ieur langue. Je citerai quelques strophes d'une ode qui lui fut adressée pendant un de ses voyages à Hensingfors.

Oui, chaque femme de Finlande
Demande à Dieu, d'un cœur fervent,
Pour toi, prince, ce que demande
Une mère pour son enfant.
Et, lorsqu'au service fidèle,
Jeune soldat, il fuit loin d'elle,
Elle l'embrasse sans terreur,
Car elle sait, la pauvre mère,
Que tu veilleras comme un père
Sur cet espoir de son bonheur.

Elle sait qu'arbitre suprême,
Tu juges sans sévérité,
Et que tu joins, père toi-même,
A la sagesse, la bonté ;
Elle sait que ton cœur oublie
Les jeunes erreurs de la vie,
Plutôt que de les condamner ;
Et qu'il n'est aucun cri de l'âme,
Aucun talent, aucune flamme
Que tu n'aimes à couronner.

Tu connais le but de notre âme ;
Ce n'est plus, comme aux jours passés,
A travers le fer et la flamme,
De sauver nos toits menacés ;
Autour d'eux, de l'intelligence
Nous voulons verser la semence
Et les douces fleurs de la paix ;
Et, jusqu'à la dernière aurore,
Prince que la Finlande adore,
Chanter ton amour, tes bienfaits.

Tels sont les sentiments qu'Alexandre II inspirait comme grand-duc et qu'il continue d'inspirer comme empereur à un peuple éclairé et aussi, je dois le dire, d'une certaine indépendance de caractère et d'esprit. Alexandre II s'est toujours fait un devoir d'y répondre ; il est peu de réclamations formulées par les Finlandais auxquelles il n'ait fait droit ; il leur a rendu l'exercice de cette ancienne organisation parlementaire à laquelle ils tenaient tant ; il leur accorde libéralement tout ce qui peut servir à développer leur vie nationale et à leur assurer une place de plus en plus élevée parmi les peuples civilisés.

<h2 style="text-align:center">V</h2>

En Russie l'empereur Alexandre II a beaucoup fait. Sans parler d'une foule d'améliorations et de réformes dans les diverses branches du service public, l'émancipation des serfs suffirait à elle seule pour immortaliser son règne. Mais, ainsi que tous les chefs d'Etats, il se trouve aux prises avec un mouvement d'idées plus impatient qu'il ne le voudrait. Ce mouvement a même pris en Russie un caractère plus accentué que partout ailleurs, témoin l'éclat qu'a eu l'année dernière le procès intenté aux *nihilistes*. Je crois devoir en toucher quelques mots.

Ce procès s'est déroulé devant le Sénat de Saint-Pétersbourg. Huit jeunes gens traduits à sa barre étaient accusés de crime de haute trahison contre l'Etat et de complot contre la vie de l'empereur. Quatre de ces jeunes gens appartenaient aux écoles supérieures, deux à l'armée et deux à la petite bourgeoisie. Ils ont été condamnés, les uns à plusieurs années de forteresse, les autres à des peines moins dures. Mais, ici, le genre de pénalité importe peu, ce qui importe, c'est le fond même du procès, c'est la plaie redoutable qu'il a mise à découvert, c'est le mal étrange dont les bas-fonds de la société russe sont travaillés.

Il a été établi, et péremptoirement établi, que les condamnés du Sénat faisaient partie d'une société secrète, que dans cette société secrète des discours incendiaires étaient tenus, des excitations à la révolte fomentées, des écrits destructifs de tout ordre social inspirés ; enfin, que le dernier mot, le moyen suprême des conjurés était l'extermination de la dynastie, l'anéantissement des nobles, le pillage des riches.

Le radicalisme est, en Russie, d'importation étrangère ; et, comme dans toute société neuve, il y a pris d'emblée un caractère excessif. On l'y appelle *Nihilisme*. Oui, que tout soit détruit, qu'on fasse table rase, qu'il ne reste rien ; on verra après. Ainsi parlent les radicaux russes.

Cela date de loin. Les encyclopédistes ont jeté la première semence. Et cette semence recueillie par des têtes folles, des ambitieux vulgaires, des demi-savants, des fruits secs de toute provenance, a peu à peu porté ses fruits. On s'est coiffé des idées occidentales ; on a discuté fiévreusement, et sans trop savoir où l'on allait, les réformes les plus hardies. La moindre bouffée libérale devenait grosse de tempête. Ainsi Pouchkine, ainsi Griboiëdoff et Gogol se sont trouvés, à leur insu, les précurseurs de Herzen et de Bakounine.

Tout d'abord, l'action était resserrée ; elle ne se trahissait guère qu'aux sommets et dans quelques cerveaux égarés. L'absolutisme sévère de l'empereur Nicolas mettait le holà. Puis l'émancipation des serfs a élargi le champ ; il y avait là un élément vierge à exploiter. Les révolutionnaires n'y ont pas manqué. Faisant appel aux instincts bas, aux appétits, aux passions sauvages des masses, ils

les excitent de toute manière contre une organisation sociale qui, à les entendre, n'est pour elles qu'un ostracisme
flagrant. Donc, il faut saper cette organisation ; il faut
que rien n'en reste debout. Ne parlez point à ces cory-
phées de progrès logique et normal, ils n'en veulent pas ;
ils ne le comprennent pas. Une tache apparaît au soleil,
éteignez le soleil !

C'est pourquoi, dans les œuvres de la littérature russe
moderne qui visent le plus à la popularité, le nihilisme
apparaît ; il y apparaît même le plus souvent sous les
couleurs les plus crues, les plus cyniques. Romans, nouvelles, drames, jusqu'au feuilleton le plus modeste, le
prêchent ouvertement.

Prenez les auteurs les plus à la mode, les Pisemski, les
Dostajeffski, les Ostrovski, etc. Qu'y lisez-vous ? Guerre à
l'Etat, guerre au capital, guerre à la civilisation, guerre à
tout ce qui existe, à tout ce qui est respectable et respecté,
depuis le palais jusqu'à la chaumière, depuis la maison
solitaire du paysan jusqu'à la demeure silencieuse du
prêtre, depuis l'école jusqu'à l'armée. Voilà le nihilisme !
Négation, destruction partout. Et ce qui est à noter, c'est
que la plupart du temps les théories des nihilistes russes
ne sont que des pastiches boursouflés des élucubrations
de nos démagogues les plus osés.

On prétend qu'à la vue de ce désordre moral, l'empereur Alexandre II se sent pris parfois d'une sombre mélancolie. Il regrette les réformes par lesquelles il a signalé son règne et se demande s'il ne devrait pas retourner
en arrière.

La Russie heureusement a en elle trois éléments qui
doivent la sauver de ces excès : la crainte de Dieu, le
respect du souverain, l'esprit de famille ; j'ajouterai le
patriotisme. Si maintenant le gouvernement d'Alexandre II
veille, s'il agit avec une énergie soutenue, et tout nous

prouve qu'il y est résolu, le nihilisme ne franchira point
la phase platonique ; il passera comme un cauchemar,
laissant après lui cette leçon qu'il est des partis avec
lesquels on ne saurait transiger, des partis dont on ne
saurait attendre l'ordre et la paix qu'en leur refusant tout
droit au soleil et en les brisant sans merci.

VI

Remontons au printemps de l'année dernière (1875).
Voici en quels termes je m'exprimais à cette époque sur le
voyage d'Alexandre II à Berlin :

« Alexandre II est en visite à Berlin. On se demande
avec anxiété quelles seront les conséquences de cette visite. Qu'avons-nous à en craindre ? Qu'avons-nous à en
espérer ?

« Il est admis qu'il existe entre les trois empereurs,
c'est-à-dire l'empereur de Russie, l'empereur d'Allemagne
et l'empereur d'Autriche-Hongrie, sinon un traité proprement dit, du moins un accord, un accord qui a la paix
pour base, et d'après lequel aucun des trois empereurs ne
pourrait isolément entreprendre une guerre sans avoir
aussitôt les deux autres contre lui. Cet accord sera-t-il
confirmé ? Il est certain qu'il pourrait en être autrement;
il suffirait pour cela, par exemple, qu'Alexandre rendît sa
parole à Guillaume et lui laissât carte blanche, s'enga-
geant, de son côté, je ne dirai pas à s'associer à son action
mais à observer une neutralité stricte. De la sorte, François-Joseph serait fatalement annulé.

« Oui, voilà ce qui pourrait se faire. Mais pour cela il
faudrait deux choses : il faudrait un but, un motif, tout
au moins un prétexte! Ce but, ce motif, ce prétexte exis-
tent-ils ?

« Quant au but, ce serait évidemment l'édification de la prépondérance de l'Allemagne en Europe sur l'écrasement radical et définitif de la France. Le parti militaire allemand n'en fait pas mystère. Or, est-il à croire qu'Alexandre II puisse se prêter à un pareil but ? Je n'invoquerai pas ses sentiments pacifiques ; ils ne font pas doute; je ne parlerai que de son intérêt. Eh bien! quel est ici l'intérêt d'Alexandre II ? Permettre à l'Allemagne de s'ériger en dominatrice unique et absolue de l'Europe n'équivaudrait-il pas, pour lui, à signer son abdication comme monarque européen? Sa voix, si respectueusement écoutée aujourd'hui en Europe, n'y éveillerait plus aucun écho; elle s'éteindrait devant un veto de Berlin qui renverrait le tzar en Orient.

« Resteraient, il est vrai. l'Angleterre. l'Autriche, l'Italie, l'Espagne, etc.; mais, de gré ou de force, ces puissances ne tarderaient pas à être entraînées dans l'orbite allemand, laissant la Russie seule en face de ses steppes. Ceci n'est point une hypothèse chimérique.

« On pourrait encore soulever une comparaison qui, peut-être, se traduirait en contraste. La France a fait ses preuves; elle a joué, elle joue encore dans le monde un grand rôle civilisateur; et le monde, que je sache, la Russie en particulier, n'ont pas eu à s'en plaindre. L'empire allemand, unitaire et prépondérant, c'est l'inconnu.

« Ah ! si Alexandre II avait des raisons d'en vouloir à la France, on pourrait redouter qu'il se tournât contre elle. Mais ces raisons n'existent pas; les vieux comptes, comme je le disais tout à l'heure. ont été réglés. Alexandre II peut, par conséquent, tenir la balance égale et se prononcer en toute impartialité. Il n'est même pas besoin pour lui de consulter les avantages directs qu'assure à la Russie le relèvement de la France; il lui suffit de considérer l'intérêt général de l'Europe pour s'opposer à un bouleversement dont le premier effet serait, en détruisant l'équilibre traditionnel, d'atteindre son propre prestige.

« Des motifs ? Des prétextes ? Où sont-ils ? Nous avons été vaincus, nous avons été dépouillés, qui le conteste? N'avons-nous pas payé notre rançon? De quoi se plaint-on? Nous travaillons, nous relevons notre agriculture et notre industrie, nous réorganisons nos finances et notre armée; n'est-ce pas notre droit? Violons-nous en cela quelque traité? Mais, nous nous préparons à la revanche, à une revanche prochaine ! Où en est la preuve? Ne serait-ce pas de notre part le comble de la folie?

« Nous avons à la tête de notre chancellerie un homme d'intelligence élevée, d'expérience consommée, de ferme caractère; il fait, il est prêt à faire à l'Allemagne toutes les concessions compatibles avec notre honneur, toutes les concessions réclamées par la paix européenne. Le pays tout entier, le vrai pays s'associe à lui et le seconde, car il s'agit ici d'un devoir patriotique. Une pareille attitude est-elle une provocation ?

« La provocation, elle est dans ces articles de journaux d'outre-Rhin qui enveniment, travestissent, faussent tout ce qu'ils touchent, articles relevant plutôt de la pathologie que d'une critique sérieuse. Je ne m'y arrêterai pas, et il serait salutaire que tout le monde en fît autant.

« L'empereur Alexandre, mieux que personne, est capable d'apprécier cette étrange manière d'entendre les rapports internationaux. Il n'a pas oublié, sans doute, la conduite loyale et délicate de la presse française en 1855. Nous tous, qui tenons une plume, nous nous en étions servi pendant la guerre comme nos soldats de leur fusil. Mais la paix signée, ne sommes-nous pas rentrés dans le calme, la modération, l'impartialité? Qu'on cite un seul journal français qui ait cherché à troubler le recueillement de la Russie, un seul qui n'ait pas applaudi aux patriotiques mesures prises par Alexandre II pour relever et régénérer son empire! Si la presse allemande avait suivi cet exemple, il y a longtemps que l'horizon se serait rasséréné, et nous n'en serions pas à nous demander aujourd'hui si nous serons encore en paix demain. »

L'IMPÉRATRICE MARIE.

I

L'impératrice de Russie est de ces souveraines qui, si elles imposent par l'éclat de leur rang, charment encore davantage par l'attrait de leur personne. Il serait difficile d'imaginer plus de grâce séduisante, plus de simplicité noble, plus de finesse et de distinction d'esprit, plus de grandeur et d'élévation de caractère. Alexandre II a trouvé dans l'impératrice Marie une compagne digne de lui; et si elle n'est point l'Egérie omnipotente de sa politique, elle en est, du moins, le bon génie; comme elle est aussi de sa cour et de son peuple la splendeur exquise, la providence attentive et dévouée. C'est pourquoi l'impératrice Marie est adorée de tous, et le culte presque religieux que les Russes rendent à leurs souverains est surtout pour elle une vérité.

D'ordinaire, les mariages entre familles couronnées sont affaires de cabinet. La politique ou, à son défaut, certaines convenances spéciales de rang ou de fortune y priment le sentiment. Il n'en a point été ainsi du mariage de l'impératrice Marie avec Alexandre II; il offre même un caractère romanesque dont on chercherait peut-être en vain l'analogue dans l'histoire.

C'était vers 1840 : le grand-duc héritier Alexandre était en proie à une mélancolie noire ; il s'ennuyait. Pour le distraire, l'empereur Nicolas, son père, résolut de le faire voyager. Le grand-duc partit pour l'Allemagne. Il s'y promena de cour en cour. C'était à qui le fêterait; et comme on soupçonnait dans son voyage un but d'hyménée, rois et ducs allemands rivalisaient de zèle pour présenter leurs filles. Mais, au milieu de toutes ces avances, le tzarewitsch demeura froid.

II

Enfin, il arriva à la cour de Hesse-Darmstadt. Là aussi, il fut comblé de fêtes, mais il n'y prit qu'un médiocre intérêt, et l'on s'attendait à le voir quitter la cour de Hesse comme il en avait déjà quitté tant d'autres, la main et le cœur libres, lorsque, tout à coup, on apprit que, dans un entretien secret avec le grand-duc Louis II, Alexandre lui avait demandé la main de la princesse Maximilienne-Wilhelmine-Auguste-Sophie-Marie, sa fille.

Cette nouvelle étonna tout le monde. La jeune princesse vivait si modeste, si retirée ! Nul ne se doutait qu'elle pût être jamais appelée à une aussi haute destinée. Mais c'est précisément cette douce réserve, cette simplicité charmante qui fixèrent sur elle l'attention d'Alexandre. D'ailleurs, aux qualités du cœur, elle joignait des qualités d'esprit auxquelles un homme aussi cultivé que le tzarewitsch ne pouvait être insensible. En effet, sans ambition préméditée, la fille du grand-duc de Hesse avait reçu une éducation qui la mettait au niveau des positions les plus élevées. L'honneur en revient à une femme supérieure, Mre Katinka de Titz, aux mains de laquelle elle fut confiée de bonne heure et qui sut merveilleusement développer ses facultés et ses talents.

Le choix du tzarewitsch ayant été approuvé par Louis II et par l'empereur Nicolas, la princesse Marie ne tarda pas à quitter son pays pour se rendre en Russie.

J'étais alors à Saint-Pétersbourg, et je n'oublierai jamais l'accueil enthousiaste qui fut fait à la future grande-duchesse par la population de la capitale. On se racontait de bouche en bouche les circonstances touchantes qui l'avaient rapprochée du trône ; son entrée fut un triomphe.

III

Quand, après les présentations et autres cérémonies officielles, la princesse rentra dans le calme, une double tâche lui fut imposée. Elle dut d'abord étudier la langue russe, ce qui, pour elle, fut chose facile, car elle y avait déjà préludé pendant les derniers mois passés à la cour de son père ; en peu de temps, elle la parla comme sa langue maternelle. Vint ensuite l'instruction religieuse. C'est en effet une des lois fondamentales de l'empire qu'aucun prince du sang ne puisse, sans perdre les droits de sa naissance, épouser une femme d'une confession étrangère à la confession orthodoxe.

Enfin, le 16-28 avril 1841, toutes les initiations étant terminées, la princesse Marie fut introduite dans le giron de l'Église nationale, puis mariée solennellement au grand-duc héritier. A cette occasion, l'empereur Nicolas adressa à son peuple un ukase, dont voici les derniers mots :

« Après avoir accordé avec joie notre entière approbation au choix de notre fils et héritier bien-aimé, et appelant les bénédictions du Tout-Puissant sur cette alliance dans la grande chapelle du palais d'hiver, en présence du clergé et d'une assemblée de laïques, nous l'avons solennellement uni à l'épouse de son choix, qui la veille avait embrassé notre profession de foi orthodoxe et reçu la sainte confirmation.

« En portant à la connaissance de nos peuples cet événement si cher à notre cœur paternel, nous ordonnons de donner à l'auguste épouse de notre fils et héritier le tzarewitsch grand-duc Alexandre Nicolaïewitsch, le nom de grande-duchesse Marie Alexandrowna avec le titre d'Altesse Impériale. »

IV

Depuis le 2 mars 1855, époque de la mort de l'empereur Nicolas, la grande-duchesse Marie Alexandrowna porte le titre d'impératrice. Son union a été féconde : elle n'a pas eu moins de sept enfants, dont six grands-ducs et une grande-duchesse. Elle vit heureuse au milieu d'eux, aimée et respectée, car c'est un des traits distinctifs de la famille impériale de Russie, qu'il y règne, en même temps qu'une union très-étroite, un esprit patriarcal des plus touchants. L'empereur Nicolas lui-même, dont le nom rappelle le politique austère et implacable, se montrait au sein de sa famille d'une bienveillance et d'une aménité incomparables.

Il y a quelques années, la famille impériale de Russie eut à subir une rude épreuve. Le grand-duc Nicolas, l'héritier présomptif, mourut ; il mourut lorsque ses fiançailles étaient déjà célébrées et presque à la veille de son mariage. Ce fut pour l'impératrice Marie une grande douleur, et l'on sait combien cette douleur se ravive encore toutes les fois qu'elle vient à Nice, prier dans la chapelle funéraire érigée à la mémoire de son cher défunt.

Une autre épreuve moins tragique, mais à laquelle l'impératrice Marie a dû aussi être fort sensible, c'est le récent mariage de la grande-duchesse sa fille avec le duc d'Edimbourg, fils de la reine Victoria. La jeune princesse n'avait jamais quitté sa mère, dont elle était la compagne gracieuse et la joie de chaque instant. Mais enfin cet événement n'était pas imprévu. D'ailleurs, aujourd'hui les distances sont courtes et les chemins de fer sont là pour réunir de temps en temps ceux que les exigences sociales et les habitudes de la vie ont séparés.

Ajouterai-je qu'à l'absence de sa fille l'impératrice Marie trouve une compensation charmante dans sa belle-fille, la grande-duchesse héritière, cette princesse Dagmar de Danemark, si propre par ses éminentes qualités à s'associer à ses goûts élevés et délicats? Singulière destinée, soit dit en passant, que celle de la famille royale de Danemark! Tandis que, grâce à la politique allemande, elle voit son trône héréditaire mutilé, elle se place peu à peu sur les premiers trônes du monde. Déjà l'un de ses fils est roi de Grèce, deux de ses filles ceindront les couronnes de Russie et d'Angleterre.

On a voulu rattacher à un but politique le voyage que l'impératrice Marie a fait l'année dernière à Paris. Ce qui est plus certain, c'est que son passage à travers la France, son court arrêt à Paris indiquaient tout au moins que nous étions en bons rapports avec Saint-Pétersbourg. Du reste, sur le champ de la politique générale, il n'est aucun antagonisme à prévoir entre la Russie et la France; et quant au caractère des deux peuples, il y a entre eux tant de points de contact, tant de sympathie instinctive que Russes et Français doivent nécessairement vivre en harmonieux accord.

LE GRAND-DUC CONSTANTIN

ET LE CONGRÈS GÉOGRAPHIQUE.

I

Le congrès géographique tenu en 1875, à Paris, a été un véritable succès, un succès dont la France a le droit d'être fière et qui laissera certainement chez tous ceux qui y ont participé de longs et fructueux souvenirs.

Le congrès nous a initiés à l'état présent des sciences géographiques dans le monde entier. Cela ne suffit pas. Il faut que l'initiation se traduise en impulsion. Que de savants appartenant aux nationalités les plus opposées se sont rapprochés? Que de travaux ont été révélés! Que de mines ouvertes! Donc au travail!...

Quelque brillant, quelque triomphal qu'il soit, un congrès n'est qu'un fugitif météore. Mais si l'on s'est bien pénétré de la lumière jaillie de son foyer, on la rendra durable et féconde. Telle est surtout la tâche de ceux d'entre nous qui, par état, par devoir ou par inspiration spontanée, ont mission de soutenir l'honneur scientifique de la France.

Longtemps on a reproché aux Français de ne pas savoir la géographie. Le congrès et son exposition nous relèvent avec éclat de ce reproche. Sans parler de nos établissements officiels, nos grands éditeurs, Hachette, Delagrave, etc., de même que les hommes éminents associés à leur œuvre, MM. Levasseur, Edouard Charton, Maunoir, Vivien de Saint-Martin, etc., ont prouvé par le luxe et la variété de leurs publications, par la clarté et la compétence de leur enseignement, que sur le champ géographique la France ne le cède aujourd'hui à aucune autre nation. Nous péchons encore, il est vrai, par une diffusion trop limitée ; la science, chez nous, ne descend pas assez des sommets. Il arrive aussi que sous prétexte de vulgariser la science, nous l'énervons.

Un des fruits du congrès ne devrait-il pas être l'introduction, dans notre enseignement public et privé, d'une culture mieux entendue et plus développée des langues étrangères? La linguistique fait aussi partie de la géographie. A la séance d'ouverture, plusieurs savants étrangers se sont exprimés dans leur langue. C'était un curieux spectacle; mais, parmi les auditeurs français, combien les ont compris, même lorsqu'ils parlaient allemand ou anglais ?

J'ai regretté, par exemple, que les Danois, les Suédois et les Norvégiens se fussent abstenus. Il eût été bien de leur part de nous faire entendre cette belle langue scandinave, la langue de Gustave-Adolphe et de Charles XII, la langue que la princesse Ingeborg, devenue reine de France, murmurait à ses confidentes danoises à la cour de Philippe-Auguste. Plus d'un, peut-être, en eût pris idée de l'étudier.

La langue scandinave, d'ailleurs, a pour elle un bagage littéraire considérable et d'un très-haut prix ; elle recouvre une foule de documents diplomatiques et historiques qui intéressent notre diplomatie et notre histoire. En outre, depuis ces dernières années, les savants de Danemark et de Suède publient dans leur langue d'importants travaux d'érudition et d'archéologie, où nous aurions beaucoup à prendre pour l'interprétation de nos antiquités nationales. Ces travaux sont pour nous lettre morte. Ils deviennent même parfois quelque chose de pis : je pourrais citer tel de nos savants et des plus huppés qui, s'imaginant savoir le danois parce qu'il déchiffrait l'allemand, eut un jour la fantaisie d'initier le public français aux découvertes archéologiques du Danemark. Il mit au jour, dans ce but, un article soi-disant traduit du danois, qu'il intitula : *Antiquités danoises*. Jamais n'avait été vu pareil amalgame de contre-sens et de non-sens ; le Pirée y était souvent pris pour un homme, même pour plusieurs hommes, certains adverbes y jouaient le rôle de localités géographiques, etc. Je me donnai l'agrément de relever ces incartades dans une de nos Revues. *Det er en Skam*, « c'est une honte, » disaient les savants de Copenhague en parlant de ce factum étonnant.

M. Wallon n'était pas sans connaître cette triste aventure ; et il se la rappelait vraisemblablement quand, à la séance de clôture du congrès, il prononçait, du haut de son fauteuil de président, cette phrase mélancolique : « On se livre dans ce congrès à de pacifiques discussions dans une langue étrangère aux habitudes d'un grand nombre des assistants, mais dont l'adoption par eux est tout à la fois une preuve de courtoisie, et, pourquoi ne le dirais-je pas ? un signe de la supériorité de leur éducation, en cette matière, sur la nôtre ». Ceci était fort bien dit ; mais M. le ministre s'en tint à la phrase ; il ne songea guère, en imprimant à l'étude des langues étrangères une impulsion plus large, plus généreuse, en épargnant à ceux qui les cultivent le contrôle étroit et intéressé de ceux qui les ignorent et les dédaignent, il ne songea guère à rendre ainsi aux savants étrangers courtoisie pour courtoisie.

II

Ceux qui ont assisté aux visites que le grand-duc Constantin a faites à l'Exposition géographique, ont pu se

convaincre par un bel exemple de l'utilité des langues
étrangères. Suivant les salles qu'il explorait et la nationalité
des commissaires avec lesquels il s'entretenait, le grand-
duc passait d'une langue à l'autre avec autant d'aisance
que s'il eût continué de parler sa langue maternelle. C'était
un éblouissement.

Et ce qu'il y avait de remarquable, c'est que la conversation
du prince n'était pas seulement une simple et fine causerie :
c'était une dissertation savante, où la propriété des termes
s'alliait aux développements les plus sagaces, aux considé-
rations les plus judicieuses, et où à chaque instant on
l'entendait nommer les hommes morts ou vivants qui
avaient le plus honoré par leurs découvertes et leurs travaux la science sur laquelle il dissertait.

La compétence du prince éclatait si vivement, qu'à
son attitude devant les objets exposés, on l'eût pris, non
pour un visiteur qui en cherchait l'explication, mais pour
un savant autorisé chargé d'en faire les honneurs.

Nul n'ignore que le grand-duc Constantin est un des
hommes les plus instruits de l'Europe ; et son instruction
n'est point, comme il arrive le plus souvent avec les princes,
une instruction superficielle et d'apparat : c'est une instruction solide, profonde et d'une singulière étendue. De bonne
heure se révélèrent en lui les fortes aptitudes ; il n'a jamais
cessé de les cultiver. Tout spécialement ses études se portèrent sur les pays conquis par la Russie. En 1851, me
trouvant en Finlande, je le voyais de temps en temps
arriver à Helsingfors ou à Sweaborg sur son vaisseau
amiral. Quelque courte que fût sa visite, il ne manquait
jamais de faire appeler M. Wallin, orientaliste distingué,
qui avait passé de longues années en Arabie, et il s'entretenait avidement avec lui. M. Wallin revenait enthou-
siasmé de ces entretiens. « En vérité, me disait-il un jour,

je crois que le grand-duc est encore plus fort que moi sur les langues orientales. »

Le grand-duc Constantin s'intéressait aussi beaucoup à l'histoire et à la littérature traditionnelle de la Finlande ; il pressentait, ce semble, l'importance que devait prendre plus tard, dans le monde de la science, l'étude de la race finnoise et de ses monuments.

Quand en 1845, j'eus publié sur la Finlande un ouvrage ou je traduis la première édition du *Kalevala*, c'est le grand-duc Constantin qui, à l'aide de ma traduction, expliquait à l'empereur Nicolas, son père, cette étrange épopée.

Le grand-duc a eu la gracieuseté, lors d'une de ses visites à l'Exposition géographique, de me rappeler ce souvenir. « Je vous dirai aussi, a-t-il ajouté, une chose qui, sans doute, vous fera plaisir : c'est qu'après avoir lu votre curieux livre, j'ai donné à un des grands bâtiments de notre flotte militaire le nom de *Kalevala*. »

A cette même visite, le grand-duc, étant arrivé à l'endroit de l'exposition danoise, où sont affichés les dessins représentant les pierres runiques extraites du tombeau de Gorm le vieux, ce roi qui, au neuvième siècle, réunit sous son sceptre toutes les parties éparses de la monarchie danoise, le grand-duc s'arrêta. « Ces pierres runiques, me dit-il, ne vous remettent-elles pas en mémoire le fameux lion du Pirée couvert, lui aussi, de runes scandinaves ? » Et le prince raconta, dans les termes les plus précis, l'histoire de ce chef de Warègues, nommé Harald le Haut, à cause de sa taille gigantesque, ses exploits sauvages dans les mers et à travers les villes de la Grèce, son mariage avec la fille d'Iaroslaw, grand-duc de Russie, etc. Or, il est à observer que l'inscription runique du lion du Pirée, relative à l'histoire de Harald, a été relevée et expliquée par le savant danois Rafn, il y a plus de vingt ans. Le grand-duc Constantin s'en souvenait, comme si c'eût été d'hier. On a

donc bien raison de vanter la mémoire des princes de la
famille Romanoff ; le grand-duc possède cette faculté a
un degré exceptionnel. Ajoutons que dans la circonstance
présente, la précision du récit supposait, outre la mémoire,
une intelligence très-vive, une étude très-approfondie du
sujet.

III

Parmi les objets de l'exposition russe qui ont dû frapper
particulièrement l attention du grand-duc Constantin, je
citerai une carte de la mer Caspienne envoyée à notre Académie des sciences par Pierre-le-Grand.

On sait qu'à la suite de son voyage à Paris, en 1717,
Pierre-le-Grand fut nommé membre associé de cette académie. Il accepta et fit écrire, à cet effet, à l'abbé Bignon,
directeur de la docte assemblée, par son premier médecin
Areskin.

Fontenelle adressa alors au tzar, le 27 décembre 1719,
une lettre des plus élogieuses :

« La victoire que vous remportez sur la barbarie, lui
disait-il, sera la plus éclatante et la plus singulière de
toutes vos victoires. Vous vous êtes fait, ainsi que d'autres
héros, de nouveaux sujets par les armes. Mais de ceux
que la naissance vous avait soumis, vous vous êtes fait
des sujets tout nouveaux. Vous les avez conquis aux
sciences, et cette conquête vous était réservée... »

Le 11 février 1721, Pierre-le-Grand renouvela personnellement son acceptation dans une lettre écrite à l'Académie, en langue russe lettre où il ajoutait ce qui suit :

« Nous n'avions rien plus à cœur que de faire tous nos
efforts pour contribuer dans nos Etats à l'avancement des
sciences et des beaux-arts, pour nous rendre par cela

plus digne d'être membre de votre Société. Dans cette vue, nous avons chargé le sieur Blumentrort, notre premier médecin, de nous rendre compte de ce qui pouvait y avoir de nouveau dans notre empire qui méritât votre attention...

« Comme il n'y a encore eu jusqu'ici aucune carte de la mer Caspienne, nous avons ordonné à des personnes habiles de s'y transporter pour en dresser une sur les lieux, avec le plus de soin qu'il se pourrait, et nous l'envoyons à l'Académie, persuadé qu'elle la recevra agréablement en mémoire de nous. »

La carte de la mer Caspienne fut présentée à l'Académie des sciences par Delille, qui en fit l'objet d'un rapport. Un exemplaire de cette même carte figurait à l'exposition russe du congrès géographique.

IV

Puisque j'en suis sur la Russie, je citerai encore une observation d'un voyageur à propos de ses méthodes d'enseignement géographique.

« La Russie perfectionne sans cesse ; elle n'a pas comme certaine nation de notre connaissance, si passionnée, pour la mode cependant, l'amour de la routine ; elle modifie sans hésiter ce que l'expérience a condamné ; elle cherche toujours, allant prendre volontiers le progrès où il se trouve, que ce soit chez elle, que ce soit à l'étranger.

« Elle ne cache pas ses richesses, elle les montre au contraire à tout venant, convaincue que c'est le meilleur moyen de les rendre productives.

« Jamais, en Russie, l'administration ne refuse un modèle d'appareil, un dessin, une carte à un éditeur, à un fabricant qui lui en font la demande ; au contraire, elle facilite à ceux-ci la reproduction ou la compilation de ses modèles, et souvent elle les aide par des subventions pour qu'ils mettent ces modèles dans le commerce de la façon la plus profitable au public.

« Nous sommes loin là du funeste système en vigueur chez nous, nous sommes loin là de l'étrange mystère dont on persiste à couvrir, dans nos régions administratives, tant de beaux travaux dont la diffusion serait si utile. Aussi l'instruction est-elle en pleine prospérité en Russie. »

Ces observations sont d'une parfaite exactitude. J'ai eu cent fois occasion de le constater moi-même pendant mes voyages en Russie. Les dépôts scientifiques et littéraires s'y ouvrent avec une hospitalité généreuse devant les hommes d'étude. C'est grâce à une telle hospitalité que j'ai pu le premier révéler à la France d'une façon assez complète cette immense collection de manuscrits français, enlevés à nos archives en 1789, et conservés à Saint-Pétersbourg, sur laquelle on n'avait eu jusqu'alors que des indications insuffisantes ; mine superbe que le ministère de l'instruction publique a tant exploitée depuis.

Qu'il en est autrement chez nous ! J'ai rencontré, à l'époque du congrès géographique, un membre de l'Académie des sciences de Saint-Pétersbourg qui, malgré l'exhibition de son passe-port et d'autres documents officiels, n'a été admis qu'à grand'peine à visiter la Bibliothèque nationale. Un historien finlandais, venu il y a quelques années à Paris pour consulter les papiers de la reine Christine de Suède, se vit refuser impitoyablement l'entrée des archives des affaires étrangères. Il eut beau produire les recommandations les plus hautes. M. Mignet, qui régnait à cette époque, alla jusqu'à lui objecter ce qu'il appelait une *impossibilité topographique*, c'est-à-dire le manque de place pour une chaise où le studieux étranger pourrait s'asseoir et travailler. Il me serait facile, sans sortir du courant, de multiplier ces exemples. Partout ostracisme et mystère.

Un mot sur les missions scientifiques. A quoi servent-elles? Du fait de l'administration, à rien, à peu de chose du moins. Si le voyageur n'est par lui-même en situation de publier le résultat de ses recherches, elles resteront stériles. L'administration enfouit les rapports dans les poudreuses oubliettes de ses cartons, ou si elle les met au jour, c'est dans une publication intitulée : *Archives des missions*, qu'on ne trouve nulle part, que personne n'achète, que les bureaux ne distribuent que d'une main avare et à des privilégiés seulement. Un chef de service veille sur ces *Archives* avec la férocité jalouse du dragon des Hespérides.

M. de Fourtou, étant ministre de l'instruction publique, avait créé une commission des missions. L'idée était excellente; les intéressés avaient là un conseil éclairé et impartial devant lequel ils pourraient s'expliquer. Or, sous M. Wallon (je ne parle pas de M. de Cumont : comme ministre de l'instruction publique il n'a jamais été pris au sérieux), qu'a-t-on fait de cette commission? Un comité secret, une sorte de tribunal wehmique qui prononce sans entendre d'autre voix que celle des bureaux, même en l'absence de ceux de ses membres qui seuls seraient compétents, et dont les arrêts sont aveuglément homologués par le ministre.

Voilà bien des réformes qui s'imposent, et puisque M. Wallon n'a pas su ou n'a pas voulu s'en occuper, je les recommande instamment à ses successeurs. Il serait temps que l'instruction publique sortît enfin de la routine et qu'un département aussi important, tout en satisfaisant au besoin de progrès qui nous travaille, cessât de nous compromettre aux yeux de l'étranger.

LE PAPE ET LE TZAR.

La persécution religieuse qui se poursuit en Allemagne, cette persécution que, selon leur habitude de travestir le vrai sens des choses sous le prestige des mots, les Allemands appellent une lutte civilisatrice : *Kulturkampf*, attire naturellement l'attention sur les pays où les rapports entre l'Eglise et l'État se trouvent dans une condition plus ou moins anormale.

Parmi ces pays, il faut compter la Russie. Où en sont les rapports entre le gouvernement russe et le Saint-Siége ? On a beaucoup écrit depuis quelque temps sur cette question. Un instant, on l'a crue résolue. On a affirmé que toute cause de conflit avait disparu entre Rome et Saint-Pétersbourg ; que le pape et le tzar s'étaient définitivement entendus.

On s'est beaucoup trop avancé ; la question est toujours pendante. C'est pourquoi je voudrais la préciser d'une façon plus nette qu'on ne l'a fait, peut-être, jusqu'à présent, indiquer les obstacles, suggérer les moyens de solution.

I

Deux causes principales s'opposent à l'établissement de bons rapports entre le gouvernement russe et le Saint-Siége. D'abord, une question de principe, c'est-à-dire la suprématie que les empereurs de Russie exercent en matière religieuse ; ensuite une cause accidentelle, savoir la confusion introduite entre la question catholique et la question polonaise.

Occupons-nous de la première cause.

Il est assez naturel que les empereurs de Russie ne se croient pas astreints à traiter l'Eglise catholique sur un autre pied que leur propre Eglise. Or, ici, ils sont papes; ils se comportent donc vis-à-vis de l'Eglise catholique, en papes.

Comment les empereurs de Russie sont-ils papes dans leur Eglise? Assurément ils ne prétendent pas officier ou dire la messe. Paul Ier seul a fait exception; on sait que Paul Ier était prodigue d'extravagances.

Quant au dogme, les empereurs de Russie évitent aussi d'y toucher; mais en tout le reste, le tzar est réellement et absolument le chef de l'Eglise. Ainsi le veut la loi de succession, loi la plus solennelle qui figure au code de l'empire. Cette loi porte que le souverain de la Russie doit professer la religion orthodoxe, attendu qu'il est le chef de l'Eglise, *Glava Tserkvi*.

Cette dignité n'est pas un vain mot. En effet, l'autorité suprême, dans l'Eglise russe, c'est le Synode institué en 1721 par Pierre-le-Grand. Or, le Synode est formé de membres révocables *ad nutum*, tous nommés par l'empereur (1). De plus, le Synode ne peut rien décréter sans le consentement exprès de l'empereur. Les évêques sont nommés, transférés, destitués comme il plaît à l'empereur. Le pouvoir exécutif de l'Eglise est donc entièrement entre

(1) Le nombre des membres du Saint-Synode est indéterminé. Libre à l'empereur d'y attacher qui bon lui semble. Ordinairement, il se compose de neuf membres, métropolitains, archevêques, évêques, protopopes ou archiprêtres, etc. Près le Synode est placé, sous le titre de procureur, un représentant de l'empereur, lequel a droit de *veto* sur toutes ses décisions, même prises à l'unanimité. Il fut un temps où ce procureur était un général de cavalerie, le général Protasoff. (Voir ma *Russie contemporaine*, 2e édition. Paris, 1854.)

les mains de l'empereur. Il en est de même du pouvoir législatif, ce qui différencie essentiellement, on le voit, la situation des évêques russes vis-à-vis du pape orthodoxe, de celle des évêques catholiques vis-à-vis du pontife romain.

A dire vrai, cette suprématie de l'État sur l'Eglise n'est point le fait de l'Eglise grecque. Ses canons s'y opposent même formellement. Elle est le fait d'une ingérence progressive du pouvoir impérial dans le domaine ecclésiastique. Pierre-le-Grand a fait en Russie, en abolissant le patriarcat, ce qu'a fait Henri VIII en Angleterre, en détruisant le catholicisme, il a fondé une Eglise nouvelle.

Or, cette Eglise n'étant point l'expression d'une doctrine canonique, mais une inféodation pure et simple à l'autocratie, il n'est pas étonnant que le tzar applique les principes d'après lesquels il la gouverne à toutes les confessions légalement établies dans son empire. C'est ainsi qu'en Russie, catholiques, protestants, musulmans, etc., sont rigoureusement assimilés, quant à l'administration ecclésiastique, aux orthodoxes officiels. Seuls les raskolniks, qui n'ont pas d'existence légale, ont joui, jusqu'ici, à ce titre, d'une indépendance de fait.

II

Il résulte de là que tant que l'Eglise russe demeurera aussi complétement subordonnée au pouvoir autocratique, il sera fort difficile d'obtenir du tzar, en faveur des Eglises dissidentes, et notamment de l'Eglise catholique, des conditions d'existence plus en harmonie avec leur organisme propre. Voilà pourquoi, à ce point de vue, le premier élément de solution est dans la transformation des rapports de l'Eglise orthodoxe avec l'État.

8.

Est-il à craindre que le tzar n'oppose un *veto* absolu à cette transformation? Je ne le crois pas. L'empereur Alexandre II a prouvé que lorsque, dans l'intérêt de sa couronne et le bien de son empire, une mesure lui paraissait opportune ou nécessaire, il ne reculait pas devant elle, si gigantesque qu'elle fût.

Eh bien ! pour quiconque est attentif à ce qui se passe actuellement en Russie, l'opportunité, la nécessité de la transformation dont il s'agit n'est-elle pas clairement indiquée ? La Russie est travaillée, sous le nom de nihilisme, par un socialisme effréné, un socialisme qui, sous des dé guisements divers, pénètre dans toutes les classes. D'un autre côté, elle est lancée dans une voie de progrès qui appelle un immense développement scolaire. A ce double point de vue, l'appui de l'Egl se lui serait utile; le gouvernement le désire, le recherche; c'est en vain. On ne s'appuie que sur ce qui résiste. D'ailleurs, pour que cet appui fût efficace, il faudrait que l'Eglise en prît l'initiative, en tout cas, qu'elle donnât elle-même l'essor à son action. Mais quelle initiative, quelle action peut-on attendre d'une Eglise qui n'a été jusqu'ici qu'un instrument inerte dans la main du pouvoir ?

Beaucoup de Russes éclairés sentent ce mal et le déplorent. Les excès du *Kulturkampf* leur donnent à réfléchir; ils comprennent tout ce que la liberté de conscience et la dignité des âmes ont à redouter de la suprématie de l'État. Aussi un mouvement assez marqué déjà se produit-il en Russie, qui tourne les esprits, je ne dirai pas vers un affranchissement complet de l'Eglise, mais vers l'établis· sement d'un ordre de choses fixant plus rationnellement, plus impartialement les rapports des deux pouvoirs. Le gouvernement entrera-t-il dans ce mouvement? S'il en était ainsi, un grand pas, le pas le plus difficile serait fait dans la voie des solutions cherchées. On espérerait alors

voir un jour les dissidents que la loi autorise vivre à
l'ombre du pavillon autocratique et à côté de l'Église nationale, sans que rien vînt troubler leur dévouement de
sujets fidèles, ni attenter à leur autonomie religieuse.

III

Le second obstacle qui s'oppose à ce que la cour de
Russie s'entende avec le Saint-Siége, c'est, comme je l'ai
dit, la confusion introduite entre la question catholique et
la question polonaise.

En Russie, la plupart des catholiques sont Polonais, et
la plupart des Polonais sont catholiques ; d'où il résulte
qu'on est naturellement porté à identifier un Polonais
avec un catholique, et *vice versà*.

Il en est de même avec les protestants et les Allemands,
deux mots qui, en Russie, sont à peu près synonymes.
Or, le gouvernement russe étant hostile à l'élément polonais, cette hostilité réagit nécessairement sur le catholicisme.

Il serait facile de démontrer que cette confusion repose
sur un abus de mots, et en tout cas sur une situation politique et religieuse dont les Polonais sont loin d'être uniquement responsables. Est-ce qu'en Russie on ne compte
pas des Russes catholiques ? Évidemment, ces catholi-
ques-là ne sont pas des Polonais.

Du reste, si l'on consulte l'histoire de Russie, on saisira
vite à quel point la confusion dont il s'agit est factice.
Lors du premier partage de la Pologne, l'impératrice Catherine II incorpora pour la première fois dans son empire des provinces catholiques. Elle les couvrit de sa protection et accueillit favorablement les jésuites. Un an
après, la célèbre compagnie ayant été supprimée par un

bref de Clément XIV, Catherine observa la même conduite que les États protestants à l'époque de la révocation de l'édit de Nantes : elle ouvrit un asile à tous les jésuites proscrits.

Cette large hospitalité eut pour conséquence que la Compagnie de Jésus, au lieu de rester en Russie exclusivement polonaise, y prit un caractère cosmopolite. Les Allemands, les Italiens, les Français y étaient nombreux et exerçaient une grande influence. D'un autre côté, les jésuites surent gré à l'impératrice de ses généreux procédés. Ceci amena une situation qui n'a pas été assez remarquée. L'élément catholique, en Russie, fut principalement représenté par les jésuites ; l'élément polonais se constitua en dehors d'eux. Les choses en vinrent à ce point, qu'en 1810, par exemple, le foyer du polonisme était à Vilna tandis que le foyer du catholicisme était à Polotzk, et Vilna et Polotzk étaient en guerre ; deux influences rivales s'y combattaient ; le polonisme et le catholicisme étaient complétement séparés. Il faut dire aussi qu'à cette époque les Polonais étaient beaucoup plus voltairiens et libres penseurs qu'ils ne le sont aujourd'hui ; et à l'Université de Vilna, ce n'était point l'esprit catholique qui dominait.

La situation préparée et créée par Catherine II était donc on ne peut plus avantageuse au gouvernement russe. Plus tard, et pour des causes qu'il serait trop long de rapporter, elle fut détruite ; mais elle n'en est pas moins très-significative eu égard à la question qui nous occupe.

Voici un autre fait : Sous le règne de l'empereur Nicolas il existait, depuis plus de deux siècles, en Géorgie, un certain nombre de capucins italiens, qui, tout en s'occupant des besoins spirituels des catholiques du pays, soignaient les malades, sans distinction de culte ni de nationalité. L'empereur Nicolas, qui détestait le catholicisme, résolut de les expulser. En vain les gouverneurs généraux lui représentèrent que ces religieux étaient inoffensifs, qu'ils rendaient des services, qu'ils étaient aimés des habitants, Nicolas passa outre ; au mois de janvier 1847, les capucins quittèrent le pays.

Il fallut les remplacer, car on ne pouvait abandonner à eux-mêmes les quelques milliers de catholiques qui se trouvaient en Géorgie. Que fit le gouvernement russe ? Il leur envoya des prêtres polonais. Ainsi, voilà les catholiques géorgiens obligés d'apprendre le polonais pour se confesser ; voilà, par conséquent, du fait même du gouvernement russe, le polonisme implanté dans un pays où il n'avait jamais existé, tout au moins la couleur du polonisme donnée à une Église qui n'eût pas mieux demandé que de conserver sa couleur nationale.

IV

On comprendra, d'après ces exemples, que s'obstiner encore aujourd'hui à confondre le catholicisme avec le polonisme, serait inexplicable. Tel est pourtant, je le répète, l'un des obstacles contre lesquels se sont heurtées jusqu'ici les tentatives de rapprochement entre le gouvernement russe et le Vatican. Le gouvernement russe craint, en donnant satisfaction au Vatican, de réveiller la nationalité polonaise. Par suite de cette même crainte, il est amené à employer contre l'Église catholique de Pologne des mesures qu'il conviendrait, ce semble, de laisser au violent promoteur du *Kulturkampf*.

Le gouvernement russe prétend, il est vrai, que le clergé polonais est fort peu estimable. Si cette prétention, que je ne discuterai pas, est fondée, elle prouve tout simplement qu'une réforme est nécessaire. Mais croit-on frayer les voies à cette réforme en vidant les évêchés et les presbytères au profit de la Sibérie et d'autres régions perdues de l'empire ?

Ajoutons qu'il y a dans cette conduite un vrai danger pour la Russie, car elle fournit des armes puissantes à ses ennemis. « Vous seriez disposés, disent-ils aux Polonais, à reconnaître la domination russe, à vous y soumettre, si elle vous permettait le libre exercice de votre religion. Eh bien ! n'y comptez pas ; la Russie vous persécutera toujours et sans merci; vous n'aurez de repos avec elle que lorsque vous serez entrés dans le giron de son orthodoxie. » Ainsi, en persévérant dans ses rigueurs contre le catholicisme, le gouvernement russe irait diamétralement contre le but qu'il se propose.

Pour me résumer, je crois qu'il y a entre la cour pontificale et la cour de Saint-Pétersbourg, beaucoup plus de malentendu que de mauvais vouloir. L'empereur Alexandre II s'est fait un renom de modération et de sagesse; de son côté, le pape a montré qu'en dehors du dogme, qui n'est point ici en cause, il savait faire les concessions opportunes. *Un modus vivendi* correct, honorable, à défaut d'un accord complet n'est donc pas impossible entre les deux cours.

De l'avis des politiques impartiaux, la question n'a été ni posée, ni engagée, ni même conduite comme elle aurait dû l'être. Il n'y a eu ni point de départ, ni terme final bien arrêtés. Ce qu'il faudrait, c'est que l'empereur Alexandre exposât très-nettement la situation au pape, qu'il l'invitât à lui envoyer un délégué investi de sa confiance et armé des pouvoirs les plus étendus. Le pape ne lui enverrait certainement pas un Polonais; et le gouvernement russe ne tarderait pas à s'apercevoir qu'il lui est plus facile de s'entendre avec le délégué du pape qu'avec le clergé auquel il a affaire aujourd'hui.

Mais pour que ce mode de procéder réussît, il importerait que le gouvernement russe précisât avant tout les points sur lesquels devrait rouler la négociation, en d'autres termes, qu'il déterminât les limites justes dans lesquelles, suivant lui, s'exercerait, vis-à-vis de l'Église catholique en Russie, d'une part le pouvoir impérial, de l'autre le pouvoir pontifical. Cette base posée, l'indécision, le vague ne seraient plus à craindre ; chaque partie pourrait mesurer d'avance la route à parcourir et fixer le but pratique à atteindre. Dans ces conditions il n'est pas douteux, ce semble, que l'on n'arrivât à une solution propre à satisfaire le double intérêt engagé, et à mettre désormais sur le meilleur pied les rapports du pape avec le tzar.

LE PRINCE MENSCHIKOFF.

I

Ma connaissance avec le prince Menschikoff, le « héros de la guerre d'Orient », remonte à 1842. Je me trouvais alors en Finlande, dont il était gouverneur général. J'ai eu depuis de fréquents rapports avec lui, et je me plais à dire que j'ai toujours eu lieu de m'en féliciter.

Le prince Menschikoff était l'arrière-petit-fils du favor de Pierre-le-Grand, sorti, on le sait, d'une pâtisserie où il était simple garçon ; ce qui prouve qu'en Russie comme en France, le vrai mérite peut mener à tout De stature moyenne, il avait la tête petite, le front osseux et découvert, les traits anguleux et roides, l'œil d'une vivacité extrême. Sa démarche était fière, mais par moment un peu alourdie, — ce qu'on attribuait à une blessure qu'il avait reçue en 1828, au siége de Warna.

L'histoire de cette blessure est curieuse. C'était vers le soir : le prince Menschikoff, alors général, ayant donné ses derniers ordres aux troupes, se dirigeait tranquillement vers son quartier. Il s'arrêta un instant, les jambes écartées, pour prendre une prise de tabac, dit-on. Tout à coup une détonation retentit ; le prince tomba ; il était grièvement blessé. Un boulet lancé par un canon ennemi lui avait passé entre les jambes, traçant un sillon sanglant dans la chair des deux cuisses. Menschikoff fut longtemps à se rétablir. Comme on demandait à un de ses aides de camp si le général souffrait beaucoup : « Parbleu ! je le crois bien, répondit-il, ce n'est pas en vain que l'on va à cheval sur un boulet. »

Le prince Menschikoff symbolisait, dans sa personne, ce qu'on appelle le vieux parti russe. Pour cela, l'empereur Nicolas le prisait fort ; c'était son bras droit. Aussi, quand pour réaliser le rêve séculaire de son peuple, le tzar résolut d'exécuter le sultan, ne crut-il pas pouvoir mieux s'adresser qu'à Menschikoff. On se souvient de la manière dont le prince s'acquitta de sa mission, mission qui nous brouilla avec la Russie et nous conduisit à Sébastopol.

II

En Finlande, le prince Menschikoff n'était pas toujours heureux, et souvent j'ai vu le grand-duc héritier, aujourd'hui Alexandre II, venir à Helsingfors, corriger, par sa présence et ses paroles, les effets de l'administration un peu trop moscovite du gouverneur général. Le grand-duc

Alexandre, disons-le en passant, était adoré des Finlandais. Depuis son avénement au trône il se fait représenter auprès d'eux par l'aide de camp général comte d'Adlerberg, marié à la veuve du baron de Krüdner, un nom célèbre, et l'une des femmes les plus spirituelles et les plus séduisantes de la cour de Russie.

Il faut dire, du reste, que le prince Menschikoff était singulièrement servi par certains fonctionnaires de sa chancellerie, zélateurs outrés, exagérant tout. Ceux-ci se rencontraient principalement parmi les membres du Comité de censure. Ils jouaient du tampon ou des ciseaux, avec une désinvolture des plus fantaisistes; n'en est-il pas un peu de même dans tout pays où fleurit cette institution?

III

A l'époque dont je parle, c'est-à-dire sous le règne de l'empereur Nicolas, le mot *liberté*, ainsi que tous les adjectifs et adverbes qui en dérivent, étaient proscrits du vocabulaire russe. La censure s'en donnait sur ce point à cœur joie. Un professeur de mathématiques lui ayant soumis un ouvrage dans lequel, en décrivant une machine, il disait que ses rouages devaient tourner *librement*, elle biffa le mot *librement*. Elle biffa aussi dans un livre de cuisine ces mots : *volnoï douh*, qui signifient, en même temps que *bain-marie*, *esprit libre*. Voici qui est mieux : un homme qui avait perdu un chien appelé *Tyran*, le fit réclamer par la voie des journaux. La censure soupçonna dans le mot *Tyran* une allusion insultante à l'autocrate; elle réforma la rédaction, et les journaux durent annoncer qu'une récompense honnête était promise à qui ramènerait un caniche répondant au nom de *Fidèle*.

Un censeur de ma connaissance, voulant éviter les

gourmades des gros bonnets du comité, m'avouait un jour qu'il songeait à ne plus rien laisser passer du tout. « Et le *Pater?* — lui dis-je en souriant. — Ah! ah! répondit-il, cela dépend... il y a là certains mots passablement suspects. *Donnez-nous aujourd'hui notre pain quotidien*, frise singulièrement le socialisme. Et ce verset : *Que votre règne arrive!* ne dirait-on pas que l'on est peu satisfait de celui dont on jouit? »

Le prince Menschikoff, je me hâte de le déclarer, était le premier à rire de ces beaux exploits des censeurs. Parfois il leur donnait sur les doigts, avec réserve, cependant, craignant qu'ils ne passassent brusquement d'un excès à l'autre. Dame Censure, on le sait, ne s'entend guère à l'équilibre.

Comme homme du monde, le prince Menschikoff avait une réputation d'esprit on ne peut mieux justifiée. Esprit à l'emporte-pièce, souvent assaisonné de calembours qu'il cultivait à l'égal du grand-duc Michel, frère de l'empereur, et qui faisait plus d'une blessure. Le prince s'attaquait de préférence aux grands personnages, à la joie de l'empereur qui se plaisait à les voir mettre de temps en temps sur la sellette.

On a raconté comment le palais d'Hiver, détruit par un incendie, ce palais plus vaste que le Louvre et les Tuileries réunis, fut reconstruit et aménagé en un an. Tel avait été le vœu, ou plutôt l'ordre exprimé par Nicolas. Il fut si satisfait de cette exactitude que, pour récompenser le colonel Kleinmichel du zèle avec lequel il avait dirigé les travaux, il le créa comte.

Or, le jour fixé pour l'inauguration du palais, et quelques instants seulement avant la cérémonie qui devait avoir lieu dans la salle Saint-Georges, en présence de la famille impériale et de toute la cour, le plafond de cette salle s'écroula tout à coup. Nicolas était furieux, et comme

il exhalait sa colère devant Menschikoff : «Que voulez-
vous, sire, lui repartit le prince avec calme, le mal est
sans remède ; le comte (compte) est fait. »

IV

Parmi les dames de la cour, la princesse Alexandre
Tschernicheff, femme du ministre de la guerre, se distinguait par l'exagération de son orgueil conjugal. Elle avait
sans cesse à la bouche les exploits militaires de son mari ;
elle aimait surtout à raconter son entrée triomphale dans
certaine petite ville d'Allemagne qu'il avait prise en 1814.
Un soir que, dans un salon où se trouvait Menschikoff,
elle se livrait à ses récits habituels : « Mon Dieu ! fit-elle en
ayant l'air d'en avoir oublié le nom, quelle est donc la
ville qu'a prise Alexandre? — Babylone! madame, »
s'écria le prince de sa voix la plus solennelle.

Nous avons tous connu le comte Kisseleff qui, sous
l'Empire, résida longtemps à Paris, comme ambassadeur
de Russie. Tandis qu'il était ministre des domaines,
on l'accusa, à tort ou à raison, d'avoir par une
fâcheuse administration, compromis l'existence de plusieurs villages appartenant à la couronne. C'était le moment où le prince Worontzoff, fatigué de son gouvernement du Caucase, manifestait le désir de prendre sa
retraite. L'empereur Nicolas en était très-affecté.

« — Quel désagrément ! dit-il à Menschikoff, voilà
Worontzoff qui veut se retirer, et cela quand la guerre
touche à sa fin, qu'il ne reste plus que quelques villages à
détruire. Je ne sais par qui le remplacer.

« — Il me semble pourtant, répliqua le prince, que
Votre Majesté ne devrait pas être embarrassée. Elle a jus-
tement sous la main l'homme qu'il lui faut.

« — Qui donc ?

« — Kisseleff.

« — Kisseleff !...

« — Certainement. Votre Majesté prétend qu'il n'y a plus que quelques villages à détruire. Or, qui en a plus détruit que Kisseleff? »

Il me serait facile de multiplier ces traits d'esprit du prince Menschikoff. La matière abonde. Puis, on lui en a prêté beaucoup ; on ne prête qu'aux riches. J'ai choisi parmi les plus authentiques.

Le prince Menschikoff avait une grande fortune, qu'il administrait avec une économie à la fois intelligente et sévère. On lui en fait un reproche, comme si, pour complaire à tout le monde, il eût été obligé de jeter son argent par les fenêtres. Ce que je puis dire, c'est qu'en toute circonstance il savait se montrer grand seigneur. On le vit, un jour de Noël, faire venir de Riga un pin magnifique qui, le soir, dressé dans un de ses salons, apparut chargé de lumières... et de diamants, pour une valeur de plus d'un million ; le prince offrit les diamants en cadeau aux dames invitées à la fête. Est-ce assez boyard ?

Le prince Menschikoff avait épousé un des grands noms de l'Empire, une princesse Dolgoroukoff, je crois. Il en a eu deux enfants : un fils et une fille, la comtesse X... Je terminerai par un trait qui la concerne. La comtesse X... raffolait de l'étranger, et notamment de la France. Son bonheur était de trouver des prétextes pour s'échapper. A l'ouverture d'une saison d'été, malade à mourir comme l'étaient sous l'empereur Nicolas toutes les dames russes qui éprouvaient le besoin de voyager, elle sollicita un passe-port pour la France ; on le lui refusa ; nous n'étions pas alors en odeur de sainteté auprès du tzar ; mais on lui en offrit un pour Baden-Baden. Ce passe-port la conduisit directement à

Paris où elle fit sa cure. A son retour à Saint-Pétersbourg, chacun s'empressait de la féliciter sur sa mine rose et florissante. « Oh! oui, disait finement le prince Menschikoff, félicitez la comtesse ; les *eaux de Paris* lui ont fait le plus grand bien. »

LA GRÈCE

GEORGES Ier

I

Le roi Georges Ier a trente ans; il règne depuis
douze ans ; marié à la princesse Olga, fille du grand-duc
Constantin, il en a eu quatre enfants, trois fils et une fille.
Voilà certes une dynastie installée! Ajoutons les plus
belles alliances du monde: pour oncle l'empereur Alexandre II, pour beaux-frères, les héritiers présomptifs des
couronnes d'Angleterre et de Russie. Je ne parle pas de
la famille royale de Danemark.

C'est un charmant cavalier que le roi Georges. Il est
grand, élancé, d'esprit distingué, de franche et gracieuse
allure. Sa mère, femme éminente, l'a élevé avec le plus
grand soin; ses aptitudes y prêtaient. Pendant mon séjour
à Copenhague en 1862, je le voyais souvent à la cour de
son père, et j'admirais son entrain et sa belle humeur.
On l'appelait alors le prince Guillaume, et il portait l'uni-

forme d'enseigne de vaisseau. Très-estimé des marins à cause de son intelligence ouverte, de son caractère ferme et résolu, le jeune prince prenait son métier au sérieux et ne visait guère sans doute qu'à devenir un jour grand amiral du royaume.

Mais déjà les Grecs, ayant remercié Othon Ier, étaient en quête d'un roi. Leur choix se porta sur le prince Guillaume; les trois puissances garantes approuvèrent; Frédéric VII accepta. En même temps, il fut convenu que les îles Ioniennes, placées sous le protectorat de l'Angleterre, seraient annexées à la Grèce. Tous ces arrangements prirent quatre ou cinq mois. Enfin, le prince Guillaume, désormais Georges Ier, proclamé majeur à dix-sept ans et demi, quitta le Danemark et arriva à Athènes le 30 octobre 1863.

Les Grecs firent à leur nouveau monarque un accueil enthousiaste; ils lui prodiguèrent les serments de dévouement et de fidélité. Othon Ier était bel et bien oublié. En vain protesta-t-il solennellement contre sa déchéance, les Grecs traitèrent ses protestations comme les Suédois traitent celles des Wasa, à l'avénement d'un Bernadotte; ils les jetèrent dédaigneusement au panier.

II

Et, de fait, le roi Georges s'était comporté de manière à se concilier tout d'abord la sympathie de ses sujets. Tandis qu'Othon Ier avait débarqué en Grèce escorté de 3,500 Bavarois, et qu'au détriment des nationaux il s'était empressé de distribuer les meilleurs emplois à des hommes de son pays, le roi Georges n'amenait avec lui que le comte Sponneck, un grave Mentor, dont la mission temporaire devait se borner à l'initier à son rôle de souverain. C'était là une belle marque de confiance donnée aux Grecs ; ceux d'entre eux qui avaient la soif des places et des pensions n'avaient pas à craindre de se voir supplanter par des étrangers.

Cependant les Grecs ne répondirent qu'avec un zèle très-modéré à la confiance que leur témoignait le jeune roi. Impuissants à se gouverner eux-mêmes, les Grecs semblent prendre à tâche de décourager ceux qu'ils appellent à leur tête. Vaniteux et turbulents, il faut qu'ils s'agitent sans cesse, qu'ils tranchent, qu'ils s'imposent, qu'ils embrouillent tout ; nulle impertinence ne leur coûte. Leur passé héroïque les écrase ; ils s'en drapent néanmoins comme s'ils étaient encore de taille à porter ce manteau de pourpre et d'or. Peut-être n'est-il avec eux qu'un de ces deux systèmes de gouvernement : ou les laisser se morfondre, cuire dans leur jus, se désintéressant, en apparence, de tout ce qui les touche ; ou les mater sans merci.

III

M. Beulé, pas le ministre, l'archéologue, admirait beaucoup le peuple grec. Il le contemplait du haut de l'Acropole d'Athènes, et voyait tout en bleu. Prestige des ruines. Un de ses amis, diplomate observateur, écrivain délicat, nous donne le correctif. M. d'Ideville s'inquiète peu de ce qui n'est plus ; il s'en tient au présent. Son livre (1) est bourré de faits, faits authentiques, sans réplique. Les Grecs modernes y sont pris sur le vif ; ils défilent devant nous avec leurs qualités et leurs défauts ; et

(1) *Journal d'un diplomate en Allemagne et en Grèce*, 1867-1868, Paris.

leurs défauts tuent la plupart du temps leurs qualités.
L'écrivain n'en peut mais. Le *Journal d'un Diplomate* n'est
point un prisme, c'est un miroir; aux images qu'il reflète,
si peu flattées qu'elles soient, on devine que la glace est
fidèle. Qui doit être charmé de ce journal? C'est M. About.
On avait suspecté M. About, on traitait sa *Grèce contemporaine* de paradoxe, de fantaisie d'homme d'esprit agacé et
amer. On se trompait. La *Grèce contemporaine* n'est autre
chose qu'une histoire vraie, trop vraie. Les Grecs eux-
mêmes, raconte M. d'Ideville, le confessent sans honte et
sans dépit.

J'emprunterai quelques traits au livre de M. d'Ideville.

« Il est impossible de rencontrer un peuple plus vaniteux, plus hâbleur, et à la fois plus inerte et dans lequel
il y ait moins de ressources que dans les quinze cent
mille sujets du prince danois. Mais combien l'habitant des
campagnes diffère de celui des villes! se hâte-t-on régu-
lièrement d'ajouter, lorsqu'il s'agit des Athéniens. Je n'ai
pas rencontré un Grec qui ne se soit empressé lui-même
de faire cette distinction : Si vous saviez comme nos insu-
laires, nos paysans sont énergiques, laborieux, honnêtes!
Là est l'avenir, la force de la nation. Très-bien; mais
comme depuis que la Grèce moderne a été constituée en
Etat, l'administration, le gouvernement, la direction politique sont livrés exclusivement aux mains des citoyens
d'Athènes, et qu'on ne saurait juger un peuple que par
ses représentants, par les résultats, ou par les faits, les
reproches adressés subsistent et subsisteront toujours.

« Vous savez, me disait un député ancien ministre, que
la Grèce est pauvre, bien pauvre, et que notre malheureux
budget de vingt-quatre millions est grevé chaque année
de deux ou trois millions de déficit. Pourtant nous n'a-
vons ni armée sérieuse, ni marine : cinq mille hommes et
trois navires. L'administration, la police, la justice, vous

9.

les connaissez ! Nous ne consacrons pas deux cent mille francs aux travaux publics.

« Eh bien ! le croiriez-vous, cet État si pauvre dépense, chaque année, de douze à quinze millions, devinez en quoi ? en pensions ! Tout citoyen ayant pris part à la haute direction de l'État a, par cela même, le droit de vivre aux dépens de la Grèce. Nul n'a traversé des fonctions politiques sans être inscrit sur le livre des pensions. Chaque ministre (et vous savez, hélas ! si les cabinets se succèdent en Grèce) arrivant au pouvoir, prend soin de s'attribuer à lui, à ses parents, à ses amis politiques, une petite rente de douze, de six, de trois cents drachmes. C'est peu, sans doute, mais on a du patriotisme et il ne faut pas épuiser la mère-patrie.

« Tout est à créer en Grèce. Ni industrie, ni commerce, les champs autour d'Athènes sont déserts et arides, les routes n'existent pas ou sont effondrées lorsqu'elles existent ; pas une usine, pas un chemin de fer. »

Je m'arrête sur ce dernier tableau. A quoi tient une telle indigence ? N'est-ce pas, en dehors de leur indolence naturelle, à l'esprit jaloux et tracassier des Grecs ? Dès qu'un étranger s'établit chez eux, actif et riche, et que grâce à son travail et à ses capitaux il donne l'impulsion à leur industrie et promet de faire leur fortune, il n'est sorte de vexations dont ils n'usent contre lui. Cet homme venu pour les enrichir n'est à leurs yeux, dès qu'il réussit, qu'un infâme exploiteur ; ils n'auront de repos que lorsqu'ils l'auront découragé, dégoûté, ruiné et forcé à abandonner leur pays. Qui ne connaît la triste et scandaleuse histoire des mines du Laurium ?

IV

Cependant une nouvelle tentative vient d'être faite par des étrangers, dont les Grecs, je le suppose, pourront difficilement entraver le succès et confisquer les profits. Ces étrangers, en effet, sont des Allemands. Depuis leurs dernières victoires, nul ne l'ignore, les Allemands débordent un peu partout. Ici le commerce, là la science ; la science surtout sert aux Allemands comme de prodrome à l'action politique ; chez eux, le cabinet de l'homme d'État s'abrite d'une chaire de professeur.

Donc, après s'être assuré par un traité le droit exclusif des fouilles archéologiques dans certaines parties de la Grèce, les Allemands ont fondé dans la capitale du royaume un institut central analogue à notre école d'Athènes, mais sur une échelle autrement importante. L'inauguration en a eu lieu récemment avec un éclat solennel. Pour la première fois le drapeau allemand flottait au cœur de la cité de Périclès. Or, à l'ombre de ce drapeau, il s'est débité des choses étranges et qui nous donnent déjà un avant-goût de l'avenir. M. Philippos Joannou, par exemple, un Grec pur sang, exprimant les vœux de ses compatriotes pour la prospérité de l'Institut allemand, s'est aventuré jusqu'à affirmer que la *nation allemande s'était liée par le sang de ses fils avec la Grèce affranchie.*

Jusqu'ici on avait cru que, seules, l'Angleterre, la Russie et la France avaient triomphé à Navarin et ainsi déterminé l'affranchissement de la Grèce. Peut-être M. Philippos Joannou a-t-il voulu, par cette flatterie extra-historique, faire amende honorable aux Allemands de la liberté que les Grecs avaient prise, il y a quelques années, de se soustraire à ce qu'ils appelaient la domination allemande en chassant du trône Othon le Bavarois?

Mais passons.

Ce qui me préoccupe, à propos de l'Institut allemand, c'est notre École d'Athènes. Il est évident qu'elle va avoir devant elle un rude antagoniste, un antagoniste qui ne reculera devant rien pour la primer, pour l'annuler aux yeux de l'Europe. L'argent, les moyens de toute espèce lui seront prodigués dans ce but. Que fera notre ministère de l'instruction publique? Il s'agit, on le voit, de l'honneur scientifique de la France. Je sais bien qu'il y a là des questions de budget qu'il ne dépend pas du ministre de résoudre. Mais d'autres questions s'y rencontrent qui relèvent exclusivement de son initiative.

J'entends souvent s'exhaler des plaintes sur la manière dont l'administration centrale traite les travaux des élèves de l'École d'Athènes. On les néglige, on les oublie, on ne les publie pas, ou, si on les publie, l'opportunité est passée. « Quant à l'École d'Athènes, écrit à ce sujet M. Perrot dans la *Revue politique et littéraire*, depuis vingt-sept ans qu'elle existe, elle n'a pu, malgré bien des promesses et des projets, obtenir encore qu'une publicité spéciale, régulière et constante fût assurée aux mémoires que produisent les pensionnaires. Sans doute, tout ne mérite pas d'être imprimé, mais les travaux mêmes que les rapports annuels présentés à l'Académie par la commission de l'École d'Athènes signalaient comme les plus intéressants, ont souvent attendu pendant des années une place dans les *Archives des missions*.

« Quand, après de longs retards, vous obteniez enfin de pouvoir, par cette voie, exposer vos découvertes au public, d'autres étaient venus, qui dans l'intervalle avaient, sur vos traces, visité la même région et l'avaient décrite les premiers; vos inscriptions, jadis inédites, étaient publiées ; à la rigueur, on aurait pu laisser le mémoire dans le carton où il avait dormi pendant plusieurs hivers. »

Ce que dit M. Perrot de l'École d'Athènes pourrait s'appliquer au service des missions en général, qui est dans les attributions du ministère de l'instruction publique. Il y a là des négligences incroyables. Et puis quelles appréciations singulières ! Cette administration qui, la plupart du temps, ne lit pas les travaux qu'on lui envoie, qui les ignore, qui les égare, qui en ajourne indéfiniment la publication, qui ne les publie même pas du tout, cette administration s'enflamme, un jour, tout à coup d'un beau zèle ; elle fait d'une mission une affaire de calendrier ; et parce qu'un voyageur n'a pas adressé ses rapports tel mois, telle semaine, elle proclame hardiment qu'il n'a pas rempli sa mission et lui coupe les vivres. Tous les services qu'il peut avoir rendus, et qui parfois ont été officiellement récompensés, sont de droit effacés.

V

J'ai dit plus haut que pour gouverner les Grecs, il faudrait peut-être s'en tenir absolument à l'une de ces deux alternatives : ou les laisser faire ou les mater.

Le roi Georges a pris un peu de l'une et de l'autre : sans gêner outre mesure les fantaisies turbulentes de ses sujets, il leur fait sentir qu'il n'est pas d'humeur à en être victime. Sa femme, qui tient du grand-duc Constantin, son père, un esprit élevé et énergique, lui apporte un précieux concours. Aussi le roi Georges réussit-il autant qu'il est permis de l'espérer au milieu d'un tel pays et d'un tel peuple.

On annonçait naguère, à la suite d'une crise parlementaire, un coup d'État ou une abdication. Rien n'était

moins vrai. Le roi Georges fait son devoir ; mais, en
même temps, il laisse voir qu'il ne tient pas à rester. Les
Grecs le savent, et c'est une des raisons, sans doute, pour
lesquelles ils tiennent à le garder. Quoi qu'il en soit, la
crise a été conjurée. La Grèce verra encore sinon de beaux
jours, du moins des jours supportables.

AUTRICHE - HONGRIE

L'EMPEREUR FERDINAND Ier

I

L'empereur Ferdinand Ier est mort à Prague, en juillet
1875, à l'âge de quatre-vingt-deux ans. Depuis 1848,
époque de son abdication, il s'était retiré dans cette
ville, où il menait une existence calme et presque oubliée.
C'est à peine si, au moment où éclatait la nouvelle de
sa mort, on se doutait en Europe, qu'il fût encore de ce
monde.

Ferdinand Ier était né le 19 avril 1793; il avait pour
père l'empereur François Ier et pour mère Marie-Thérèse,
fille de Ferdinand IV, roi de Naples et de Sicile. Ferdinand Ier était, par conséquent, le frère cadet de Marie-
Louise et le beau-frère de Napoléon Ier.

Son éducation première fut des plus négligées, la faiblesse de sa santé s'opposant à ce qu'on l'appliquât à des
études trop sérieuses. Il y suppléa plus tard, surtout
après qu'un long voyage en Suisse, en Italie et en France
eut raffermi sa constitution. Toutefois, la politique n'eut
jamais pour lui beaucoup d'attrait; il cultivait de préfé-

rence la technologie, la science du blason et la musique;
il était d'une force remarquable sur le piano.

Le 28 septembre 1830, François Ier fit couronner Ferdinand roi de Hongrie sous le nom de Ferdinand V. C'était
une ancienne coutume de la maison d'Autriche, ou plutôt
un pur cérémonial, qui n'ajoutait à la dignité du prince
impérial aucune autorité politique nouvelle.

L'année suivante, le 27 février, Ferdinand épousa Ma-
rie-Anne-Caroline-Pie, fille de Victor-Emmanuel Ier, roi
de Sardaigne. Ce mariage a été heureux, mais stérile.
L'impératrice Marie-Anne vit encore aujourd'hui; elle a
soixante-douze ans.

En 1832, poussé par un ressentiment d'un caractère
tout privé, un officier congédié, nommé Franz Reindl,
essaya de se venger sur Ferdinand. Le prince n'échappa
que par miracle à cet attentat, dont toute l'Autriche fut
indignée. En effet, bien avant cette époque, Ferdinand, que
la susceptibilité ombrageuse de l'empereur son père tenait
systématiquement éloigné des affaires, avait acquis une
immense popularité à cause de son caractère doux et
bienfaisant. Il ne sortait guère de sa retraite que pour se
livrer à des œuvres de charité; en 1830, notamment, lors
de la terrible inondation du Danube, il paya bravement
de sa personne et devint la providence de tous ceux qui
avaient été victimes du fléau.

II

Le 2 mars 1835, François Ier étant mort, Ferdinand Ier
lui succéda. Déjà roi de Hongrie, il ceignit successivement
les couronnes de Bohême et de Lombardo-Vénétie. A l'occasion de ce dernier couronnement, qui eut lieu le 6 septem-

bre 1838, il décréta une amnistie générale en faveur des condamnés politiques italiens.

Habitué, comme prince impérial, à s'abstenir personnellement des affaires politiques, Ferdinand Ier fit à peu près de même étant empereur. Il laissa les rênes de l'Etat aux mains de l'archiduc Louis, son oncle, du prince de Metternich et du comte Kolowrat-Liebsteinsky. On connaît le système qui prévalait alors, système de compression rigoureuse et sans merci. Cependant, grâce à Kolowrat, ce système s'ouvrait parfois à des ménagements. Kolowrat prêchait l'apaisement, la modération; il recommandait aussi des réformes; inflexible toutefois, autant que Metternich, contre les révolutionnaires incorrigibles.

Quant à l'empereur, s'il intervenait, c'était moins pour adoucir l'âpreté absolue des principes que pour exercer l'indulgence envers les personnes. Ferdinand Ier était un despote honnête et bienveillant. Malheureusement la force morale lui manquait pour retenir, même dans la proportion qu'il eût voulue, les intempérances d'autorité de son ministre principal.

Du reste, le système politique de Metternich était loin d'être approuvé, même en Autriche, par tous ceux qui prenaient part au gouvernement. Le prince avait contre lui, à la cour, un parti nombreux, et, malgré ses longs et glorieux services, il était visible qu'il devenait de jour en jour moins populaire dans le pays. Je causais souvent de cette situation avec un de mes amis, le comte Crivelli, ministre d'Autriche à Stockholm, mort depuis ministre d'Autriche à Rome. Le comte Crivelli me confiait que lui et d'autres s'en étaient expliqués très-franchement avec l'illustre homme d'Etat, qu'ils ne lui avaient pas dissimulé leur appréhension d'une issue fatale. Il sentait, en effet, comme tous les politiques prévoyants, qu'une détente était nécessaire, que la sécurité dont on semblait s'applaudir était précaire, que la révolution grondait dans les profondeurs, qu'une compression obstinée n'aboutirait qu'à la faire éclater, et qu'alors on verrait dans un jour, un seul jour, tout l'édifice s'écrouler.

Et c'est là ce qui est arrivé. En 1846, Ferdinand Ier, d'accord avec la Russie et la Prusse, avait incorporé à ses Etats la ville libre de Cracovie, déchirant ainsi une page du traité de Vienne. La France et l'Angleterre protestèrent. Le prince de Metternich croyait par cette énergique mesure éteindre la conspiration polonaise dont Cracovie était le foyer. Peut-être avait-il raison. Mais une conspiration d'un autre genre menaçait déjà le cœur même dé l'empire. Au mois de mai 1848, une insurrection éclata à Vienne; Ferdinand se retira à Inspruck, puis revint presque aussitôt dans sa capitale. Il dut bientôt l'abandonner de nouveau, pour chercher un refuge à Olmütz. La Bohême, la Hongrie, Vienne elle-même, pour la seconde fois, se soulevaient. En vain, dès le 25 mars, l'empereur avait-il octroyé une constitution; la révolution passait outre. A la vérité, grâce à Radetsky, à Windischgraetz et à Jellaschitsch, l'ordre fut rétabli. Mais l'épreuve avait été trop cruelle pour Ferdinand Ier; de lui-même, il résolut d'abdiquer. Ferdinand comprit que, pour sauver la monarchie de tant d'ennemis conjurés, il fallait une main plus jeune, plus ferme, plus hardie que la sienne.

III

Par suite de cette résolution, le 1er décembre 1848 François-Joseph, neveu de Ferdinand, âgé de dix-sept ans et quatre mois, fut déclaré majeur, et le lendemain l'empereur prononça son abdication en sa faveur.

Le soir du même jour, Ferdinand prit la route de Prague, où depuis il n'a cessé de résider et où il est mort. On l'appelait le « vieil Empereur » ; on l'appelait aussi « Ferdinand-le-Bon », car s'il restait plus étranger que jamais aux affaires politiques, il ne s'en livrait que davantage à son penchant pour la bienfaisance. On estime que chaque année il ne donnait pas satisfaction à moins de dix mille demandes de secours.

Si l'on en croit certaines indiscrétions, Ferdinand Ier aurait regretté plus d'une fois son abdication; il aurait même ressenti quelque jalousie à l'égard de son neveu. Ceci néanmoins n'a jamais altéré leurs rapports. Vers les dernières années surtout ils étaient, de part et d'autre, de la plus affectueuse cordialité.

Ferdinand Ier ne tarda pas à devenir très populaire dans la capitale de la Bohême. Les Tchèques étaient fiers de posséder parmi eux celui qu'ils regardaient comme leur seul souverain légitime, l'empereur actuel ne s'étant pas encore fait couronner roi de Bohême; ils le saluaient partout sur son passage avec une sympathie presque filiale. Ferdinand leur rappelait, par sa vie exempte de faste et d'apparat, les mœurs simples, l'abandon naïf et généreux des anciens patriarches.

Ferdinand Ier est mort d'une inflammation de poumons; mais, depuis longtemps, il était tourmenté de graves infirmités : il avait presque perdu la mémoire, en sorte qu'il ne se retrouvait qu'avec peine au milieu des événements dont l'Europe était le théâtre. Il est vrai qu'on les lui cachait pour la plupart, de peur qu'il n'en fût trop vivement impressionné. C'est ainsi qu'il est mort sans savoir que l'empereur Napoléon III, qu'il affectionnait particulièrement, l'avait précédé dans la tombe. Jusqu'à la fin, d'ailleurs, il n'a cessé de s'intéresser à ses études favorites; et, quelques heures avant d'expirer, il s'occupait encore de musique et de blason.

Les funérailles de l'empereur Ferdinand Ier ont été célébrées , à Vienne avec la plus grande solennité. Le tzarewitsch, le prince impérial d'Allemagne, le prince royal d'Italie, étaient venus tout exprès dans la capitale de l'Autriche pour y assister; la France y était représentée par notre ambassadeur, M. le comte de Vogué.

—————

FRANÇOIS DÉAK

I

La tombe se refermait naguères sur un grand citoyen, un éminent politique. François Déak est mort. On a dit que, depuis près d'un demi-siècle, son histoire se confond avec celle de la Hongrie. Rien n'est plus vrai. Déak a été de la Hongrie l'âme, la force et l'éclat ; non-seulement elle lui doit ce qu'elle est aujourd'hui, mais si elle grandit encore dans l'avenir, ce ne sera qu'en demeurant fidèle à ses traditions, à son système. Au milieu des tourmentes qui l'ont agitée, Déak s'est montré le pilote habile et ferme qui l'a sauvée du naufrage ; et c'est grâce à lui qu'arrivée enfin à l'apaisement, elle jouit des droits à la conquête desquels elle avait consacré en vain tant de longs et laborieux efforts.

Aussi bien les Hongrois sont-ils fiers de François Déak ; ils l'avaient surnommé le *Sage*, le *Juste*. Chacun de ses actes leur apparaissait comme l'explosion spontanée de la conscience nationale. Hommage mérité. D'une simplicité antique, d'un caractère inflexible, et en même temps d'une modération qu'aucune fièvre ne pouvait troubler, Déak n'avait qu'un seul culte, le culte de la patrie, qu'un seul intérêt, l'intérêt de son pays. A ce culte, à cet intérêt, il a tout sacrifié, ne demandant, ne recherchant rien pour lui-même ; s'obstinant avec un calme stoïque dans son labeur patriotique, et n'aspirant à d'autre satisfaction que celle d'être utile à ses concitoyens et de faire triompher leur noble cause. On conçoit que, réunis autour de son cercueil, les Hongrois aient laissé échapper au milieu de leurs regrets, ces paroles plus éloquentes que la plus belle oraison funèbre : « Nous ne verrons jamais son pareil ! »

II

Né en octobre 1803, François Déak était le plus jeune fils d'une ancienne famille hongroise. Il fit ses études à Komorn et à Raab, s'appliquant spécialement à la jurisprudence. Muni de ses diplômes, il embrassa la profession d'avocat, et ne tarda pas à s'y distinguer. Il s'occupait aussi de politique ; et déjà son tact fin, son jugement sûr, ses aptitudes pratiques, son éloquence à la fois ardente et mesurée, son patriotisme résolu faisaient présager le rôle important qu'il jouerait comme homme d'Etat. Il n'attendit pas longtemps ; en 1832, élu député de Pesth, il alla siéger à la Diète de Presbourg, où sa supériorité lui valut presque aussitôt d'être placé à la tête de l'opposition.

Sa première apparition à la tribune fut un événement. Il y soutint une pétition dans laquelle on suppliait l'empereur François II d'intervenir par voie diplomatique en faveur des Polonais. Déak plaida chaleureusement la cause de la Pologne et, en même temps, celle de la Hongrie. « Notre douleur, dit-il, est d'autant plus amère, que nous n'avons d'autre moyen de secourir les opprimés que la compassion et la prière, car sur nous aussi, depuis des siècles, pèse la main de fer inflexible de la destinée. »

Naturellement le discours de Déak n'éveilla aucun écho dans la chancellerie de Vienne; mais il n'en servit pas moins à mettre en lumière le grand talent, je devrais dire la grande âme du jeune orateur et à fixer sur lui l'attention et l'espoir de son pays.

III

Je n'ai point à exposer ici le système de gouvernement du prince de Metternich. On sait que pendant toute sa durée, c'est-à-dire pendant plus de trente ans, la Hongrie et les autres pays faisant partie de la monarchie autrichienne, se virent courbés sous un joug implacable. En vain, même dans les cercles de la Cour où l'on s'inquiétait de l'avenir, sollicitait-on une détente, le prince y opposait une fin de non-recevoir absolue. C'est l'époque où il disait dédaigneusement de l'Italie : « Ce n'est qu'une expression géographique. »

A cette époque, l'opposition dirigée par Déak luttait avec une indomptable énergie. Battant en brèche les abus surannés du régime féodal, elle revendiquait sans cesse, pour le peuple, les droits qui lui étaient reconnus chez toutes les nations civilisées. Sous ce rapport, la situation de la Hongrie était étrange. Tandis qu'elle avait toujours été animée d'un puissant esprit libéral, une constitution lui avait été léguée qui enchaînait, chez elle, tout élan de liberté. Cette constitution datait des temps

où les droits et priviléges limitatifs de ceux de la couronne
n'étaient accordés qu'aux nobles et aux grands propriétaires ; on n'avait point encore songé, comme dans les
autres États, à régler l'organisation sociale de manière à
les étendre à toutes les classes. De plus, si l'ancienne
constitution impliquait un jeu politique franc et libre, ce
jeu trouvait dans son application des obstacles invincibles.
La noblesse, quant à ses droits et priviléges, était seule
armée de la puissance exécutive. Elle était exempte de
tous impôts et redevances, et l'administration générale du
pays procédait strictement du génie de la féodalité.

Tel était le point de mire de l'opposition libérale. Elle
sentait que rien ne pouvait être fait tant qu'on n'aurait
pas déblayé le terrain national des vestiges encombrants
du passé. Déak, uni à Kossuth, s'y employa infatigable-
ment ; plusieurs Diètes furent consacrées à cette grande
tâche. Enfin, l'heure du triomphe sonna ; et, bien avant
1848, la noblesse hongroise, comme autrefois la noblesse
française, s'était associée au mouvement.

Mais le cabinet de Vienne n'avait rien abdiqué de ses
tendances réactionnaires ; en dépit du courant libéral qui
débordait sur .toute l'Europe il mit son *velo* aux innovations hongroises. Les événements de 1847 et de 1848 ne
furent que le point culminant de cette longue lutte. Nous
voyons alors Déak entrer au cabinet Bathyanyi en qualité
de ministre de la justice ; il n'en maintint que plus énergiquement les réformes adoptées par la Diète de Pesth. Ce
fut en vain ; tout échoua devant l'obstination du prince
de Metternich ; la scission entre la Hongrie et l'Autriche
était fatale ; elle éclata.

C'est dans ces circonstances tragiques qu'il fut donné
d'apprécier le grand caractère de Déak; on put mesurer
aussi la différence qui existe entre le patriote simplement
révolutionnaire et le patriote homme d'État : Kossuth

s'engagea dans les routes violentes ; Déak refusa de le suivre ; il voulait tenter la voie des compromis ; les deux collègues se séparèrent. Qu'est-il advenu ? Kossuth, après avoir attiré sur son pays les calamités les plus effroyables, dut chercher un refuge dans l'exil, tandis que Déak, gardant toute son autorité, tout son prestige, demeura en possession de l'aven'r, plus que jamais capable d'en extirper les plantes funestes et de le féconder.

IV

Les années s'écoulaient sans que le gouvernement autrichien songeât à déférer au vœu de la Hongrie. Le *Væ victis* pesait sur elle de toute sa lourdeur. En 1860, il menaça même de devenir plus écrasant. En effet, sous le ministère Schmerling un plan fut dressé, ayant pour but de sceller toutes les parties de l'empire à une centralisation plus étroite, plus rigoureuse encore que celle dont le prince de Metternich s'était fait l'implacable champion.

C'est ici le plus beau moment de la vie politique de Déak, celui où se manifestent avec le plus d'éclat ses merveilleuses facultés. Soulevant au milieu de la Diète de Pesth une opposition résolue à la centralisation projetée, il la combattit à outrance, mais, en même temps, pour bien prouver qu'il ne s'agissait point, de sa part, d'une hostilité systématique, qu'il ne poursuivait point une rupture de parti pris, il se déclara prêt à faire, au nom de son pays, toutes les concessions propres à relever, à affermir l'union. Telle fut son habileté, telle fut la persuasion de son éloquence que, vers la fin de 1861, l'empereur François-Joseph suspendit de lui-même le décret déjà préparé pour promulguer le nouveau plan de centralisation. Concurremment, par un rescrit solennel, il con-

voqua la Diète, afin qu'elle avisât elle-même à concilier les
exigences du royaume de Hongrie avec l'existence et les
prétentions de l'empire.

Certes, au milieu d'une crise aussi grave, il fallait une
sagesse, une prudence plus qu'ordinaires, pour diriger la
politique du parti national hongrois. Au point de vue
pratique, le rescrit impérial n'était, en réalité, que le
revers des succès militaires obtenus pendant la révolution ;
il eût été facile, par conséquent, de se laisser griser à un
aussi beau triomphe du principe de la nationalité. Or, tout
excès dans ce genre n'eût-il pas provoqué une irritation
jalouse du pouvoir absolu, et, par suite, ouvert une nouvelle période d'oppression et de réaction ?

Déak sentit ce danger. C'est pourquoi il s'appliqua à
modérer l'ardeur de ses compatriotes et il y réussit. Inflexible sur les droits essentiels de la Hongrie, y compris
les lois de 1848, il se montra prêt, néanmoins, à les modifier d'après les principes strictement constitutionnels,
de façon à les mettre en harmonie avec l'état de l'empire.
Les débats occasionnés par cette question se prolongèrent
plusieurs années, mais sans que, de part ou d'autre, ils
dégénérassent jamais en conflit amer. Enfin, ils aboutirent
en 1866, après Sadowa ; l'Autriche, vaincue, sentit la
nécessité de se rapprocher de la Hongrie et de chercher
en elle un appui.

Je me hâte de le dire, la résolution du gouvernement autrichien, quoique dictée, imposée même par les
circonstances, n'en fut pas moins sincère et loyale. Le
couronnement de l'empereur François-Joseph, sa reconnaissance entière, absolue, de la constitution hongroise,
ont été la consécration méritée de la carrière si laborieuse,
si généreusement patriotique de François Déak. Sans
doute, entre l'Autriche et la Hongrie bien des problèmes
délicats restent encore à résoudre ; mais Déak a posé les

principes, il a parlé d'exemple ; grâce à lui, les Hongrois possèdent le fil conducteur qui les empêchera de s'égarer dans la poursuite de leurs destinées.

V

La mort de François Déak a donné lieu aux manifestations les plus imposantes. Tous les journaux hongrois ont paru encadrés de noir, et tous étaient pleins de son éloge. C'était un deuil national. Déak a été inhumé aux frais du Trésor public, et c'est aux frais du Trésor public qu'un monument lui sera érigé. Toutes les administrations du pays, la Diète de Croatie, le conseil impérial d'Autriche avaient été invités officiellement par le Parlement hongrois à assister à ses obsèques. A la nouvelle de son trépas, les habitants de Pesth prirent spontanément le deuil, les théâtres se fermèrent, les réjouissances du carnaval furent suspendues ; les palais, les maisons et jusqu'aux humbles boutiques arborèrent des drapeaux funèbres. Enfin, dans une lettre autographe, l'empereur François-Joseph exprima au président du conseil des ministres la part vive et sincère qu'il prenait au deuil public, combien il ressentait profondément la perte d'un homme qui avait consacré toute son existence au bien de son pays ; ajoutant que sa reconnaissance suivrait jusqu'à la tombe celui qui, par sa fidélité au trône et à la patrie, par ses vertus civiques et son noble caractère, avait su mériter la confiance et le dévouement de son souverain et de ses concitoyens. C'est ainsi que les hommages rendus à Déak après sa mort firent encore resplendir d'un plus vif éclat l'auréole patriotique dont il avait été couronné pendant sa vie.

DANEMARK

LA COUR DE DANEMARK

En parlant de l'impératrice de Russie, j'ai touché quelques mots de la famille royale de Danemark, à laquelle depuis 1866 elle se trouve si étroitement unie par le mariage de son fils, le grand-duc héritier, avec la princesse Dagmar.

Ceci me servira de point de départ pour m'occuper plus longuement de cette cour de Danemark, jadis si imposante, si florissante, maintenant réduite à un domaine mutilé et .d'une population qui égale à peine celle de Paris (1). Le Danemark a dû, lui aussi, payer son tribut à ce minotaure qu'on appelle l'unité allemande. Toutefois, je m'empresse d'ajouter que, malgré ses amoindrissements, il n'en conserve pas moins dans l'économie des Etats européens une haute importance politique.

(1) La population totale du royaume de Danemark, y compris ses colonies, s'élève à environ 1,740,000 habitants. Paris comptait au dernier recensement 1,825,374 habitants.

I

Frédéric VII était mort le 15 novembre 1863. C'était le dernier rejeton de cette illustre dynastie des Oldenborg, qui régnait sur le Danemark depuis le milieu du quinzième siècle, et il ne laissait après lui aucune postérité. Christian, prince de Slesvig-Holstein Sœnderborg-Glüksborg, lui succéda. Ainsi l'avaient décidé les puissances par le traité de Londres du 10 mai 1852.

Le prince Christian n'était point étranger à la famille d'Oldenborg : il y tenait d'un côté par Christian III, roi de Danemark, aïeul de Jean-Alexandre, souche des diverses lignes de Sœnderborg ; de l'autre, par sa femme, née princesse de Hesse, et, du chef de sa mère, la princesse danoise Louise-Charlotte, cousine germaine de Frédéric VII. Au point de vue du sang, le prince Christian était donc, de tous les prétendants éventuels, celui qui se rapprochait le plus de la dynastie nationale.

On se rappelle au milieu de quelles tempêtes Christian IX monta sur le trône. A peine avait-il ceint la couronne que l'Allemagne lui tomba sur les bras. Il n'eut à lui opposer qu'un homme contre six. Il fut vaincu et dépouillé. Si plus tard la diplomatie française intervint, si elle fit signer le fameux traité de Prague, stipulant la rétrocession au Danemark de la partie du Slesvig de nationalité danoise, cet article est resté jusqu'à présent lettre morte, et Dieu sait quand il reprendra vie. Il ne s'agissait pourtant, dans le principe, que de porter secours à des frères opprimés ; on voulait châtier le Danemark ; on jurait de ne rien lui prendre. Singulière transformation des choses !

Ainsi donc, entre Copenhague et Berlin, la question du Slesvig est toujours pendante. On prétend que c'est là une épine au cœur de l'Allemagne. Rien n'est plus vrai. Mais l'Allemagne est de force à en supporter la piqûre, et il ne paraît pas qu'elle en souffre trop.

D'un autre côté, les Danois sont obstinés et patients ; ils attendront ; ils attendront sans rien céder de ce qu'ils regardent comme leur droit, dussent-ils se priver du bonheur, qu'on leur fait entrevoir, d'être accueillis à bras ouverts dans le giron de la grande patrie allemande. Cette situation de victime forcée, mais non résignée, n'est-elle pas aux yeux de l'Europe de l'effet moral le plus imposant ?

En dehors de la question du Slesvig, rien ne vient troubler la sérénité de la cour de Danemark. Tout lui sourit au contraire ; elle en est digne sous tous les rapports ; peut-être aussi les joies qu'elle goûte dans le présent sont-elles pour elle, en même temps qu'une compensation aux amertumes du passé, un gage des réparations que lui réserve l'avenir.

II

Avant son avénement, Christian IX menait l'existence la plus paisible. Il consacrait à sa famille tous les loisirs que lui laissait sa position officielle. Sa fortune personnelle, jointe à son apanage comme prince royal, lequel ne dépassait pas 150 mille francs, lui permettait de tenir son rang avec dignité, mais sans faste. Il habitait un modeste palais, peu propre aux grandes réceptions, mais d'une installation confortable, surtout pleine de grâce et d'élégance. Le prince, d'ailleurs, passait la plus grande partie de l'année au château de Bernstorff, voisin de Copenhague où il était plus au large et se plaisait mieux. Il y fait encore aujourd'hui de longs séjours; c'est au château de Bernstorff, généralement, qu'il reçoit ses gendres, le grand-duc héritier de Russie et le prince de Galles.

Par suite de cette existence retirée et peu soucieuse d'une popularité bruyante, le prince Christian n'était pas toujours apprécié des masses autant qu'il eût dû l'être. On lui reprochait ses titres patronymiques; on le disait plus sympathique à l'Allemagne qu'au Danemark. Or, rien n'était moins vrai; en toute circonstance il avait prouvé le contraire. Ainsi, en 1848 et 1849, tandis que la plupart de ses parents s'étaient rangés sous la bannière des Allemands insurgés du Slesvig et du Holstein, il resta, lui, fidèle et dévoué à la cause danoise. Ses rapports avec Frédéric VII étaient des plus affectueux, des plus intimes, et Frédéric VII, qui le connaissait bien, qui savait jusqu'à quel point c'était un esprit juste, droit, éclairé, un cœur honnête et loyal, comptait sur lui comme sur lui-même pour la continuation de sa politique franchement nationale.

Christian IX a pleinement justifié cette confiance; il a bravement lutté contre la Prusse et l'Autriche coalisées, pour l'intégrité de son royaume; il n'a cédé qu'à la force; et depuis, il ne cesse de revendiquer les lambeaux de droit que lui laisse encore le traité de Prague. C'est là une fière attitude.

Depuis 1848, le Danemark est une monarchie rigoureusement constitutionnelle. Tout en se maintenant dans ses attributions, Christian IX a montré en plus d'une occasion qu'il avait l'initiative féconde et la main ferme. Il sait, d'ailleurs, merveilleusement choisir les hommes auxquels il donne sa confiance; ses ministres sont tous remarquables par le caractère et le talent. S'il aime les sciences et les lettres, il n'en cultive spécialement aucune branche; il ne fait point, par exemple, comme Frédéric VII, son prédécesseur, qui raffolait d'archéologie, et vivait au milieu de ses collections et de ses musées. Mais, il s'intéresse aux découvertes et protége les savants.

III

A beaucoup d'égards, la reine Louise forme contraste avec le roi. Vive, enjouée, pleine de gaieté et d'entrain, elle contre-balance, si je puis m'exprimer ainsi, ce qu'il peut y avoir en lui de trop grave et de trop austère. Belle après avoir été jolie, elle tempère l'imposante majesté de la reine par les grâces exquises de la femme. Son esprit fin et délicat lui fait vivement apprécier les choses de l'intelligence, et elle suit avec intérèt tout ce qui se produit de plus distingué dans les littératures européennes. Ses vues élevées, son caractère ferme, son patriotisme indiscutable, lui assureraient une influence marquée dans les affaires du gouvernement, mais elle n'y prend aucune part active, se réservant aux soins de sa famille pour lesquels elle sacrifie souvent les distractions les plus légitimes.

Grâce à la reine Louise, les princes et princesses de Danemark ont reçu une éducation des plus distinguées. Ils sont au nombre de six, dont quatre déjà mariés : le prince royal Frédéric, avec la princesse Louise, fille du feu roi Charles XV de Suède ; la princesse Alexandra et la princesse Dagmar, avec les princes héréditaires d'Angleterre et de Russie ; le prince Georges, roi des Hellènes, avec la grande-duchesse Olga, fille du grand-duc Constantin. Il ne reste plus à établir que la princesse Thyra, et le prince Waldemar. Ces deux derniers se font remarquer par une singulière vivacité d'esprit et une gaieté d'humeur des plus charmantes; la princesse Thyra est en outre fort jolie.

On ne peut s'empêcher de constater que les princesses Alexandra et Dagmar ont eu chacune une destinée tout à fait appropriée à leur nature. La première, beauté gracieuse et douce, esprit calme et un peu rêveur, dévouée avant tout à son foyer intime, réalisera on ne peut mieux l'idée que l'on se fait de la femme d'un monarque constitutionnel. La seconde, au contraire, beauté éclatante et fière, esprit résolu, pleine d'enthousiasme et de rayonnement, est bien la digne compagne d'un futur autocrate. Certes, si la politique avait eu quelque part à ces deux mariages, elle fût, du moins cette fois, tombée juste. Mais on sait que le sentiment y a joué le rôle principal; la chance a voulu seulement qu'il se trouvât en harmonie avec les convenances.

Quant au prince royal Frédéric, on a supposé que son mariage avec la princesse Louise avait eu pour point de départ l'idée scandinave. C'est là, je crois, une illusion. En effet, le mariage a eu lieu en 1869. Or, à cette époque, l'idée scandinave, si ardemment fomentée par le roi Oscar Ier, ne jetait plus qu'une pâle lueur, et depuis rien n'est venu la raviver. D'ailleurs, le prince Frédéric, gentilhomme accompli, et si distingué d'esprit et de cœur, n'avait pas besoin d'une pareille impulsion pour s'éprendre de cette belle princesse de Suède qui à la douceur angélique de sa mère joint le caractère noble et chevaleresque de son père.

IV

Sous le roi Frédéric VII il y avait en Danemark ce qu'on appelait un ménage royal, il n'y avait pas, à proprement parler, de cour. Après deux mariages suivis de divorce, l'un avec une princesse danoise, l'autre avec une princesse allemande, Frédéric VII avait épousé morganatiquement une ancienne danseuse nommée Christine Rasmussen, à laquelle il conféra le rang et le titre de comtesse de Danner. Ce mariage offusqua l'aristocratie ; les grandes dames désertèrent le palais, qui dès lors ne s'ouvrit plus qu'à de rares intervalles et pour des réceptions exclusivement officielles. Le roi et la comtesse ne quittaient presque pas la campagne, résidant alternativement dans les magnifiques châteaux de Fredensborg ou de Frederiksborg.

A l'avénement de Christian IX, la cour de Danemark renouvela sa vie des anciens jours ; elle prit même une animation exceptionnelle par suite des brillantes alliances contractées par la famille royale. Grands seigneurs et grandes dames y affluèrent. Aussi bien, cette cour de Danemark, malgré l'exiguïté du pays, peut-elle rivaliser, par son organisation, avec les cours d'Europe les mieux montées. Toutes les charges s'y trouvent : grand chambellan, grand maréchal, grand échanson, grand écuyer, grand veneur, aides de camp, chapelle, aumônerie, etc.; puis, la maison de la reine et celle des princes et princesses du sang. Ajoutez plus de trois cents chambellans tant ordinaires qu'extraordinaires ; le chapitre des ordres de l'Éléphant et du Danebrog avec sa garde d'honneur. L'Éléphant est un des premiers ordres de l'Europe ; il répond aux ordres de la Toison d'or, des Séraphins, de Saint-André, de la Jarretière, et à notre ancien ordre du Saint-Esprit. « Notre Saint-Esprit à nous, disait un jour un grave Danois à un diplomate français, c'est un éléphant. »

En outre, eu égard à l'étiquette de la cour, la haute société danoise est divisée en trois classes ou rangs, subdivisés eux mêmes en plusieurs numéros. Le rang s'applique à la fonction militaire ou civile, ou au titre patronymique ;

il est conféré ou homologué par le roi. Autrefois, il donnait droit à certains priviléges, que la Constitution du 5 juin 1849 a abolis. Le rang n'a plus aujourd'hui qu'une importance de cérémonial, cérémonial très-rigoureux, très-pointilleux, et qui se poursuit non-seulement à la cour, mais encore dans toutes les régions du monde officiel.

Il est clair que la plupart des charges de cour, que je viens d'énumérer, sont plus honorifiques que lucratives. La liste civile n'y suffirait pas. Elles n'en sont que plus recherchées, et ceux qui en sont revêtus les prennent très au sérieux. Aussi n'est-il pas difficile au roi de Danemark de s'entourer, s'il lui plaît, dans les représentations officielles, d'une pompe égale à celle des plus grands potentats et digne en tous points des anciennes magnificences de la monarchie danoise. Ceci explique peut-être pourquoi le Danemark continue à jouir, dans l'ordre des couronnes, de tant de prestige; et si l'on se rappelle la position dominante qu'il occupe dans la Baltique, si l'on se rappelle qu'il tient entre ses mains les clefs du Sund, clefs que ni la Russie, ni l'Angleterre, ni la France, n'ont intérêt à lui voir arracher, on comprendra l'importance politique qui, en dépit de tous ses malheurs, s'attache encore à ce petit État.

SUÈDE ET NORVÉGE

CHARLES XV

Charles XV est mort il y a déjà plus de trois ans ; mais sa mémoire est de celles qui ne périssent pas. Parler de lui, c'est s'associer à des pensées, à des sentiments toujours vibrants chez le peuple qu'il a gouverné comme chez tous ceux qui l'ont connu. Pour ma part, je n'oublierai jamais l'accueil si gracieux, si bienveillant dont il m'honorait pendant mes divers séjours en Suède. J'ai pu ainsi l'étudier de près et l'apprécier ; et, certes, ce n'est pas sans émotion que je détache de mes tablettes les notes intéressantes dont il m'a fourni le sujet.

I

Charles XV naquit à Stockholm, le 3 mai 1826. Il était le premier enfant issu de l'union du prince royal Oscar, fils de Charles XIV (Jean Bernadotte), et de Joséphine de Beauharnais, princesse de Leuchtenberg et d'Eichstædt. Jamais, dit un historien suédois, naissance de prince n'excita un pareil enthousiasme. Il est vrai que, grâce à elle, la Suède voyait la nouvelle dynastie qu'elle s'était choisie se consolider et le calme succéder enfin au trouble qui avait suivi le renversement de son antique maison royale.

Chose remarquable ! cette grande dynastie des Wasa, qui avait régné près de trois siècles, a disparu sans laisser de traces. On ne lui trouverait pas en Suède un seul partisan. De 1804 à 1837, époque de sa mort, Gustave IV, le roi déchu, mena, en Allemagne et en Suisse, une vie errante et oubliée, sans jamais rien tenter pour ressaisir son trône. La Suède lui servait une pension annuelle de 100,000 riksdalers qu'elle transforma plus tard en un capital une fois payé. Son corps repose en Moravie, dans un domaine appartenant à son fils, qui lui fit ériger un magnifique tombeau.

Marié à une princesse de Bade dont il divorça en 1811, Gustave IV en eut trois filles et un fils. Ce dernier, né le 9 novembre 1799, prit, en 1819, le titre de prince de Wasa et passa, en qualité de feld-maréchal, au service de l'Autriche. A chaque changement de règne, c'est-à-dire à l'avénement d'Oscar Ier, en 1844, et de Charles XV, en 1859, il se rappelait au souvenir des Suédois par une protestation qui naturellement restait sans écho. On la publiait dans les journaux et le ministre des affaires étrangères la classait en souriant parmi les documents de simple curiosité.

A l'exemple de son père, le prince de Wasa épousa une princesse de Bade et, comme son père aussi il divorça. Sa fille unique, la princesse Caroline, a épousé le 18 juin 1863, le prince royal de Saxe. Ceci me rappelle une anecdote assez curieuse.

C'était en 1852 je préparais mon ouvrage sur Gustave III. M. Baroche, alors vice-président au conseil d'Etat, m'en parlait souvent et avec un intérêt marqué. « J'espère, me disait-il, que vous ne maltraiterez pas trop votre héros ; il ne faut pas oublier qu'il était le bisaïeul de celle que nous saluerons bientôt comme notre souveraine. » Il paraît, en effet, que dès la présidence décennale, le futur empereur des Français avait jeté des vues très-sérieuses sur la princesse de Wasa. Malheureusement, les puissances de l'Europe, moins confiantes que lui dans son avenir, se souciaient peu de lui voir contracter une alliance qui l'eût trop rapproché des grandes familles régnantes. Elles avisèrent, et le château royal de Dresde supplanta l'Élysée. Je reviens à Charles XV.

II

On imagine sans peine les soins dont fut entourée son enfance. C'était l'héritier présomptif. Tout d'abord, il annonça les plus heureuses dispositions : une intelligence prompte, un esprit vif et curieux, un cœur excellent. Mais déjà éclataient aussi, chez le jeune prince, cette activité turbulente, cette spontanéité de décision, cette impatience de la gêne, cette libre et franche allure qui, plus tard, devaient si fort déconcerter les rigoristes gardiens des traditions et de l'étiquette.

On a raconté sur les premières années de Charles XV une foule de traits. J'en citerai quelques-uns, au hasard ; ce sont les prémices naïves du caractère que l'on verra se manifester, soit dans le prince majeur, soit dans le roi.

Charles-Jean adorait ses petits-fils, mais le prince Charles était son préféré, et celui-ci le lui rendait bien. Un jour qu'il discutait avec ses deux frères Gustave et Oscar sur ceux de leurs parents auxquels ils ressemblaient le plus : « Moi, je ressemble à maman, » dit Gustave. « Moi, à papa, » fit Oscar. — « Eh bien, moi, reprit fièrement Charles, je ressemble à grand-papa, et c'est un peu plus roide. »

Le prince Charles aimait à jouer au soldat ou plutôt au général, car il savait que les princes sont destinés à commander. A Rosendal, villa royale, située aux environs de Stockholm, il avait l'habitude de faire faire l'exercice à un des soldats du poste préposé à la garde du château ; et l'exercice terminé à sa satisfaction, le soldat recevait en récompense un verre d'eau-de-vie. A Stockholm, il était difficile au jeune prince de se livrer au même amusement, car il n'y est pas d'usage d'établir des postes dans les appartements du palais. Charles-Jean s'offrit à remplacer le soldat. « Mais, grand-papa, — objecta le petit général, vous n'avez pas de fusil. — N'importe ! répliqua le roi, je prendrai une canne, ce sera la même chose. » L'exercice marcha à merveille. « Bien ! » s'écria le prince, enchanté de sa nouvelle recrue ; puis, se tournant vers un chambellan : « Apporte à grand-papa un grand, un grand verre d'eau-de-vie. »

Par exemple, un autre jour que l'exercice n'allait pas à son gré, il se fâcha tout rouge et appliqua sur la joue du grand-papa un vigoureux soufflet. Le roi trouvant cette façon de commander un peu vive, prit l'enfant par le bras et le mit à la porte. Inutile de dire que la réconciliation ne se fit pas attendre.

Ces goûts militaires du prince Charles se montraient partout. A Drottningholm il avait organisé avec ses frères, dans une des chambres du château, un véritable camp. Ils vivaient là en troupiers. A la première alerte, le camp sortait et courait aux armes. Jusqu'à madame Jannson, la respectable bonne du duc de Dalécarlie, qui devait prendre le fusil. « Alignement ! commandait le général. — Mais mon cher petit prince, soupirait la pauvre femme, je ne le puis pas.— C'est vrai, tu as trop de poitrine, je te nomme officier. »

Telle était la pétulance du jeune prince, qu'elle lui occa-

sionnait souvent de fâcheuses aventures. Un matin, levé
de bonne heure, il se précipite vers l'appartement du roi
pour lui souhaiter le bonjour ; or, dans sa course, il heurte
un vase précieux qui couronnait un des piliers fixés aux
deux côtés de la porte ; le vase tombe et se brise. Le roi,
qui tenait à ce vase, adressa au prince une mercuriale sévère et le fit enfermer seul dans une chambre. Cette punition
l'affligea d'abord, mais bientôt, reprenant le dessus, il se
mit à chanter. Le prince Gustave, qui s'exerçait non loin
de là à jouer du piano, l'entendit. Il s'approcha : « Tu
t'amuses donc bien dans cette chambre ? dit-il à son frère,
à travers le trou de la serrure. — Mais oui certainement !
— Que faudrait-il faire pour aller m'amuser avec toi ?
—Casse l'autre vase. » Ainsi fut-il fait, et les deux prison-
niers se divertirent ensemble de leur espièglerie.

La princesse Joséphine, si douce, si grave et d'habitudes
si distinguées, si délicates, avait souvent aussi à reprendre
son fils pour ses façons trop cavalières. Un jour il entra
brusquement chez elle et s'étendit tout de son long sur un
riche canapé. « Charles, lui dit-elle, c'est inconvenant ce
que tu fais là. — Mais, maman, répliqua le prince, Bostrœm (un de ses maîtres) le fait bien. » La princesse garda
un instant le silence, puis elle reprit : « Quand tu seras
aussi savant que M. Bostrœm, tu pourras faire comme lui,
mais pas avant. » Le prince se hâta de changer de pose,
car il ne désobéissait jamais à sa mère.

III

Je pourrais multiplier à l'infini ces anecdotes qui, tout
enfantines qu'elles soient, n'en révèlent pas moins dans
leurs frais épanouissements la nature alerte et gracieuse, les
qualités charmantes d'esprit et de cœur qui distinguaient

à un si haut point Charles XV. Le prince Oscar, son père, qui le comprenait bien, s'appliquait en toute circonstance, par ses conseils et ses leçons, à développer en lui cette riche semence.

Un jour qu'il l'emmenait avec lui dans un de ses voyages, il arriva devant une de ces cloisons en bois si fréquentes dans les campagnes de Suède. Un petit paysan misérablement vêtu, qui se tenait là, ouvrit la porte et s'inclina profondément. « Papa, dit le jeune prince d'un ton fier, ne faudrait-il pas jeter un sou à ce pauvre diable ? — Mon fils, répondit gravement Oscar, le prince et le mendiant sont également hommes. Qui sait si le sort ne fera pas un jour de ce pauvre diable un prince comme toi ? » Charles ne souffla mot ; mais, à la cloison suivante et à la vue d'un petit paysan aussi misérablement vêtu que le premier : « Papa, fit-il, si nous donnions un sou à ce prince ? »

Parfois la leçon était plus accentuée. Le prince Charles prenait volontiers ses aises au château. Une après-dînée, l'idée lui vint de descendre dans une des cours qui lui étaient interdites. La sentinelle qui montait la garde sous la voûte l'arrêta au passage. « Sais-tu qui je suis ? lui dit le prince. — Certainement que je le sais : le prince Charles, fils aîné du prince royal. — Oui, mais je suis, de plus, le duc de Scanie ; ainsi, laisse-moi passer ! — Impossible ! — Bien ! tu recevras tes vingt cinq, suivant la loi. » Le prince voulait dire vingt-cinq coups de baguette.

Remonté chez son père, il se plaignit à lui de l'audace de la sentinelle, et le pria de la punir. Mais le prince Oscar n'eut pas de peine à le convaincre que ce soldat n'avait fait qu'exécuter sa consigne, et que, par conséquent, au lieu d'être puni, il méritait d'être récompensé.

« Prends, lui dit-il, ces vingt-cinq riksdalers, et porte-les-lui toi-même afin de l'encourager dans la fermeté dont tu as été témoin. » Le prince se sentit assez embarrassé ;

néanmoins, en retournant auprès du soldat, il reprit sa fière assurance. « Tiens, lui dit-il d'un ton brusque, voici les vingt-cinq que je t'ai promis. »

Le caractère du prince Charles se dessinait dans ses moindres actes ; on le devinait à sa façon de parler. Il formait surtout un contraste saisissant avec celui de ses frères et de sa sœur. Un jour de cérémonie, les enfants royaux, retenus par leur toilette, n'étaient sortis de leur appartement que l'un après l'autre, et comme ils devaient rejoindre le roi par le même chemin, ils en demandaient des nouvelles, en traversant les salles, aux laquais de la cour qu'ils rencontraient. D'abord le prince Oscar (le roi actuel), d'un ton solennel : « Sa Majesté est-elle passée ? » Puis la princesse Eugénie, d'un ton cérémonieux : « Le roi est-il passé ? » Ensuite le prince Gustave, d'un ton grave : « Mon père est-il passé? » Enfin le prince Charles, d'un ton gai et jovial : « Avez-vous déjà vu papa ? » Ces nuances sont curieusement significatives.

IV

Arrivé à l'âge des études, le prince Charles fut mis entre les mains de maîtres habiles. Il fit de rapides progrès, et bientôt on le vit occuper une place distinguée sur les bancs de l'université d'Upsal. Le prince Oscar voulait que tous ses fils suivissent les cours de ce grand établissement national.

Le prince menait allègrement la vie d'étudiant ; mais, en même temps qu'il s'adonnait aux sciences et aux lettres, il apprenait à connaître les hommes ; il contractait des amitiés solides et qu'il n'oublia jamais; on put le constater plus tard, lorsqu'il eut à choisir les membres de son conseil. L'université d'Upsal est la matrice féconde d'où sont sortis, d'où sortent encore presque toutes les illustrations dont s'enorgueillit la Suède.

Sa carrière d'étudiant terminée, le prince Charles entra dans l'armée. Il s'y concilia tout d'abord l'estime et l'affection des officiers et des soldats, tant par sa bonne tenue que par son esprit chevaleresque, sa générosité de cœur et son étonnante infatigabilité. A l'époque des grandes manœuvres annuelles de l'armée, il s'installait au camp et ne le quittait plus. Sa tente n'avait rien de particulièrement confortable. Il couchait sur la dure, debout à la première alerte, toujours en tête. Il mangeait copieusement, buvait sec, fumait la pipe. Il veillait à ce que chacun, à ce que le soldat surtout ne manquât de rien. « La bravoure, disait-il, est pour une bonne part dans l'estomac. »

V

Le 13 juin 1850, le prince Charles épousa la princesse Louise d'Orange, fille de Guillaume-Frédéric-Charles, prince des Pays-Bas, oncle du roi actuel de Hollande, Guillaume III. La jeune princesse reçut des Suédois un accueil enthousiaste. Elle avait vingt-deux ans ; elle était grande et belle, sans être jolie, et son allure, digne et gracieuse, imposait et charmait tout à la fois. On savait, d'ailleurs, qu'elle était supérieurement douée du côté du cœur et de l'esprit et que son éducation avait été des plus soignées. De plus, elle était protestante, ce qui promettait au trône l'unité religieuse, qui lui avait manqué jusqu'alors, la reine douairière Dorothée et la reine Joséphine étant demeurées fidèles au catholicisme.

Au bout de quelques mois, la princesse royale se trouva dans cet état que les Suédois appellent « état béni, » *vœlsigne Tillstand.* Naturellement, chacun faisait des vœux pour qu'elle accouchât d'un fils. Aussi, le jour de sa délivrance, 31 octobre 1851, toutes les oreilles étaient-elles tendues vers l'île de l'Amirauté, dont l'artillerie devait saluer le nouveau-né. Cent coups de canon pour un fils, vingt et un pour une fille. C'est à ce dernier chiffre que la salve s'arrêta. Le désappointement fut vif ; mais on s'en releva vite : le couple royal était si jeune !

Je me trouvais à Stockholm lors de cet événement, et j'assistai avec le corps diplomatique au baptême de la jeune princesse (1). Après le baptême, suivant un usage traditionnel, les principaux invités furent admis à saluer l'enfant royal, dont le berceau en bois doré reposait sur une estrade, au milieu d'un vaste salon. Deux dames de la cour et un chambellan faisaient les honneurs de sa petite personne.

Le lendemain de cette cérémonie, j'eus avec un personnage officiel une conversation qui mérite d'être notée.

Ce personnage, de très-vieille noblesse, se trouvait auprès du berceau au moment où nous défilions devant lui. Il observait silencieusement notre attitude et écoutait nos réflexions d'un air soucieux.

— Eh bien ! me dit-il, vous étiez hier au château ?

— Sans doute.

— Vous avez vu notre jeune princesse ?

— Comme les autres.

— N'avez-vous pas été frappé du sans-gêne avec lequel on la regardait et de la façon cavalière dont on en parlait ?

— J'ai remarqué qu'on l'avait trouvée fort belle enfant et qu'on se l'était dit très-franchement.

— On eût dû y mettre plus de réserve et de respect.

— Avec une enfant de huit jours ?

(1) On trouvera la description de cette cérémonie au chapitre consacré au prince royal actuel de Suède et de Norvége.

— Ce n'est pas l'enfant de huit jours qu'il fallait voir dans la princesse, c'est le sang roval, c'est le *principe de la légitimité.*

Voilà certes un Suédois qui rendrait des points à nos légitimistes de France.

VI

Ainsi que toute la Suède, le prince Charles avait souhaité un fils. La princesse royale ne l'ignorait pas. Aussi, la première fois qu'il l'aborda ne put-elle se défendre d'une certaine appréhension. Le prince la comprit, et, la baisant au front en souriant, il lui dit avec tendresse :

— Elle n'en est pas moins la très-bien venue.

En effet, le prince Charles ne tarda pas à raffoler de sa fille ; il se fit son camarade de jeux, mais il l'amusait à sa manière. Au lieu de poupées, il lui donnait des tambours, des trompettes, des sabres. « N'était-elle pas, disait-il, une vraie fille scandinave ? » On comprend les mines désespérées que faisaient les graves matrones de la cour à cette éducation d'amazone.

Au mois de décembre 1852, la destinée sembla vouloir compléter le bonheur du prince Charles. La princesse Louise mit au monde un fils auquel on donna les prénoms de Charles-Oscar. Mais, hélas ! la joie que causa sa naissance fut de courte durée : l'enfant mourut le 13 mars 1854, âgé de quinze mois. « Tendre fleur, dit un poëte du pays, brisée prématurément sur sa tige par la tempête. Né pour être roi, il est devenu un ange, la mort s'est chargée de lui tresser sa couronne. » C'est ainsi que le rameau héréditaire se dessécha dans la branche aînée des Bernadotte, et depuis il ne reverdit plus. A la mort

de Charles XV, le sceptre passa donc à la branche cadette,
ce qui le consolide d'autant plus, car le roi Oscar II
se trouve à la tête d'une nombreuse et florissante famille :
il ne compte pas moins de quatre fils.

VII

C'était une maison fort agréable que celle du prince
royal. Tout ce qu'il y avait de distingué à Stockholm se
plaisait à la fréquenter. On y rencontrait surtout beaucoup de littérateurs et d'artistes. Le prince les accueillait
avec une prédilection marquée ; au milieu d'eux il se
sentait au milieu de ses pairs, car on sait que les lettres
et les arts étaient son goût dominant ; il leur consacrait
tous les loisirs qu'il pouvait dérober à ses occupations
officielles.

En 1867, à l'Exposition universelle, dans la section
suédoise, on a pu voir sur une table recouverte de velours
bleu, une série de livres élégamment reliés. C'était la
collection de tous les ouvrages écrits par les membres de
la famille royale de Suède, véritable bibliothèque dont le
catalogue, simple nomenclature de titres, ne formait pas
moins de quarante-six pages in-8°. Le prince Oscar (le
roi actuel) l'avait apportée lui-même à Paris pour en faire
hommage à l'empereur.

Les œuvres de Charles XV tenaient un rang distingué
dans cette bibliothèque : ses poésies, traduites la plupart
en français, en anglais et en allemand, ses Traités de
stratégie et de tactique, ses *Pensées et Maximes militaires*, etc. Plus loin, ses tableaux, trois paysages de
Norvége, dont on admirait l'éclat fier et saisissant. Charles XV peignait avec fougue, enlevant d'emblée son sujet

au pinceau sans presque jamais recourir au crayon. Les toiles qu'il a laissées sont nombreuses ; d'ordinaire, il en réservait la primeur aux expositions de Stockholm. Nulle prétention du reste ; la peinture était pour lui une distraction, rien de plus.

M. Palm, peintre de paysage fort distingué, étant revenu à Stockholm, après un long séjour à l'étranger, se rendit à une exposition où se trouvait un tableau du prince royal. « Que pensez-vous de ce tableau ? » lui demanda-t-on sans lui dire le nom de l'auteur. — « Je le trouve bien, répondit-il, un peu d'inexpérience peut-être, mais, si celui qui l'a fait veut travailler, je suis certain, qu'avec le temps, il pourra vivre de son pinceau. »

On rapporta ce jugement au prince, qui en rit de bon cœur tout en s'en montrant très-flatté.

Charles XV ne recevait pas seulement avec bienveillance les littérateurs et les artistes, il prenait encore plaisir à les visiter. Un soir, accompagné du baron Beskow, maréchal de la cour, il arriva à l'improviste chez Mlle Fredrika Bremer, où il y avait réunion littéraire. Il prit part avec beaucoup d'entrain à la conversation. La célèbre romancière avait coutume d'offrir à ses invités des tartines de viande froide et du thé, mais trouvant ce menu trop simple pour un hôte couronné, elle n'osait le servir avant qu'il fût parti. Charles XV, remarquant son embarras, la pria de ne rien changer à ses habitudes à cause de lui, et comme elle se confondait en excuses, alléguant la frugalité de sa table, la surprise, l'étonnement, etc. : « Mademoiselle Bremer, interrompit-il en souriant, servez toujours, vous verrez qu'un roi n'a pas moins bon appétit que les autres mortels. »

La princesse Louise ajoutait singulièrement par sa grâce et son affabilité à l'attrait des réceptions du prince royal. Elle s'était vite familiarisée avec la langue du pays ; elle en connaissait tous les grands auteurs, et les appréciait avec une sagacité rare. Elle voulut s'essayer à écrire, et l'on a d'elle une traduction en suédois, très-estimée, d'un ouvrage anglais qu'elle fit vendre au profit des pauvres. Ce dernier trait montre un des côtés de son caractère ; la princesse Louise était d'une charité inépuisable et elle joignait à cette qualité celle d'être une excellente mère.

Ce qui frappait dans la maison du prince royal, c'était l'union parfaite qui régnait entre les époux. On a connu bien des faiblesses au prince Charles, même quand il fut devenu Charles XV, mais elles n'ont jamais troublé la sérénité de son foyer conjugal. Il mettait un vif empressement à satisfaire aux demandes de sa femme ; il lui portait un respect affectueux et il entendait qu'elle fût respectée. Sa susceptibilité sur ce point l'emportait parfois jusqu'à la violence.

Un jour, il était roi alors, on lui rapporta qu'un mauvais drôle attaché à la domesticité du château, s'était permis des propos grossiers et calomnieux sur lui et la reine. Il ordonna aussitôt qu'on le lui amenât. « Tu as osé, lui dit-il, injurier ma femme, c'est une infamie. Quant à ce que tu as dit de moi, peu m'importe, mais prends garde désormais à ta langue lorsque tu parleras de la reine. » Et là-dessus il le congédia en lui appliquant un soufflet.

VIII

J'étais à Stockholm au coup d'État du 2 décembre 1851 ; et je dois dire que, dans les cercles diplomatiques, on en fut plutôt stupéfait qu'émerveillé. Même a la cour, malgré la parenté des Bernadotte avec les Bonaparte, on n'y applaudit pas sans réserve.

« Napoléon, me dit le prince royal, a joué gros jeu et il a gagné ; c'est bien ! mais qu'il fasse attention, le voilà condamné à gagner toujours ; au premier échec il est perdu ! »

Dès ce moment Charles XV suivit avec une attention marquée les brillantes évolutions du météore impérial. D'abord il s'étonna, puis il admira, enfin il fut comme fasciné. Tandis que certaines chancelleries, et des plus hautes, s'obstinaient à n'appeler le nouvel empire que : « Cet établissement », il y voyait une fondation impérissable.

« Je suis allé à Paris, me disait-il, en 1862, en se promenant avec moi sous les ombrages de son château d'Ulrisksdal, j'ai conversé avec l'empereur. C'est un grand homme ; désormais, je le prends pour conseiller et pour guide ; tout ce qu'il fait est bien.

— Et l'expédition du Mexique ? insinuai-je timidement.

— L'expédition du Mexique ? Je ne la comprends pas ; mais du moment que l'empereur l'a ordonnée, ce doit être bien. »

Plus tard, notamment en 1865, en 1867 et 1868, je revis le roi Charles XV. Son enthousiasme me parut singulièrement amorti ; il ne me parlait plus de l'empereur que fugitivement et d'un air soucieux. En 1869, il se montra plus expansif.

Je n'oublierai jamais ma première entrevue avec lui dans ses petits appartements du château de Stockholm.

« Eh bien ! me dit-il brusquement au moment où je franchissais le seuil de son cabinet — il est flambé. »

Je m'arrêtai tout étourdi, fixant sur lui un regard interrogateur, et comme attendant une explication.

« Parbleu, reprit le roi, je parle de Napoléon III. Ah ! il a laissé écraser le Danemark, il a laissé écraser l'Autriche, il a laissé fusiller Maximilien ; l'impératrice Charlotte est folle. Son tour viendra et sans beaucoup tarder. Quant à moi, et je ne suis pas le seul, je le regarde comme fini. Ne vous disais-je pas jadis que lorsqu'on est arrivé par les moyens dont il s'est servi, on est condamné à réussir toujours? Et moi qui avais mis en lui une confiance aveugle, moi qui le vantais comme le plus profond, le plus habile des politiques! Quelle déception! »

Puis Charles XV passa en revue les principaux conseillers de l'empereur, s'exprimant sur leur compte en termes sévères.

« Rouher, ajouta-t-il, parlons-en de Rouher. En Suède, j'en aurais à peine voulu pour président de mon collège de commerce. Rouher, premier ministre! Je l'ai jugé surtout à son discours sur le Slesvig quand, faisant allemand ce qui est danois et danois ce qui est allemand, il montrait si bien qu'il ne savait pas un mot de la question. Et les *trois tronçons*, et les *jamais*, et la dépêche italienne, et la plus grande pensée du règne, etc... Vrai, si cet homme-là eût pris un brevet pour chacune de ses inventions, il serait l'homme le plus breveté du monde entier. Avec des conseillers de cette espèce, on peut mener une aventure, on perd un empire. »

Ainsi ce n'est pas seulement en Angleterre, ce n'est pas seulement lord Palmerston, dont on publiait naguère des dépêches si curieuses, qui voyait l'empire et l'empereur en noir. Longtemps avant la catastrophe finale il était évident pour tous les hommes d'Etat de l'Europe, que la politique dirigée par M. Rouher n'aboutirait, en brisant les grandes traditions de la politique française, qu'à nous enlever toutes nos alliances et à nous perdre.

Que dirait Charles XV s'il était témoin de ce qui se passe aujourd'hui, s'il voyait ce même Rouher, qu'il stigmatisait si violemment, transformé de nouveau en chef et coryphée du parti de l'Empire ? Assurément il trouverait cette logique assez étrange. Que dirait-il en outre de cette invention nouvelle à laquelle on a donné le nom d'*Appel au peuple* ? Il n'aurait, sans parler de l'histoire, qu'à interroger les œuvres mêmes de Napoléon III pour établir que l'*Appel au peuple* tel que le préconise M. Rouher, est en contradiction flagrante avec toute la doctrine napoléonienne.

Napoléon III, en effet, n'a jamais reconnu au peuple le droit d'élection, mais seulement le droit de sanction. « Si le peuple, écrit-il, ne se bornait pas au droit de sanction, mais qu'il choisît indifféremment parmi tant d'individus et de codes, ses gouvernants et ses lois, les troubles se renouvelleraient sans cesse, car choisir, c'est posséder le droit d'initiative. Or, l'initiative ne saurait être laissée qu'à un pouvoir délibératif, et les masses nombreuses ne peuvent point délibérer (1). »

IX

Puisque j'en suis sur cette question de l'*Appel au peuple*, qu'on me permette une courte digression, pour y consacrer quelques lignes plus précises.

Suivant certains bonapartistes, ceux que l'on qualifie de bonapartistes militants , l'appel au peuple doit s'entendre d'un appel direct et *à priori*. Le peuple serait convoqué dans ses comices , pour opter entre telle ou telle forme de gouvernement. On lui poserait cette question : « Veux-tu la Monarchie, la République ou l'Empire ? »

Cette façon de procéder est, dit-on, on ne peut plus simple. Grave erreur.

(1) *OEuvres complètes* de Louis Napoléon Bonaparte, t. 1er, p. 44.

Quelle monarchie? La monarchie de droit divin ou la monarchie de droit populaire? La monarchie absolue ou la monarchie constitutionnelle? La monarchie à charte consentie ou la monarchie à charte octroyée?

Quelle République? La république rouge ou la république tricolore? La république conservatrice ou la république radicale?

Quel Empire? L'empire autoritaire ou l'empire libéral? L'empire illustré à Sébastopol et à Solférino ou l'empire humilié à Sedan? L'empire des petites annexions ou l'empire des grandes mutilations? L'empire des dix-huit ans de prospérité ou l'empire de la catastrophe finale?

Il y a deux ans, *le Times*, dressant la statistique de nos partis et fractions de partis, en comptait jusqu'à seize, non compris, ajoutait-il, le parti du prince Napoléon.

Voilà bien des alternatives, et par suite des plébiscites assez embarrassants. Quelle tâche pour le peuple si on l'obligeait à trier d'un seul coup dans la masse! On voit où cela nous mène, et si la France n'aurait pas le temps de s'abîmer cent fois dans le gouffre révolutionnaire avant d'atteindre le but.

Où a-t-on pris cette idée de l'appel direct, de l'appel *à priori*? Assurément, ce n'est pas dans l'histoire des Bonaparte; l'histoire des Bonaparte la repousse absolument.

Est-ce que, pour le 18 brumaire, Napoléon Ier, est-ce que, pour le 2 décembre, Napoléon III, ont consulté *préalablement* le peuple? Non, ils ont exécuté leur coup d'Etat d'abord, en écrasant la loi sous la force; ils l'ont fait approuver ensuite en le flanquant d'une constitution. C'était la carte forcée.

Telle est l'histoire, aucune subtilité ne la détruira. Les Bonaparte n'ont jamais consulté le peuple qu'après s'être emparé du pouvoir et avoir tout inféodé à leur volonté.

Napoléon Ier n'a pas même demandé au peuple la con-

sécration de son titre d'empereur. Il s'est borné à l'interroger sur la succession.

« J'accepte, dit-il au Sénat qui lui présentait la couronne impériale, j'accepte le titre que vous croyez utile à
la gloire de la nation. — *Je soumets à la sanction du peuple la loi d'hérédité.* »

Ainsi, on le voit, l'appel direct ne répond aucunement
à la pratique connue des Bonaparte. Répond-il à leur
doctrine? pas davantage.

Sur ce dernier point, j'invoquerai un témoignage dont
on ne récusera point l'autorité.

On a toujours considéré, et à bon droit, Napoléon III
comme le théoricien des principes bonapartistes. Toute
sa vie de prétendant s'est passée à les étudier; il rêvait
de les appliquer lui-même. Or, à cette époque, lorsque
les éblouissements du pouvoir ne le distrayaient point encore de son objectif, lorsque, réfléchissant aux catastro-
phes qui avaient précipité la chute du premier empire, il
en recueillait les leçons salutaires; à cette époque de sérénité, de clarté, de jugement sincère et impartial, Napoléon III fixait déjà, dans les termes les plus clairs, les plus
précis, la doctrine de l'appel au peuple.

Quelle est cette doctrine? Attribue-t-elle à l'appel au
peuple le sens qu'on lui donne aujourd'hui ? En fait-elle
un oracle d'initiative? Lui reconnaît-elle le droit de déci-
der *à priori* de la forme du gouvernement?

Napoléon III nous présente l'appel au peuple sous un
tout autre aspect.

Pas d'appel direct, pas d'appel *à priori*. « *Le peuple,*
dit Napoléon III, *n'a pas le droit d'élection, mais seulement
celui d'approbation.* »

Par élection, il s'agit, bien entendu, dans le texte de
Napoléon III, du choix de l'empereur; mais il ne s'en
prononce que plus explicitement contre l'initiative du

peuple. Selon lui, le peuple ne proclame directement ni l'empire, ni l'empereur; il donne seulement sa sanction, et cette sanction ne lui est demandée que lorsque l'empire existe déjà, que l'avénement de l'empereur est déjà un fait accompli. Ce n'est point un nouvel ordre de choses à créer ou à restaurer, c'est l'investiture du chef suprême préalablement nommé, à homologuer, à sanctionner.

« La souveraineté du peuple est garantie, parce qu'à l'avénement de chaque nouvel empereur, *la sanction du peuple* sera demandée. »

Napoléon III va plus loin. Il suppose le trône vacant. Que statue-t-il en pareil cas? Provoque-t-il un appel direct au peuple pour nommer un nouvel empereur ? Aucunement; il défère ce droit aux Chambres; le peuple n'a, comme toujours, que le droit de sanction. De question sur une double ou une triple alternative, Napoléon III ne s'occupe pas; il ne la prévoit pas.

Voici comment il s'exprime :

« L'avénement de l'empereur au trône sera *sanctionné par le peuple*. Si le fils ou le plus proche parent du dernier empereur ne convient pas à la nation, les deux Chambres proposeront un nouvel empereur, et la proposition *passera á la ratification du peuple* » (1).

Donc le peuple ratifie, il ne nomme pas. C'est clair.

Ainsi donc, l'*appel au peuple* n'est qu'une invention gratuite et que rien ne justifie. Malgré les fautes, qui, en le perdant, ont porté un coup si funeste à la France, l'empire n'en est pas moins un grand système de gouvernement. Pourquoi, songeant à le relever, l'abriter sous un drapeau apocryphe? Ne craint-on pas ainsi de le rendre suspect et de compromettre d'avance les promesses que l'on fait en son nom? Chose étrange d'ail-

(1) *Œuvres complétes* etc. p. 18 et 19,

leurs, et qui sera pour la postérité un sujet de stupéfaction : Les hommes qui poussent le plus ardemment à la restauration de l'empire, les hommes qui se posent comme devant être, en cas de succès, les guides obligés de ses destinées, ces hommes sont précisément ceux qui ont le plus formellement contribué à sa ruine.

Je rentre dans mon sujet :

Si Charles XV s'affectait si vivement des fautes de l'empire, c'est qu'il en prévoyait les conséquences funestes pour la France, car Charles XV aimait la France comme si elle n'eût jamais cessé d'être sa patrie. Je pourrais en citer des preuves touchantes. En 1870, lorsque déjà il était atteint de la cruelle maladie qui devait l'emporter deux ans plus tard, chacune de nos défaites le plongeait dans un sombre désespoir. « Je meurs, disait-il en sanglotant, je meurs de la mort de la France. »

X

Attentif aux choses militaires, Charles XV s'affectait particulièrement sous le second empire, de ce qu'il appelait l'énervement progressif de notre armée. Non certes qu'il ne reconnût la bravoure toujours persistante de nos soldats, mais il n'y trouvait aucune correspondance dans l'instruction de plus en plus négligée, dans l'ardeur professionnelle de plus en plus fléchissante du commandement. Il avait été frappé de ce contraste, soit en visitant le camp de Châlons, lors de ses voyages en France, soit en conversant avec certains de nos officiers que l'empereur envoyait chaque année en Suède, pour assister aux manœuvres d'été. « Si la France a une nouvelle guerre, disait-il avec un dépit mêlé de tristesse, et cette guerre la mettra évidemment aux prises avec l'Allemagne, il lui en cuira. »

Je connaissais cette manière de voir de Charles XV, et j'avoue que mon amour-propre national en était singulièrement froissé.

Un jour, je reçus un numéro du *Journal officiel*, où, à l'occasion de la mort du maréchal Niel, les détails les plus précis étaient donnés sur notre organisation militaire. Je mis le journal dans ma poche et me rendis au château.

« Sire, dis-je au roi, vous déplorez souvent l'insuffisance actuelle de l'armée française Eh bien! veuillez lire cet article du *Journal offici l*, il vous rassurera. »

L'article, daté des 16 et 17 août 1869, était ainsi conçu :

« L'histoire dira avec quelle activité, quelle persévérance, quelle force de volonté, quelle merveilleuse fécondité de ressources le maréchal Niel, entrant profondément dans la pensée de l'empereur, est parvenu à résoudre ce problème, jusqu'alors réputé insoluble, de doubler les forces militaires de la France, non-seulement sans augmenter ses charges en temps de paix, mais en les allégeant pour les familles et en diminuant les dépenses du Trésor.

« Rappelons ici *ce qui a été fait;* le tableau est assez grand pour se passer de commentaires.

« Une armée de ligne de 750,000 hommes disponible pour la guerre ; près de 600,000 hommes de garde nationale mobile ; l'instruction dans toutes les branches poussée à un degré inconnu jusqu'ici ; nos règlements militaires remaniés et mis en rapport avec les exigences nouvelles, les conditions de l'existence du soldat et de l'officier largement améliorées, l'avenir des sous-officiers qui ne veulent pas poursuivre leur carrière militaire assuré par leur admission aux emplois civils ; 1,200,000 fusils fabriqués en moins de dix-huit mois, les places mises en état et armées, les arsenaux remplis, un matériel immense prêt à suffire à toutes les éventualités quelles qu'elles soient; et, en face d'une telle situation, la France confiante dans sa force. Tous ces grands résultats obtenus en deux années. »

Quand le roi eut fini de lire, il me regarda d'un air ironique. « C'est fort beau, me dit-il, et si ce n'est pas là un boniment de l'invention de Rouher, l'empereur peut faire la guerre quand il voudra, la France entière le suivra... mais... mais... »

Charles XV se rappela-t-il cet article en 1870? Se le rappela-t-il surtout en 1871, alors que la Prusse victorieuse accusait la France d'avoir voulu la guerre? Mieux que personne, Charles XV savait à quoi s'en tenir sur cette accusation, et c'est pourquoi nos malheurs lui arrachaient des larmes si amères. Comment la France se fût-elle opposée à la guerre? Pouvait-elle s'attendre à ce que l'aigle impériale qu'on lui représentait officiellement comme si puissamment armée, si magnifiquement équipée, était au contraire dénuée de tout, et qu'au lieu d'aller se poser en triomphatrice, ainsi qu'on l'avait annoncé avec tant d'éclat, sur les tours de Berlin, elle tomberait, au bout d'un mois à peine, vaincue, mutilée, humiliée, dans les fondrières de Sedan? Mais laissons là ces lugubres souvenirs.

XI

Par suite de ses goûts militaires, Charles XV aimait les armes. Il en avait de toutes les époques et de tous les pays. Sa collection d'armes orientales était renommée; on en a publié un album photographique. Les armes his-

toriques étaient celles qu'il prisait le plus ; il les recherchait avec ardeur. Je le trouvai un jour tout rayonnant ;
on venait de lui envoyer un sabre qui avait appartenu à
son grand-père maternel, le prince Eugène de Beauharnais. La grande épée de Charles XII était toujours suspendue au chevet de son lit, le lit de Gustave-Adolphe.

On raconte qu'à l'époque où l'on discutait le projet de
réforme parlementaire, projet dont l'adoption lui tenait
tant au cœur, quelques membres de la Diète qui lui
étaient contraires se rendirent auprès de lui pour lui faire
leurs représentations. Le roi les écouta d'un air sévère. Puis, comme ils insistaient, il saisit brusquement
l'épée de Charles XII, et l'étendant sur une table de marbre : « Je briserai plutôt, leur dit-il, cette arme d'un de
vos plus glorieux rois, que de céder à votre requête. » Ce
qui est certain, c'est que, quelques jours avant que le
projet n'arrivât au scrutin définitif devant la Chambre des
Nobles, Charles XV interpella en ces termes les gentilshommes de son entourage : « Vous savez que jusqu'ici je
vous ai toujours laissé agir comme vous l'entendiez ;
mais, mon désir serait aujourd'hui que, s'il s'en trouvait
parmi vous qui fussent hostiles au projet, ils s'abstinssent
de voter. » Je me plais à rappeler que parmi les personnages dont, à propos de la réforme parlementaire,
Charles XV prenait le plus volontiers conseil, il faut nommer M. Fournier, un de nos diplomates les plus distingués, qui représentait alors la France à Stockholm, et
que le roi traitait en ami.

XII

A leur avénement au trône, les rois de Suède et de
Norvége adoptent une devise qui doit être comme le sym-

bole de tout leur règne. La devise de Charles XIV était :
« L'amour du peuple est ma récompense. » Celle d'Oscar 1er : « Justice et vérité. » Charles XV choisit celle-
ci : « Un pays doit être bâti sur la loi. » Jamais, on peut
le dire, devise royale ne fut plus consciencieusement ap-
pliquée.

Charles XV présentait une personnalité des plus saisissantes. Grand de taille, svelte, et néanmoins puissamment
musclé, il était d'une force herculéenne : ses cheveux et
sa barbe, qu'il portait entière, étaient très-noirs, ses yeux
tour à tour, et suivant les circonstances, d'un éclat fulgu-
rant ou d'une douceur caressante ; son sourire était charmant. A la tête de ses troupes, dans une grande revue
militaire, il avait l'air d'un vrai chef d'armée ; sous la
tente, d'un soldat rompu à la vie du bivouac ; dans ses salons, c'était un parfait gentilhomme.

Digne avec tout le monde, il était, avec ceux qu'il
affectionnait, d'une familiarité gracieuse. Souvent on
le rencontrait dans les promenades publiques au bras
de son frère, le prince Oscar, ou d'un aide de camp ; il
rendait avec empressement les saluts qu'on lui prodiguait
et s'arrêtait parfois pour donner des poignées de main
aux personnes qu'il reconnaissait et causer avec elles. Il
était partout comme chez lui, car il savait que partout il
était entouré de sympathie et de respect. Ajoutons que,
chez Charles XV, ces habitudes simples n'étaient point
affectation de popularité ; c'était une nature épanouie qui
se livrait spontanément à son essor.

XIII

Charles XV s'occupait activement des affaires de son
gouvernement, mais sans se noyer dans les détails. Il se

rendait compte d'abord de l'utilité et de la légitimité du but; puis, quand des moyens proposés pour l'atteindre l'efficacité lui était démontrée, il les approuvait résolûment. Deux fois par semaine il présidait son conseil et il excellait à jeter au milieu des délibérations de ces illuminations soudaines qui en élargissaient d'une manière inattendue les horizons. Dans les cas de crise, comme par exemple dans le différend qui s'éleva, il y a quelques années, entre la Suède et la Norvége, il n'hésitait pas à intervenir de sa personne, et toujours son intervention avait pour effet de calmer les esprits et de préparer les voies à une entente sérieuse et durable. Charles XV n'en était pas moins un souverain constitutionnel de l'attitude la plus correcte.

Que de progrès accomplis sous son règne! C'est à son impulsion, à la fois raisonnée et entraînante, qu'est due l'abrogation de ces vieilles lois d'intolérance religieuse qui faisaient le scandale de l'Europe; c'est à lui qu'il faut rendre hommage de cette réforme parlementaire dont je parlais tout à l'heure, réforme qui, substituant à la représentation gothique des quatre ordres, une assemblée vraiment nationale, a mis la Suède dans le mouvement des autres États constitutionnels. Citons aussi la réforme du code pénal, une foule de règlements ou d'innovations économiques, le développement des chemins de fer, les mesures de défense nationale, les traités de commerce, la protection active et éclairée accordée aux lettres, aux sciences et aux arts; enfin, rien de ce qui pouvait contribuer à l'éclat et à la prospérité de son royaume n'a été négligé par Charles XV; et si, au moment actuel, bien des améliorations, bien des réformes, sont encore, en Suède, incomplètes ou en suspens, c'est, ou qu'elles échappaient à son initiative, ou que, pour éclore et pour mûrir, elles ont besoin encore de l'auxiliaire du temps.

Un des grands mérites de Charles XV, c'était la parfaite connaissance qu'il avait des hommes, la haute sagacité avec laquelle il les jugeait, et cette noblesse d'âme
qui le portait à ne rechercher parmi eux, pour les appeler aux affaires, que les plus capables et les plus dignes.
Sur lui l'intrigue n'avait point de prise. Aussi peut-on
dire que le personnel officiel, investi de sa confiance, eût
honoré dans tout pays les sphères gouvernementales les
plus élevées et les plus délicates.

XIV

J'ai dit, au début de ces souvenirs, que par suite de sa
libre nature, Charles XV se plaisait souvent à s'affranchir
des formes traditionnelles et à brusquer l'étiquette. On
raconte de lui à ce sujet une foule de traits.

Le grand-maître de la cour se présentait chez lui chaque matin :

« Votre Majesté fera-t-elle une promenade aujourd'hui?

— Oui, j'irai à *Djurgarden* (le bois de Boulogne de
Stockholm). »

On préparait alors le grand équipage avec piqueur en
avant et garde d'honneur. Mais au moment où l'on s'attendait à voir le roi y monter, il était déjà parti soit à
cheval, soit en mouche, soit même en omnibus. Il payait
sa place comme un simple mortel. Je l'ai rencontré bien
des fois dans ces sortes d'équipées, et j'étais frappé du
respect, de la réserve, dont il était l'objet de la part de
tous. La reine Joséphine, qui voyait les choses du haut
d'un cérémonial plus correct, s'alarmait de ces excen-
tricités. « Mon fils, disait-elle, fait tout ce qu'il peut pour
gâter sa popularité, et il n'y réussit pas. » En effet, il n'y
réussissait pas; sa popularité s'en augmentait au contraire.

Le peuple aimait dans Charles XV ce caractère ouvert et franc, ce sans-gêne qui le poussait à se mêler à lui et à vivre un peu de la vie de tout le monde.

Cependant il ne faudrait pas s'imaginer que ces libres manières de Charles XV lui fissent oublier le sentiment de sa dignité. Il la respectait en lui et il en imposait instinctivement le respect aux autres. Il avait des amis et il les traitait en amis; mais comme ils le connaissaient bien, ils ne s'avisaient jamais avec lui d'une familiarité importune. Quand Charles XV posait en roi, il était d'une hauteur et d'une majesté inexprimables.

Sous ce rapport, il ressemblait à un autre souverain avec lequel, chose rare entre têtes couronnées, il était uni par une affection véritablement fraternelle. Je parle du feu roi de Danemark Frédérik VII. Frédérik VII se montrait d'une simplicité qui parfois touchait à la bonhomie. On eût dit que son plus grand soin était de mettre à l'aise ceux qu'il recevait. Je l'ai constaté par moi-même, en plus d'une circonstance, lorsqu'il me faisait l'honneur de m'inviter à son château de Fredensborg. Mais cette simplicité n'excluait pas la noblesse; chez Frédérik VII, le roi n'abdiquait pas; on sentait toujours en lui cette grande race des Oldenborg qui, depuis le douzième siècle, avait donné tant d'illustres souverains au Danemark. Et il était important de s'en souvenir. Un certain personnage que Frédérik VII recevait avec son abandon habituel, s'étant permis de l'oublier : « Monsieur, lui dit le roi en se redressant et d'un ton très-calme, je crois que votre équipage vous attend dans la cour. » Ce personnage ne remit plus jamais les pieds au château.

Charles XV était bon, et il avait une manière souvent originale de faire le bien.

Un jeune officier de l'école militaire de Carlberg, poursuivi à outrance par ses créanciers, vint un soir le trouver

et lui confia sa position désespérée. Charles XV n'était
alors que prince royal. « Je suis trop pauvre, lui dit-il,
pour te tirer d'embarras; mais en attendant mieux, voilà
toujours six cents riksdalers; seulement pars pour Paris,
et pars cette nuit même, autrement demain matin, ils
pourraient te prendre cet argent et te jeter en prison. »

Quand il était au camp, pendant les manœuvres d'été,
Charles XV se plaisait à faire de petits cadeaux aux soldats. Aussi ne tarissaient-ils pas sur sa générosité. Un
honnête fantassin, fils d'un paysan du Wermland, racontait ainsi à un camarade, comment le roi avait traité les
hommes du poste qui montaient la garde à sa tente.
« D'abord, il nous a donné cinq petits verres, en dehors
du règlement; ensuite après m'avoir demandé de quelle
province j'étais, il a tiré de sa poche une bonne chique
et me l'a fourrée dans la bouche en me disant : Tiens,
voilà pour toi ! »

La chasse était un des plaisirs favoris de Charles XV.
Pendant une grande battue qu'il dirigeait dans l'île
d'Œland, il descendit chez le pasteur d'un village où il
resta quelques jours. En causant avec le pasteur il apprit
qu'une jeune fille pauvre mais très-méritante, était fiancée
à son fils.

La chasse étant terminée, le roi retourna à Stockholm,
par Calmar. Une foule immense l'attendait sur le port
pour le saluer au moment où il débarquerait. Au milieu
de la foule il reconnut le fils du pasteur dont il avait vu
la photographie chez son père. Le jeune homme était employé comme teneur de livres dans une fabrique de la
ville.

Il s'approcha de lui, et lui frappant sur l'épaule :

« Je t'apporte, lui dit-il, des compliments de la part de
ta fiancée. »

Le jeune homme demeura tout interdit; mais, sans lui laisser le temps de se remettre :

« Quand songes-tu à te marier? ajouta le roi.

— Je ne sais pas, répondit franchement le jeune homme.

— Eh bien, reprit le roi, si tu n'es pas marié d'ici à deux ans, viens me trouver, j'aviserai; tu me connais, je pense. »

Le roi le quitta; mais, dès l'année suivante, le propriétaire de la fabrique qui était un des membres les plus considérables de la Diète, reçut une lettre de Charles XV, dans laquelle il l'invitait à lui envoyer le fils du pasteur, dans un délai de six semaines; il lui avait procuré un emploi lucratif dans les environs de Stockholm.

Ainsi, tous les obstacles étant levés, le mariage eut lieu. Charles XV ne cessa pas pour cela de s'occuper de son protégé; il l'aida même plus tard à affermer une métairie et lui donna l'argent nécessaire pour acheter son matériel d'exploitation.

Tel était Charles XV : nul n'avait recours à lui, sans en recevoir des marques de munificence. Quand l'infortune était telle qu'il lui était impossible d'y remédier, il cherchait du moins à l'adoucir par de bonnes paroles. Il faut dire aussi que Charles XV n'était point à la merci de ces camarillas avides et jalouses, qui pour mieux exploiter à leur profit la générosité du maître, écartent systématiquement de lui les requêtes les plus justes et les plus intéressantes. On savait au contraire, dans son entourage, que le meilleur moyen de capter sa faveur était de lui fournir des occasions de faire le bien.

XV

Les façons simples et aisées de Charles XV accusaient en lui un caractère jovial et gai, en même temps qu'une certaine originalité. Aussi se plaisait-il beaucoup avec les originaux. Un soir, c'était en 1851, il n'était encore que prince royal, un soir qu'après une longue conférence dans son cabinet, je me disposais à me retirer : « Rien ne vous presse, me dit-il, restez encore ; j'attends un original d'Allemand qu'on m'a dit être drôle. Je veux vous le présenter. »

L'Allemand arriva, en effet. C'était un homme d'une cinquantaine d'années, grand et beau ; sa mise était des plus étranges : cheveux blonds flottants, barbe rousse flottante, feutre gris à larges bords, gilet rouge, pantalon jaune, souliers ferrés et ronds par le bout, paletot-sac noir boutonné de haut en bas, épaules couvertes d'une large pèlerine blanche attachée sous le menton avec une épingle d'or, lunettes sur le nez, long bâton à la main.

On l'annonça sous le nom d'Ernst Manher.

Le prince le reçut gracieusement et d'un air très-sérieux : j'avais moi, une forte envie de rire.

» Eh bien ! monsieur, lui dit-il, vous êtes depuis longtemps à Stockholm ?

» — Depuis huit jours seulement ; et comme je suis pressé d'achever mon voyage, j'ai sollicité une audience de Votre Altesse afin d'obtenir d'elle, en sa qualité de chancelier des universités du royaume, l'autorisation d'aller prêcher ma doctrine à l'université d'Upsal.

— Quelle est votre doctrine ?

— Je suis l'apôtre de la *palingénésie de l'instinct ori-*

ginel, doctrine sublime, mais peu faite pour le peuple ; le peuple n'est pas mûr pour elle. C'est pourquoi je recherche de préférence le public des académies. »

En même temps, l'apôtre déroula sous nos yeux un papier couvert de lettres allemandes et colorié comme un parchemin du moyen âge.

« — Quel est-ce papier ? lui demanda le prince.

— C'est mon Evangile. Votre Altesse me permettrait-elle de lui en donner lecture ?

— Volontiers. »

Alors l'apôtre, d'un ton grave et solennel :

— La *palingénésie de l'instinct originel,* exige :

» 1° La plus sévère abstinence de toute boisson alcoolisée et l'appréciation vraie de l'élément vineux qui s'y trouve. Le vin réjouit le cœur de l'homme ; mais le breuvage empoisonné de l'enfer, l'alcool, ruine le corps et l'âme. Pour celui qui a le véritable instinct originel, le *petit verre d'eau-de-vie est le calice des plus amères souffrances.* Notre espèce a dû bien dégénérer pour appeler cette eau fatale un breuvage attrayant. »

Le prince royal me lança un sourire ; quelques minutes auparavant il m'avait offert un verre de punch, de ce punch froid particulier à la Suède et que les Suédois absorbent en grande quantité et à tout propos.

L'apôtre continua :

« — 2° La plus sévère abstinence d'eau chaude ou bouillante dans quelque mélange que ce soit. Une pareille eau n'est plus une boisson ; sa qualité la plus essentielle, celle d'étancher la soif par sa suave fraîcheur, n'existe plus.

» Pour celui qui a le véritable instinct originel, la tasse à café et à thé est encore un calice d'amertume. Sois donc sage, ô toi, siècle de science et de civilisation, et élève ta nature au-dessus de ces jouissances qui ne font qu'accroître les douleurs; De même qu'aux temps anciens où l'instinct était sain, tu restaureras ton corps et ton âme de vin doux, de lait frais, cet excellent breuvage des patriarches, de moût et de toutes sortes de jus de fruits, — tu pourras aussi te restaurer avec de l'hydromel, de la bière simple, de la limonade et, avant tout, comme boisson de tous les jours, avec l'eau argentée de la fontaine.

» Jette loin de toi avec une sainte horreur la plante à vapeur et à éternûment (le tabac) ; elle noircit les dents, rend la salive impure, dessèche le corps, détend les nerfs, aigrit le sang, salit le nez, corrompt l'haleine, fait monter les brouillards au cerveau. *O sainte nature ! pardonnez-leur, car ils ne savent pas ce qu'ils font !* »

Pour le coup, le prince faillit éclater ; l'apôtre parlait en face d'une panoplie de pipes et d'un petit meuble bourré de cigares de toute provenance. Charles XV, on le sait, était grand fumeur.

L'apôtre allait toujours :

« — Il faut vêtir le corps suivant l'instinct originel, lutter héroïquement contre la domination mensongère de la mode ; proscrire les coiffures lourdes et écrasantes, les vêtements collants, surtout la laine sur la peau nue ; éviter la gêne aux pieds, au cou, à la poitrine ; ne point emmaillotter les nourrissons, abolir les lits de plume. — Vous ne couperez pas vos cheveux autour de la tête, dit Moïse, ni ne raserez votre barbe. — Lutte par ton exemple contre ce mauvais usage d'estropier la barbe, qui règne dans notre Europe dégénérée, et cherche à mettre aussi sous ce rapport qui n'est nullement indifférent, la saine raison sur le trône du monde.

» Ressuscite en toi *l'instinct du soleil* qui gît profondément dans tout être vivant, même dans les plantes.

» Que la loi du bain journalier dans l'eau courante soit observée par tous les âges, par tous les sexes, suivant l'usage de nos premiers pères. »

Ici, l'apôtre s'arrêta un instant comme pour se recueillir, puis il reprit d'une voix plus grave encore et d'un ton plus pénétré :

« — En vérité, je vous le dis, avec la réapparition dans le monde de l'hygiène originelle, une nouvelle ère commencera pour la société et pour l'humanité. »

C'était fini ; nous respirâmes.

« Eh bien ! dit le prince à l'Allemand, votre palingénésie a du bon, et je ne vois aucune difficulté à ce que vous la fassiez connaître à nos professeurs et à nos étudiants d'Upsal ; vous pourrez même, si cela vous convient, la prêcher aussi à l'université de Lund. »

L'Allemand remercia, salua et partit. Je n'ai pas besoin de dire l'accès de gaieté qui s'empara du prince royal quand cette curieuse audience fut terminée.

J'ai cru intéressant de rapporter dans ses principaux articles cet évangile de la *palingénésie de l'instinct originel.* Nous avons expérimenté, à nos dépens, les mœurs sobres, pures, désintéressées des Allemands ; nous pouvons apprécier par conséquent jusqu'à quel point Ernst Manher a été prophète dans son pays.

XVI

Malgré ses instincts militaires, Charles XV n'en fut pas moins un roi pacifique. Aucune guerre dans laquelle la Suède se trouvât directement engagée, ne troubla son règne. Je dois dire cependant que, s'il demeura ainsi, l'épée au fourreau, ce ne fut qu'à contre-cœur. Dans la guerre dano-allemande notamment, il brûlait d'intervenir, et s'il s'abstint, la responsabilité en retombe sur l'Europe.

On sait l'antagonisme, qui pendant si longtemps, subsista entre la Suède et le Danemark. Héritage funeste des anciennes guerres. Cet antagonisme, peu à peu s'amortit ; les deux pays comprirent enfin qu'ils avaient tout intérêt à s'unir, et le *scandinavisme* prit naissance. Ses parrains furent Tegner en Suède et OEhlenslœger en Danemark. On était en 1845.

Dès cette époque le scandinavisme alla progressant; des hommes d'État illustres, des publicistes en renom s'en firent les champions résolus ; et s'il empruntait surtout son éclat extérieur à des manifestations purement universitaires, on y sentait néanmoins un souffle politique plein de promesses.

Oscar Ier pressentant le parti qu'il pouvait tirer, pour l'avenir des États du Nord, de l'idée scandinave, la favorisa. Le prince Oscar son fils, le roi actuel, s'en montrait aussi le partisan enthousiaste. Quant à Charles XV, il songea à lui donner une direction pratique, et, dans le but de rallier à son projet l'empereur Napoléon III, qui lui inspirait, comme je l'ai dit précédemment, une confiance aveugle, il se rendit à Paris. C'était en 1861. Charles XV fut reçu aux Tuileries avec une cordialité des plus expansives. Mais déjà l'on s'y préparait à exécuter « la plus grande pensée du règne ; » toute entreprise disparaissait devant celle-là. Napoléon III ne prêta donc à Charles XV qu'une attention distraite ; en tout cas, il se refusa à lui donner une réponse nette et l'engagea à aller à Londres, prendre l'avis de lord Palmerston. Lord Palmerston, ancré plus que jamais dans sa politique d'effacement et d'égoïsme, n'accueillit qu'avec froideur les ouvertures du royal visiteur ; en sorte que Charles XV dut reprendre la route de Stockholm sans emporter avec lui, de France ou d'Angleterre, un seul conseil utile, un seul encouragement.

Charles XV n'abandonna point son projet pour cela ; il y était, d'ailleurs, confirmé de plus en plus par les relations qu'il ne cessait d'entretenir avec Frédérik VII. De fréquents pourparlers rapprochaient les deux monarques ; bientôt ils en vinrent à des négociations proprement dites ; un traité d'alliance sinon offensive et défensive entre les États scandinaves, fut mis par eux sur le tapis ; et il est certain que ce traité eût été signé si la mort soudaine de Frédérik VII, en novembre 1863, n'y eût brusquement coupé court.

Au sujet de ce traité, la confiance de Frédérik VII était entière. En 1862, un jour qu'après dîner, à son château de Skodsborg, il causait familièrement avec moi : « Voyez-vous, monsieur, me dit-il en passant sa main sur sa longue impériale, comme ma barbe blanchit depuis quatorze ans que je suis tourmenté par l'Allemagne. Je serai encore attaqué, je le prévois ; je me défendrai, et je ne serai pas seul; mon ami Charles XV marchera avec moi, j'en ai la certitude ; mais l'empereur, que fera-t-il ?

— Sire, répondis-je, je n'ai point qualité pour savoir ce qu'en pareil cas, l'empereur ferait pour Votre Majesté, mais s'il voulait faire quelque chose, il me semble que la tâche serait facile ; il n'aurait qu'à envoyer quatre hommes et un caporal sur les bords du Rhin.

— Vous avez raison, me répliqua le roi, qui, comprit ma pensée; après avoir vengé Moscou à Sébastopol, l'empereur doit venger Waterloo ; or, Waterloo ne s'incarne pas seulement dans Wellington, il s'incarne encore et surtout dans Blücher. »

Hélas! quand l'année suivante la guerre fut déclarée au Danemark, l'empereur n'envoya ni quatre hommes ni un caporal sur les bords du Rhin ; il ne tenta point de venger Waterloo. Des soucis autrement graves que celui d'arrêter le débordement de l'Allemagne l'absorbaient; il était au Mexique, exécutant la plus « grande pensée du règne (1). »

Au milieu des événements tragiques qui se déroulaient, Charles XV n'oublia point les promesses qu'il avait faites à Frédérik VII ; il voulut les remplir à l'égard de son successeur. C'est pourquoi, en avril 1864, il écrivit de sa propre main à Christian IX pour lui offrir de reprendre les anciennes négociations. Malheureusement Charles XV n'était qu'un roi constitutionnel ; ses offres n'eurent aucune suite ; il dut incliner sa volonté devant celle de son cabinet, dirigé alors par le comte de Manderstrœm, lequel, à son tour, subissait l'influence de la conférence de Londres.

On a célébré la haute prudence du comte de Manderstrœm. Je vois plutôt dans sa conduite une inconsistance flagrante. Le chancelier suédois n'avait-il pas écrit dans une note datée du 19 juillet 1863 : « Nos intérêts les plus chers ne pourraient guère nous permettre de voir d'un œil tranquille écraser nos voisins sous des prétextes qui, plus tard, pourraient mettre en danger notre indépendance ». Il est vrai que, suivant M. de Manderstrœm, les engagements projetés par la Suède envers le Danemark ne

(1) M. J. Hansen a publié en 1875, sous ce titre : *A travers la diplomatie*, un ouvrage plein de révélations saisissantes et d'observations des plus judicieuses. J'en détacherai ce passage, relatif à l'opportunité et à l'avantage qu'il y aurait eu pour la France en 1867 à soutenir le Danemark en déclarant la guerre à l'Allemagne.

« Depuis la malheureuse guerre de 1870, dit M. Hansen, j'ai eu l'occasion de discuter plusieurs fois avec des hommes politiques français sur la question de savoir s'il n'eût pas mieux valu pour l'empire et pour la France faire la guerre à l'Allemagne à l'occasion du conflit danois. Mes interlocuteurs ont été partagés d'opinion à ce sujet ; cependant le plus grand nombre était d'avis qu'il eût été préférable de faire la guerre à ce moment-là.

« La France eût eu alors contre elle il est vrai, toute l'Allemagne et l'Autriche alliées ; mais outre qu'elles avaient alors près de 90,000 hommes de leurs meilleures troupes engagées en Danemark, il faut se rappeler qu'à cette époque, l'armée prussienne était loin d'avoir acquis le développement qu'elle a eu en 1870, et que les armées de l'Allemagne du Sud n'étaient pour ainsi dire pas organisées. L'Autriche avait alors à peu près la même armée qu'en 1866, mais la France et l'Angleterre auraient eu évidemment l'Italie pour alliée. »

s'appliquant qu'à l'exécution fédérale dans le Holstein, ces engagements devaient cesser d'être obligatoires du moment qu'il s'agissait du démembrement complet de la monarchie danoise ; ce qui revient à dire que plus le péril était grand, moins il était opportun d'y pourvoir. Singulière logique ! D'autres, au contraire, prétendent que si la Suède eût marché quand même, les puissances ne l'auraient pas laissée seule. Ces derniers ont raison, peut-être ; mais ce sont là des hypothèses après coup ; il me paraît superflu d'y insister.

XVII

Changeons un instant d'horizon et arrêtons-nous devant des aspects moins sombres.

J'ai dit, dans un précédent article, que Charles XV traitait l'étiquette avec une désinvolture rare. De là son goût pour l'incognito. Rien surtout ne le charmait comme d'être pris pour un autre.

Ulriksdal, château situé aux environs de Stockholm, était sa résidence de prédilection ; il y passait presque tout l'été, il y venait fréquemment l'hiver. C'est là qu'il avait réuni ses précieuses collections. Ulriksdal était un vrai musée.

Un jour que seul, en simple costume de campagne et le cigare à la bouche, il se promenait dans le beau parc qui l'environne, il fut rencontré par une famille étrangère qui s'y promenait aussi, le parc, d'après sa volonté, étant ouvert à tout le monde. Les étrangers ne reconnaissant pas le roi l'abordèrent et lui demandèrent s'il était permis de visiter le château.

« Certainement, répondit-il, donnez-vous seulement la peine de me suivre. » Et il les conduisit de salle en salle,

leur montrant, leur expliquant tout, mieux sans doute que
ne l'eût fait le plus habile des cicérone. Ces étrangers
étaient intelligents, ils plurent au roi, qui leur plut à son
tour. Au moment de le quitter, ils le prièrent de leur dire
comment ils pourraient reconnaître son obligeance. —
« J'aime beaucoup les photographies, leur dit-il, veuillez
donc me donner vos portraits, je vous donnerai le mien
en échange. » Ils acceptèrent avec empressement. Le soir,
en rentrant à leur hôtel, ils y trouvèrent une boîte à leur
adresse renfermant un grand portrait photographique au
bas duquel ils lurent avec un étonnement que l'on conçoit
ces mots écrits de la main du roi : « De la part de
Charles XV, roi de Suède. »

L'incognito recherché par Charles XV donnait lieu parfois à des quiproquos fort divertissants. Comme il voyageait avec sa suite à travers les provinces du Vermland se
rendant à Christiania, fatigué de rester dans l'intérieur de
la voiture, il en sortit brusquement et s'élança sur le siége
du cocher. Il prit les rênes et se mit à conduire. La voiture allait à fond de train, elle laissa bientôt les autres à
une grande distance.

Arrivé à un relais où se trouvait une foule de paysans
curieux de voir le roi, il dételá lui-même les chevaux
essoufflés, et aida à atteler les chevaux frais. Les paysans
s'approchèrent. « Le roi arrivera-t-il bientôt? » lui de-
mandèrent-ils. « Oui, sans doute, vous le verrez dans la
première voiture, criez-lui un bon hurrah, car il aime cela. »

Puis il remonta sur le siége et partit au galop. Au bout
d'un instant la voiture de l'intendant de la cour atteignit
le relais. Les paysans, fidèles à la consigne, crièrent de
toutes leurs forces, et leurs bruyants hurrah retentirent
dans la montagne et dans la vallée. L'intendant ne
s'expliquait pas ce que cela voulait dire, mais le roi en rit
beaucoup.

Une autre fois, au moment où il se disposait à se mettre en route pour une petite ville où il devait déjeuner, les autorités du lieu écrivirent à son intendant pour s'informer des mets qu'il préférait. L'intendant montra la lettre au roi qui crayonna aussitôt cette réponse : « Du hareng et des pommes de terre. CHARLES. »

En même temps qu'il se montrait lui-même si peu fier, Charles XV détestait la fierté chez les autres. Une dame de naissance bourgeoise, qui avait épousé un haut personnage, ayant été invitée à dîner à la cour, la grande maîtresse, matrone fort orgueilleuse, en fut quelque peu choquée et le témoigna au roi en termes discrets mais peu obligeants.

« Ma chère comtesse, lui répondit laconiquement le petit-fils de Bernadotte, rappelez-vous ma grand'mère, dont le père était un simple petit marchand. »

XVIII

Ces anecdotes nous peignent au vif le caractère de Charles XV. On comprend après cela l'immense popularité dont il jouissait dans son royaume, et l'attachement sincère qu'il inspirait à ceux qui l'approchaient. Chez lui le cœur débordait, et c'est du cœur que partaient cette expansion, ces élans qui rendaient son commerce si agréable et si sympathique.

J'ai dit qu'il adorait sa fille ; aussi son chagrin fut-il profond quand, après le mariage de la jeune princesse avec le prince royal de Danemark, en 1869, il dut s'en séparer. Puis, le 30 mars 1871, la reine mourut ; il ressentit non moins vivement cette perte cruelle.

A partir de ce moment, la santé de Charles XV, déjà fortement ébranlée, ne fit plus que décliner. Il était atteint

13

d'une inflammation chronique des intestins. L'hiver de 1871 ne lui laissa presque aucun repos. Vers le milieu de l'été de 1872, un mieux sensible s'étant produit, ses médecins lui conseillèrent une cure à Aix-la-Chapelle, espérant que les sources d'eau chaude achèveraient sa guérison. Charles XV suivit leur conseil et quitta Stockholm le 24 juillet.

La cure d'Aix-la-Chapelle fut impuissante. Au bout de sept semaines, plus faible, plus épuisé que jamais, Charles XV reprit le chemin de la Suède, où il arriva le 16 septembre. Mais il ne lui fut pas donné de revoir Stockholm ; il dut s'arrêter à Malmœ, ville méridionale du royaume.

Au moment où il mit le pied sur le rivage, le peuple rassemblé pour fêter son retour, poussa de joyeux vivats ; mais tout à coup, remarquant la démarche chancelante du roi, sa pâleur, ses traits ravagés par la maladie, il fut comme frappé de stupeur ; chacun se découvrit et le cortége s'achemina lentement vers l'hôtel du Gouverneur, au milieu de la foule silencieuse et recueillie. Charles XV fut profondément touché de cet accueil. « J'ai vu aujourd'hui, dit-il à un personnage de sa suite, qu'ils m'aiment véritablement et je suis sûr qu'ils me regretteront quand je ne serai plus. »

Arrivé à l'hôtel du Gouverneur, il dut se mettre au lit. La princesse, sa fille, que l'on avait appelée de Copenhague, vint accompagnée de son mari, s'asseoir à son chevet. Il s'entretint longtemps avec eux. De temps en temps il s'interrompait. « Ah ! si j'avais des ailes, murmurait-il, je voudrais m'envoler jusqu'à mon Ulriksdal pour y mourir ! » La faiblesse augmentait de plus en plus ; dès le surlendemain 18, la catastrophe finale parut imminente.

Charles XV conservait néanmoins toute sa lucidité d'esprit ; ses derniers moments présentent une grandeur digne de l'antique.

Il suivait avec calme les progrès du mal.

— Crois-tu, demanda-t-il au docteur Lundberg, son premier médecin, que j'aie encore la nuit devant moi?

Le docteur hésitait à répondre; le roi insista.

— Puisque Votre Majesté l'exige, fit alors M. Lundberg, je ne pense pas que Votre Majesté puisse vivre jusqu'à demain.

— Souffrirai-je beaucoup ?

— Votre Majesté doit s'y attendre; cependant il est possible que les douleurs lui soient épargnées, car le travail de la mort est déjà fort avancé.

Sans manifester aucun trouble, le roi exprima le désir de faire ses adieux à son entourage. Ce fut une scène déchirante; tout le monde fondait en larmes; quelques instants après, le pasteur Olin récita les prières de l'agonie; l'auguste malade les suivit avec une attention marquée.

Puis s'adressant à son médecin :

— Vois-tu comme mes mains blanchissent!

— Que Votre Majesté ne s'agite pas; les douleurs pourraient revenir.

Le roi redevint tranquille, mais sans quitter ses mains du regard. Au bout d'un instant, il étendit le bras :

— Lundberg, combien de pulsations?

— Quarante, Sire.

— Autant que cela!

Mais déjà sa voix n'était plus qu'un souffle.

Un autre médecin, le docteur Edholm, lui appliqua un mouchoir trempé d'eau de Cologne sur la tête. Le roi porta la main vers sa nuque : « Je ne sens pas encore de froid ici » dit-il, et il rejeta le mouchoir.

Ce fut là le dernier signe de vie; à neuf heures cinq minutes, Charles XV parut s'endormir; il était mort.

J'ai tenu à raconter ces traits qui couronnent si solennellement une belle et noble vie. La funèbre nouvelle répandit la désolation dans tout le royaume. La Suède a pu compter des rois plus illustres, plus grands que Charles XV, elle n'en a pas eu qui l'aient plus aimée, ni qui fussent plus dignes d'en être aimés.

XIX

Les funérailles de Charles XV furent célébrées à Stockholm avec le cérémonial traditionnel. J'étais alors en France et ne puis par conséquent les décrire *de visu*. Pour en donner une idée complète j'y suppléerai en racontant celles du roi Oscar Ier, son père, auxquelles j'ai assisté en 1859.

Les funérailles du roi Oscar eurent lieu le lundi 8 août, c'est-à-dire un mois après sa mort. Le samedi précédent le héraut du royaume, accompagné de quatre hérauts de la chancellerie royale et des timballiers de la cour, parcourut les divers quartiers de Stockholm, et, s'arrêtant sur les principales places, annonça au peuple le jour fixé pour la cérémonie et l'invita à y assister. En même temps, des invitations furent envoyées à tous les personnages qui devaient faire partie du cortége : aux membres de la famille royale, par le grand chambellan; aux seigneurs du royaume et à leurs femmes par le grand maître des cérémonies; aux corps constitués, aux fonctionnaires des départements ministériels et aux académies, par le chambellan de service; aux officiers des régiments casernés dans la capitale et aux chefs de bataillon de l'infanterie urbaine par le commandant de la place. Un maître des cérémonies adjoint informa, en outre, le corps diplomatique que des places lui étaient réservées dans l'église des sépultures royales, pour le moment de l'acte funèbre.

Le jour des obsèques, la ville de Stockholm se mit en mouvement dès le matin. Les masses populaires accourues de toutes les parties du royaume remplissaient les rues et les places voisines du château qui conduisaient à l'église de *Riddarholm*, le Saint-Denis de la Suède. Partout dans ce quartier de la ville, le long des maisons particulières et des édifices publics, s'élevaient des estrades et des tribunes tendues de draperies noires. Chaque fenêtre était garnie de spectateurs; ils fourmillaient également aux lucarnes des mansardes et des clochers, sur le bord des toits, et jusque dans les mâts des bâtiments qui couvraient le lac Mœlar. Toute cette foule en habits de deuil (1).

Vers neuf heures et demie, les troupes vinrent former la haie sur le parcours du cortége, dans l'ordre suivant : au bas du grand escalier de l'aile occidentale du château, une compagnie de grenadiers de la garde suédoise et les chasseurs norvégiens; en dehors du château jusqu'à l'église de Saint-Nicolas, les gardes du corps et un bataillon des grenadiers d'Ostrogothie, puis dans la direction du pont de *Riddarholm*, les gardes du corps à cheval et sur le pont une compagnie de sapeurs; ensuite, à gauche les canons et à droite les canonniers de l'artillerie suédoise; enfin devant l'église de *Riddarholm*, formant la haie, un second bataillon des grenadiers d'Ostrogothie, une seconde compagnie des grenadiers de la garde, et le corps des mousquetaires qui avait escorté les insignes royaux envoyés de Norvége pour figurer aux obsèques du monarque.

(1) Il est d'usage en Suède, lorsque le roi meurt, que toute la population prenne le deuil. Les femmes sont vêtues de noir et portent un bonnet blanc, une pèlerine blanche et un tablier blanc. Elles ressemblent aux postulantes de certaines de nos corporations religieuses. Les hommes portent un habit noir dont le col et les parements sont recouverts de crêpe blanc ; ils portent en outre, attaché à leur cravate blanche un long rabat blanc plissé comme celui de nos juges en costume de palais.

Cependant tous les personnages destinés à conduire la
pompe funèbre étaient réunis dans l'intérieur du château.
Bientôt le roi, précédé du grand maréchal du royaume et
des trois ministres d'État, quitta ses appartements et se
rendit dans la chapelle ardente; toute la cour l'y suivit.
Il était onze heures et demie. Alors, au bruit des cloches
sonnant le glas funèbre dans toutes les églises, et des
détonations d'artillerie, le cortége se mit en marche.

XX

Voici comment il était composé, et dans quel ordre il
marchait.

Les cadets de l'Académie royale militaire;

Une compagnie de la garde royale;

Les élèves de la maison des francs-maçons (1) et leurs
maîtres en costume;

Les drabants (2);

---

(1) Les francs-maçons forment en Suède une corporation officielle et
reconnue. Ils entretiennent à leurs frais une maison ou école où sont
élevés les enfants des membres de l'ordre; leur costume consiste en un
habit noir avec collet et parements rouges.

(2) Les drabants (du vieux mot norrène *dreing*, brave) formaient autrefois la garde particulière des rois de Suède. Sous Charles XII c'était une
troupe d'élite composée seulement de 150 hommes, tous officiers; le roi
en était le capitaine, et il avait sous ses ordres un capitaine lieutenant
qui avait rang de général-major, un lieutenant et un adjudant avec
rang de colonel, un quartier maître et six caporaux avec rang de
lieutenants colonels, et six sous-caporaux, avec rang de majors. Les
drabants ne quittaient jamais le roi, à la guerre; ils s'engageaient à
garder le célibat pendant toute la durée de leur service; ils étaient
de haute taille et d'une forte stature. Aujourd'hui les drabants n'existent
plus; mais dans les grandes solennités de la cour, les officiers du régiment des gardes formé des recrues prises dans la ville et le gouvernement de Stockholm, revêtent leur uniforme traditionnel, consistant en un
habit bleu, des culottes de peau jaune coulant dans des bottes fortes,
une cuirasse et un casque en acier poli, et figurent en corps aux cérémonies.

Les valets d'écurie et les valets de pied du roi, trois à trois, précédés des courriers de la cour, tenant à la main de courts bâtons noirs ;

Les domestiques de l'économat trois à trois, conduits par l'économe en chef de la cour, tenant à la main de courts bâtons noirs.

Les valets de chambre et les pages du roi et de la reine ;

Le cheval de parade du roi défunt harnaché de deuil et conduit par deux écuyers ;

Deux hérauts de la chancellerie royale ;

Le premier maréchal de la cour, en long manteau de deuil, portant le bâton de maréchal ;

Les employés de la chancellerie norvégienne et de la chancellerie suédoise, deux à deux, d'après l'ordre d'ancienneté ;

Les sous-écuyers et les gentilshommes de la chambre ;

Les officiers du corps d'artillerie et de la garde ;

Les officiers de la marine et de l'armée norvégiennes détachés à Stockholm ;

L'état-major de la flotte royale ;

Plusieurs généraux de différentes armes ;

La maison militaire du feu prince François-Gustave-Oscar ;

La maison militaire du feu roi Charles XIV ;

La maison militaire du roi défunt ;

La maison militaire du roi régnant ;

Les médecins de la cour, les intendants des résidences royales, les veneurs, les chambellans, les écuyers, le directeur en chef de la chapelle et des théâtres royaux ;

Les gentilshommes de la chambre de la reine Louise, de la reine Désirée et de la reine Joséphine ;

Les surintendants, le premier intendant de la cour, le premier veneur, les chambellans, le gouverneur du château, les maréchaux et les écuyers de la cour ;

Le premier gentilhomme de la chambre du roi, et le premier écuyer de la cour ;

Quatre hérauts de la chancellerie royale ;

Les commandeurs de l'ordre norvégien de Saint-Olaf, deux à deux ;

Deux hérauts de la chancellerie royale ;

Les chevaliers de l'ordre de Charles XIII, deux à deux ;

Les hérauts de l'ordre de Wasa ;

Les commandeurs de l'ordre de Wasa, deux à deux ;

Les hérauts de l'ordre de l'Étoile polaire ;

Les commandeurs de l'ordre de l'Étoile polaire, deux à deux ;

Les hérauts de l'ordre de l'Épée ;

Les commandeurs de l'ordre de l'Épée, deux à deux, les hérauts et les membres du chapitre de l'ordre des Séraphins ;

La bannière de l'ordre des Séraphins portée par un dignitaire de l'ordre escorté par deux capitaines et un commandant ;

Les chevaliers de l'ordre des Séraphins, deux à deux, d'après le rang d'ancienneté ;

Quatre hérauts de la chancellerie royale ;

Les hérauts du royaume suédois et norvégiens ;

Le grand maréchal du royaume, portant le bâton de maréchal du royaume, en long manteau de deuil ;

Les insignes des ordres étrangers ayant appartenu au roi défunt, portés sur des cousins de velours noir, par les commandeurs et les chevaliers de l'ordre de Charles XIII, escortés, chacun, d'un chambellan ;

Les insignes de l'ordre norvégien de Saint-Olaf fondé par le roi défunt, porté avec le même cérémonial par le trésorier de l'ordre ;

Les insignes royaux norvégiens, avec le globe, l'épée,

le sceptre, et la couronne portés sur des coussins de velours
noir, par de hauts dignitaires norvégiens, tous commandeurs de l'ordre de Saint-Olaf, avec une escorte de chambellans ;

Les insignes royaux suédois, les mêmes que les précédents, plus la clef, portés de la même manière par de
hauts dignitaires suédois ;

Enfin le cercueil revêtu de velours rouge avec une couronne sur le couvercle, porté par des généraux et des
amiraux des deux royaumes-unis (1).

Autour du cercueil, marche la grande garde du roi
savoir :

A droite, le grand écuyer de la cour, le commandant
de la place de Stockholm, le commandant en second du
premier régiment des gardes du roi, le commandant en
second du deuxième régiment des mêmes gardes, le commandant en second des hussards et le commandant du
premier régiment des grenadiers de la garde;

A gauche, un des premiers veneurs, le commandant
de l'escadre royale stationnée à Stockholm, le commandant
en second des gardes du corps à cheval, le commandant
en second des dragons de la garde, le commandant en
second du premier régiment des grenadiers de la garde,
le commandant du deuxième régiment des grenadiers de
la garde;

Derrière le cercueil, un premier chambellan suédois et
un premier chambellan norvégien, à droite et à gauche,
deux premiers gentilshommes de la chambre, un chambellan du cabinet suédois, et un chambellan du cabinet nor-

____

(1) Le cercueil était en réalité porté à bras, par seize ouvriers ou hommes
de peine chargés spécialement de décharger sur les ports les cargaisons
de fer. L'immense draperie qui recouvrait le cercueil en tombant jusqu'à
terre les cachait aux yeux du public ; les amiraux et les généraux tenaient seulement les coins de poêle.

végien, un aide de camp suédois et un aide de camp norvégien de la maison du roi défunt.

Le cercueil est abrité sous un dais porté par huit prési-
dents de cour et autres grands fonctionnaires accompagnés de huit colonels.

La bannière de Suède, portée par le grand gouverneur
de Stockholm escorté de deux colonels, et entourée des
gouverneurs de province et des chefs de régiments présents
à Stockholm, qui n'étaient chargés d'aucune fonction
particulière ;

La bannière de Norvége, portée par un général-major
norvégien commandant de l'ordre de Saint-Olaf escorté
d'officiers norvégiens, entourée de fonctionnaires et de chefs
de corps norvégiens, venus à Stockholm pour assister à la
cérémonie ;

Deux hérauts de la chancellerie royale ;

Le sceptre recouvert de longs crêpes, porté par un ancien ministre de la justice ;

Le roi ;

Les chambellans du roi, les aides de camp, les officiers
d'ordonnance, et un nombreux état-major ;

Le roi marche sous un dais porté par quatre hauts
fonctionnaires commandeurs d'ordres aidés de quatre
colonels ;

Le duc d'Ostrogothie avec sa cour ;

Le duc de Dalécarlie avec sa cour ; les seigneurs du
royaume qui n'ont aucune fonction particulière à remplir
dans la cérémonie, deux à deux, d'après le rang d'ancienneté ;

Le conseil d'Etat norvégien ;

Deux hérauts de la chancellerie royale ;

Les maréchaux de la cour de la reine Désirée, de la

reine Joséphine et de la reine Louise (1), en long manteau de deuil, portant le long bâton de maréchal, et conduisant leur cour ;

Le grand maréchal de la cour de la reine Louise et les chevaliers de l'ordre des Séraphins ;

La reine Louise, conduite par le baron Stjerneld et le baron Ihre, tous deux anciens ministres des affaires étrangères, et accompagnée de la grande maîtresse de sa maison et de ses chambellans de service ; la queue du manteau de la reine est portée par ses demoiselles d'honneur, et le dais sous lequel elle marche, par quatre hauts fonctionnaires commandants d'ordres, aidés de quatre lieutenants-colonels ;

La princesse Eugénie (2), conduite par le baron Lagerheim, ancien ministre des affaires étrangères, et suivie de la maîtresse de sa cour, d'un chambellan de service, et d'une demoiselle d'honneur portant la queue de son manteau ;

Les femmes des seigneurs du royaume, suivant leur rang, conduite chacune par un cavalier.

Les femmes des ministres d'Etat, une à une ;

Les femmes des chevaliers de l'ordre des Séraphins et des conseillers d'Etat, une à une ;

Les demoiselles d'honneur, deux à deux ;

Les dames de la cour, deux à deux, sans distinction de rang ;

Deux hérauts de la chancellerie royale ;

La cour suprême du royaume avec son chancelier et la chancellerie judiciaire des Etats ; les membres présents

---

(1) La reine Désirée, précédemment la reine-mère, veuve de Bernadotte ; la reine Joséphine veuve du roi Oscar Ier ; la reine Louise femme du roi Charles XV.

(2) Fille du roi défunt, sœur du roi actuel.

à Stockholm de la haute cour de Norvége; la cour royale;
le conseil de guerre ; le collége militaire chargé de l'administration de la marine; le collége des finances; le comp-
toir d'Etat ; le collége du commerce ; la cour des comptes ;
l'Académie suédoise; les plénipotentiaires des Etats et
les commissaires près de la Banque et du Trésor du royaume ; le collége de salubrité ; les fonctionnaires du gouvernement de la ville ; la surintendance ; la direction des
postes; l'administration générale des lignes télégraphiques ;
la chancellerie du cadastre ; la direction des prisons et
des travaux forcés ; l'administration des ponts et chaussées ;
la commission de statistique du gouvernement de Stockholm ;
les consistoires ; la municipalité ; les académies des sciences,
des lettres, d'histoire et d'antiquités, d'agriculture, des
beaux-arts, de musique, des sciences militaires ; la société
pour la publication des manuscrits concernant l'histoire
scandinave ; tous ces personnages marchant deux à
deux ;

Les officiers des armées de terre et de mer, suédois et
norvégiens présents dans la capitale, ainsi que les chefs de
bataillon de la garde urbaine ;

Enfin une compagnie d'infanterie de la garde, et un es-
cadron de la garde à cheval.

La reine Désirée et la reine Joséphine n'assistaient point
au convoi ; elles restèrent l'une et l'autre dans l'intérieur
de leurs appartements. La duchesse d'Ostrogothie dut
aussi s'abstenir vu son état avancé de grossesse.

Le roi et les princes étaient en uniforme de général ; la
reine, la princesse Eugénie et toutes les autres dames faisant partie du cortége portaient le grand deuil de cour.

XXI

Au moment où le cortége franchit les portes du château, une marche funèbre composée pour la circonstance fut exécutée par la musique de la garde, et répétée ensuite au fur et à mesure que le cortége avançait, par les musiques des divers régiments échelonnés sur son passage. Dès qu'apparaissait le cercueil royal, les troupes lui présentaient les armes. Arrivé près de l'église de Saint-Nicolas, il fut couvert d'une pluie de fleurs jetées par les dames qui étaient aux fenêtres. La foule le regardait passer en silence.

Quand le cortége fut arrivé à l'église de *Riddarholm*, les élèves de la maison des francs-maçons, les cadets et les détachements des gardes, se réunirent du côté sud ; les drabants se rangèrent à l'entrée sur deux lignes ; et le cheval de parade du défunt fut tenu à droite, près de la grande porte, jusqu'à ce que le roi et la reine fussent arrivés ; après quoi on le ramena dans les écuries du château.

L'église de *Riddarholm* est, ainsi que je l'ai dit, le Saint-Denis de la Suède. Sa fondation remonte à l'année 1280 ; à l'extérieur, sauf la flèche détruite par un incendie en 1835, et reconstruite depuis en fer de fonte, elle n'offre rien de remarquable, mais l'intérieur est plein de magnifiques et glorieux souvenirs. Depuis 1807, elle sert de sépulture aux membres de la famille royale et aux chevaliers de l'ordre des Séraphins. On y voit la *chapelle funéraire des Gustave*, où reposent le grand Gustave-Adolphe-Frédéric, Gustave III et sa femme, la reine Hedwige, Élisabeth-Charlotte, Charles XIV, Jean (Bernadotte) et son petit-fils le prince Gustave duc d'Upland. La *chapelle des Charles* est occupée par les tombeaux des rois Charles X, Charles XI, et Charles XII. On y remarque en outre les cénotaphes de Magnus Ladislas, son fondateur, et de Charles VIII; l'ancien tombeau de la famille Wasa, ceux de·Torstenson, de Baner, de Wasaborg, etc. L'église de Riddarholm est illustrée de drapeaux et de trophées de guerre, ainsi que des écussons des chevaliers de l'ordre des Séraphins qui y sont suspendus après leur mort. Parmi ces écussons, figure celui de Napoléon Bonaparte.

L'église de *Riddarholm* avait reçu pour la circonstance une ornementation funèbre d'un majestueux caractère: la nef du milieu resplendissant à la voûte, sur un fond noir, de mille étoiles d'or, était tendue de riches draperies largement brodées d'or, dont les cordons et les houppes s'enroulaient autour des arcades, ouvrant au nord et au midi, sur les nefs latérales. Les tribunes suspendues entre les arcades étaient également drapées de noir avec des couronnes d'or; au front supérieur des piliers, se déployaient les vieux trophées de victoire et des drapeaux de diverses couleurs groupés en faisceaux sur de grandes consoles dorées figurant des têtes de lion. Devant les piliers, de riches candélabres, à double étage de lumière; puis d'espace en espace, de chaque côté de la nef, pendant de la voûte, de grosses lampes funéraires en bronze doré. La chaire adossée au quatrième pilier, à gauche, était tendue de velours noir, avec une bordure d'hermine, et ornée de têtes d'anges en or, reliées entre elles par des cordons en or aux houppes d'or, attachés en sautoir. La tribune de l'orgue avait une décoration à peu près semblable; elle était éclairée au milieu par une grande lampe d'or suspendue et sur les côtés par deux groupes de lumières fixés à ses boiseries.

A l'extrémité de l'église, où se rejoignent les trois nefs,

s'élevaient les trônes du roi et de la reine, le premier à droite avec des siéges pour les ducs d'Ostrogothie et de Dalécarlie; le second à gauche, avec des siéges pour la duchesse d'Ostrogothie et la princesse Eugénie. Ces deux trônes étaient surmontés de baldaquins panachés et ornés de couronnes d'or.

Plus loin, dans le chœur disposé en chapelle funéraire, se dressait le catafalque royal, recouvert d'une magnifique draperie d'hermine; il était monté sur cinq gradins tendus de noir avec des couronnes d'or, et chargés, chacun, de quatre gigantesques candélabres d'or à double rang de lumière. Un vaste baldaquin le couronnait, des quatre coins duquel s'échappait, en flots abondants, une riche draperie brodée d'or qui venait se rattacher aux chapiteaux des piliers de la voûte sous laquelle était placé le monument. Cette voûte, transformée en ciel étoilé d'or, déployait dans son champ, de chaque côté, les armes de Suède, de Norvége, de Gothie et des Wendes; les écussons particuliers des diverses provinces du royaume étaient fixés, en outre, sur de petites colonnes distribuées autour du catafalque. La chapelle funéraire était éclairée par des cassolettes où brûlait une lumière parfumée.

Derrière le catafalque, à l'extrémité de l'église, apparaissait un groupe représentant l'apothéose du roi Oscar. La statue du roi, de grandeur colossale, s'élevait sur un piédestal octogone, ayant à ses côtés deux figures allégoriques; la première, à droite, la Vérité avec son miroir, la seconde, à gauche, la Justice avec ses balances et son glaive. A ses pieds étaient couchés deux lions, tenant entre leurs griffes les armes du royaume. Le roi était représenté en uniforme de général avec la courte tunique et le manteau royal; il tenait le sceptre de la main droite et étendait en avant la main gauche ouverte, comme s'il eût prononcé un discours. Le groupe se déployait sur un fond lumineux, et au-dessus de la tête du roi brillait dans un foyer de cristal l'étoile de l'université, dans les rayons de laquelle se lisait, en caractères circulaires, la belle devise qu'il avait choisie à son avénement au trône et qu'il avait si fidèlement pratiquée durant son règne : *Justice et vérité.*

L'église de *Riddarholm* était éclairée par plus de quatre mille bougies de cire.

XXII

Cependant, le cortége étant entré dans l'église, le cercueil fut placé sous le catafalque ; les insignes royaux et les insignes des ordres indigènes et étrangers, déposés sur une grande table recouverte de velours noir, autour de laquelle ceux qui les portaient se rangèrent sur le gradin inférieur du catafalque ; devant le grand maréchal, qui se mit à droite du côté de la tête, se placèrent les deux hérauts d'armes du royaume ; près de la tête également, l'étendard du royaume de Suède, la bannière de l'ordre des Séraphins et l'étendard du royaume de Norvége ; les deux premiers à droite et le dernier à gauche. Les autres places autour du corps furent occupées par la grande garde du roi, les grands chambellans du roi suédois et norvégiens, les gentilshommes de la chambre et les aides de camp.

Alors, le roi et la reine se dirigèrent vers leurs trônes ; les princes et les princesses vers leurs siéges. Les officiers de service se rangèrent derrière eux. Les autres membres du cortége se distribuèrent dans le reste de l'église ; la domesticité du château sous la tribune de l'orgue.

Quant au corps diplomatique, il occupait déjà, avant l'arrivée du cortége, les places qui lui avaient été réservées. On remarquait dans la tribune un petit vieillard à tête grise, vêtu d'un uniforme blanc et coiffé d'un casque pointu, portant à la main le bâton de maréchal, et entouré d'un brillant état-major. C'était le feld-maréchal comte Wrangel envoyé par le gouvernement prussien près de la cour de Suède à l'occasion de la mort du roi Oscar.

A l'autel était l'archevêque du royaume assisté de deux évêques en habits pontificaux, avec la mitre, la chape et la crosse, du premier aumônier et du *pastor primarius*, ces derniers en habits de chœur.

Au moment où le roi fit son entrée, le glas qui sonnait au clocher de l'église fut suspendu, et une symphonie funèbre exécutée par la chapelle de la cour se fit entendre jusqu'à ce que tout le monde eut pris ses places. Alors commença du haut de la tribune de l'orgue, avec accompagnement de l'instrument, le chant solennel des psaumes des morts. Puis, à ce chant succéda l'exécution à grand orchestre d'une cantate composée par le professeur M. B. E. Malmstrœm. J'en traduirai les paroles.

« O patrie, c'est avec raison que tu gémis sur les lois sévères de la Providence ? Ah ! ils s'écoulaient heureux tes jours sous la main de ce roi plein de douceur ! La douleur étreint chaque cœur : le deuil a étendu son nuage lugubre sur la demeure royale ; il l'a étendu sur les palais et les places publiques. Oui, il est loin, bien loin de son peuple, de son pays ! il s'est élevé doucement sur les ailes de son esprit ; et brisant ses liens douloureux, il a gagné les sphères éternelles où les angoisses de la souffrance ne sont plus à craindre. Mais, du haut de ces sphères, son regard s'abaisse avec amour sur cette patrie du Nord où le doux monarque faisait partout bénir son nom !...

« Tel que la lumière du jour qui réjouit toute la nature, il était ardent et suave ; son esprit était noble, sa volonté pure ;

il était le plus sage parmi tous les pères de famille du royaume. Il éprouvait longtemps avant de juger ; plein de mémoire pour les actes de vertu, il oubliait facilement les fautes. Quelle profondeur d'amour brûlant dans ses yeux ! Comme il se passionnait pour la cause du faible ! Et quand sa volonté était forcée de plier devant la rigueur de la loi, comme son cœur saignait, son cœur plein de richesse et d'ardeur ! comme il se montrait toujours ferme dans le droit et la vérité !... Avec quel calme enfin, avec quelle grandeur il ceignit son front de la couronne du martyre !...

« Et cependant il nous a été enlevé ! Cœurs fidèles, pleurez, pleurez ! Moissonné avant le jour de la moisson, le gardien suprême de la loi dort maintenant dans le sépulcre. Cœurs fidèles, pleurez, pleurez ! Dure est la loi qui régit la vie des hommes ! Mais, il est libre de souffrance ; la victime a été arrachée des flammes du sacrifice. Cœurs sensibles, réjouissez-vous ! Il a fui les tourments de la terre ; mais du haut de ses joies, son regard retombe plein de tendresse sur la patrie, sur sa famille, sur sa mère, sur son épouse.

« Grand Dieu, toi seul, qui juges dans la justice, toi qui conserves dans ton sein le souvenir de chaque action, prends maintenant son âme sous ta protection ! Dieu bon, Dieu éternellement miséricordieux, recueille dans tes bras paternels, ce fils que tu as si durement éprouvé !

« Quel fardeau n'avais-tu pas déposé sur ses épaules, le jour où des hauteurs de ton ciel, tu lui dis : Il faut que tu sois un père pour mon peuple !—Aujourd'hui qu'il retourne à toi des profondeurs de la poussière, donne-lui la paix lumineuse de l'éternité en retour des épreuves qu'il a supportées dans le temps !

« O Roi des rois qui trônes dans les cieux, toi qui tour à tour punis et pardonnes, abaisse sur nous au milieu de

notre deuil un regard de clémence ! Fais que la vertu que
tu couronnes maintenant de la félicité éternelle devienne
un héritage pour son fils et ses petits-fils, afin que tous
marchent fidèlement dans la voie de tes conseils. »

XXIII

Ici, le chant de la cantate fut interrompu ; et après
quelques versets d'un psaume chanté par toute l'assemblée, un des évêques monta en chaire, et fit un sermon
sur ce texte de saint Paul aux Corinthiens. « *Et après que
ce corps mortel aura été revêtu d'immortalité, cette parole de
l'écriture sera accomplie : la mort a été absorbée dans la victoire. Mais, grâces soient rendues à Dieu qui nous a donné
la victoire par Notre-Seigneur Jésus-Christ.* »

Le sermon terminé, le prédicateur prononça l'oraison
funèbre du défunt, ou plutôt lut l'éloge du roi Oscar Ier, ce
que les Suédois appellent dans leur langue *Personnalier*,
composé par le professeur Carlsson. Puis, on reprit la cantate.

« Bientôt, dans l'enceinte du temple de mémoire, au milieu des monuments de notre héroïque grandeur, près du
chef de sa race, il dormira libre de chaînes jusqu'à l'heure
où le tonnerre du dernier jugement remplira d'épouvante
tout l'univers.

« Mais, il ne sera point effrayé, lui ; il s'éveillera seulement à une clarté plus sublime sous la splendeur de nouveaux soleils. Les barrières du temps tomberont, les espaces
du ciel s'ouvriront, quand la voix de Dieu l'invitera à venir
habiter dans sa demeure ; quand Dieu lui donnera la couronne qui ne change point, le sceptre qui ne se brise point,
le trône que rien ne peut plus ébranler. Là, dans ce divin
royaume, toute loi est déjà fondée, tout arrêt est déjà

écrit ; là toute joie fleurit, et s'élance, sans crainte du poison, du sein du printemps des âmes.

« Le sacrifice est consommé, la carrière est remplie, l'arrêt est exécuté, l'arrêt porté par le Très-Haut. L'étendard funèbre flotte au-dessus du catafalque et sa dépouille est ensevelie dans une tombe prématurée. Viens donc, ô peuple de Suède et de Norvége ! Porte-lui cette couronne de mémoire qu'il a si bien mérité de recevoir des mains de ses fidèles. Parmi tous les nobles cœurs du pays, aucun n'a battu plus noblement que le sien.

« Le soleil si ardent de sa vie s'est couché ; la douce lumière de ses yeux s'est éteinte pour jamais ; mais, son nom vivra dans l'histoire et dans les chants des poëtes, son souvenir restera impérissable dans son peuple et dans sa race. Son étoile, naguère obscurcie dans la nuit du temps, se rallumera mille fois plus brillante dans l'éternité. Qu'il est heureux ! Il a gagné sa dernière victoire, il a atteint son port, il a cueilli sa palme immortelle. — Dors dans la paix, ton dernier sommeil, ô Père du peuple !... »

Le chant des psaumes retentit de nouveau ; pendant ce chant, l'archevêque, accompagné des deux évêques assistants, descendit dans le caveau royal. Le maréchal du royaume quitta la place qu'il occupait près du catafalque et s'avança au milieu de la nef. Les seigneurs et les chevaliers de l'ordre des Séraphins firent le même mouvement. Le roi et les princes s'approchèrent du catafalque, suivis, chacun, d'un seul officier.

Alors le cercueil royal fut enlevé et porté par les seigneurs et les chevaliers de l'ordre des Séraphins dans le caveau où le roi, les princes, le ministre de la justice et le maréchal du royaume seulement pénétrèrent.

Quand le cercueil eut été déposé sur la dalle funèbre, le ministre de la justice enleva la couronne fixée sur le couvercle et la plaça près de lui sur un coussin de velours noir, puis l'archevêque procéda aux cérémonies de la sépulture, les deux évêques lui tendant la pelle et la terre.

En ce moment les batteries de *Kungsholm* et de *Skeppsholm* donnèrent le grand salut, dit salut de l'enterrement (*begrafnigs salutem*) consistant en quatre-vingt-quatre coups répétés quatre fois, soit trois cent trente-six coups. Et les hauts personnages qui avaient accompagné le cercueil royal dans le caveau, remontèrent dans l'église. Quand le roi et les princes eurent repris leurs places, l'archevêque, entouré de son clergé, s'avança près du catafalque, lut la prière des morts, ce que nous nommons l'absoute, et donna la bénédiction. Puis on recommença le chant des psaumes; enfin, à trois heures et demie, au pas d'une nouvelle marche funèbre, le cortége sortit de l'église de *Riddarholm*, et rentra au château dans le même ordre qu'il en était sorti. Le glas funèbre se remit à sonner dans toutes les églises pour ne cesser qu'à la fin du jour.

Bien que dans son testament, Charles XV eût témoigné le désir d'être enterré avec le moins de faste possible, le cérémonial de ses funérailles fut néanmoins presque identiquement calqué sur celui dont on vient de lire la description. Ainsi le voulait l'usage traditionnel. Par exemple on n'y remarqua pas sans surprise entre les représentants des divers États, le général allemand Von der Than. Il eût été, ce semble, de haute convenance d'épargner à la mémoire d'un roi qui avait tant aimé la France, la présence offensante du sinistre héros de Bazeilles.

OSCAR II

I

En 1867, à l'époque de l'Exposition universelle, le prince Oscar, qui m'honorait de sa bienveillance, étant arrivé à Paris, m'invita à venir le voir.

« Je veux vous montrer, me dit-il, une collection que j'apporte de Stockholm, et dont j'ai l'intention de faire hommage à l'empereur. »

J'examinai la collection; et, en causant avec le prince, je lui demandai si, avant de l'envoyer aux Tuileries, il ne trouverait pas opportun de l'exposer au palais du champ de Mars. « Ce serait, ajoutai-je, un des objets les plus curieux que l'on pût offrir à l'admiration du public. »

Le prince Oscar approuva l'idée; et c'est ainsi qu'on a vu la collection dont il s'agit étalée au centre de la section suédoise, sur une table recouverte de velours bleu.

Cette collection comprenait les œuvres de tous les membres de la famille royale de Suède, une véritable bibliothèque dont le catalogue, simple nomenclature de titres, ne formait pas moins de 46 pages in-8°. Bibliothèque unique dans son genre, car je ne sache pas qu'aucune autre famille couronnée ait jamais payé avec tant d'ensemble un tribut aussi riche, aussi distingué, aux sciences, aux lettres et aux arts.

On y voyait, sous d'élégantes reliures, d'abord les correspondances politiques et militaires de Charles XIV Jean (Bernadotte), le chef de la dynastie, ses proclamations, ses instructions, ses bulletins, ses mémoires, ses ordonnances, ses traités d'économie, ses discours de la couronne, etc. Puis les écrits militaires d'Oscar Ier, son ouvrage sur les *Peines et les Prisons*, traduit dans presque toutes les langues de l'Europe, ses dessins et ses compositions musicales. Charles XV y était représenté par ses poésies, ses traités de stratégie et de tactique, ses *Pensées et maximes militaires;* la reine douairière Joséphine, les princes Gustave et Auguste, par diverses compositions musicales; la reine Louise, par un ouvrage de morale qui se vend encore aujourd'hui au profit des associations de bienfaisance; la princesse Eugénie, par des biographies et des opuscules religieux.

Quant au prince Oscar, il fournissait à la collection le plus gros contingent. Poëte, économiste, historien, il avait exposé ses *Souvenirs de la flotte suédoise*, ouvrage couronné par l'Académie de Suède; ses traductions du *Cid* de Herder, du *Tasse*, de Gœthe, ses discours aux solennités industrielles ou académiques, ses traités théoriques à l'usage des armées de terre et de mer; ses grandes publications sur l'histoire militaire de la Suède pendant les années 1711, 1712 et 1713.

Ainsi, dans la famille royale de Suède, pas un membre qui ne cultive avec une prédilection marquée les choses de l'intelligence et qui n'ait fait la preuve authentique de sa capacité et de son talent. Cela seul suffirait pour mériter à cette famille une place d'élite, même en dehors des splendeurs du trône.

II

Oscar II, roi de Suède et de Norvége, fils d'Oscar Ier et de Joséphine-Maximilienne-Eugénie, princesse de Leuchtenberg et d'Eichtœdt, est né le 21 janvier 1829. Il est aujourd'hui, par conséquent, dans sa quarante-septième année.

Son avénement au trône a été presque inopiné ; il a fallu, pour cela, un concours de circonstances que nul n'aurait osé prévoir : la mort de François-Gustave-Oscar, le 24 septembre 1852 ; la mort, en bas âge, le 13 mars 1854, de Charles-Oscar ; la mort de la reine Louise, le 3 mars 1871 ; enfin, la mort de Charles XV, le 13 septembre 1872. Charles XV, n'ayant laissé qu'une fille, la princesse Louise-Joséphine-Eugénie, mariée le 28 juillet 1869 au prince royal de Danemark, sa succession revenait de droit à son frère Oscar-Frédéric, duc d'Ostrogothie.

Le terrain ainsi déblayé par tant de morts successives paraît désormais solide ; la ligne collatérale, devenue ligne directe, ne saurait même plus dévier, car le dernier rejeton mâle d'Oscar Ier, le prince Auguste, duc de Dalécarlie, est mort, lui aussi, sans postérité, le 4 mars 1873. Il ne reste plus de la famille d'Oscar Ier que la reine douairière Joséphine, et sa fille Eugénie, princesse charmante, mais maladive, vouée depuis longtemps au célibat.

L'héritage royal de la dynastie Bernadotte se trouve en conséquence exclusivement concentré dans la famille d'Oscar II. Cette famille est nombreuse et prospère. Marié le 6 juin 1867 à Sophie-Wilhelmine-Marianne-Henriette, princesse de Nassau, le roi Oscar en a eu quatre fils : Oscar-Gustave-Adolphe, prince royal, âgé aujourd'hui de dix-sept ans ; Oscar-Charles-Auguste, duc de Gottland ; Oscar-Charles-Guillaume, duc de Westrogothie, et Eugène-Napoléon-Nicolas, duc de Néricie. Rappelons que le roi Oscar n'a que quarante-sept ans, et la reine Sophie à peine quarante.

Je ne sais si le roi Oscar II est superstitieux et crédule. Dans ce cas, son avénement au trône ne l'aurait pas surpris ; certaines prédictions qui couraient du vivant de son frère Charles XV auraient dû le disposer à s'y attendre.

On raconte qu'il y a quelques années, pendant les manœuvres qui s'exécutaient en Scanie, dans la plaine de Bonarp, une bohémienne errante faisait de fréquentes visites au camp. Elle disait la bonne aventure aux soldats qui généralement s'en moquaient. Le roi s'approcha de la vieille femme : « Peux-tu me dire aussi à moi la bonne aventure? lui demanda-t-il; mais d'abord, devine qui je suis » La bohémienne fixa sur le roi son regard perçant, puis lui prenant la main droite, et en examinant les lignes : « Vous êtes le roi Charles XV, lui répondit-elle, et un roi aimé de son peuple; vous étiez auparavant duc de Scanie; vous appartenez donc à cette province, et un jour vous y mourrez. — » Eh bien! quand? Tout de suite, sans doute? » reprend le roi, en éclatant de rire. — Vous paraissez mener rapidement la vie, répondit la bohémienne; cependant vous en avez encore pour une dizaine d'années peut-être; tant que la reine sera de ce monde, vous n'avez rien à craindre; mais une fois qu'elle aura rejoint ses pères, votre vie ne vous appartiendra plus, et vous mourrez dans le cours d'un voyage. — Croyez-moi, ajouta la femme, en levant les mains au ciel, ce que je vous dis là est vrai. »

Le roi glissa d'un air pensif une pièce d'or dans la main de la bohémienne, et son entourage remarqua qu'il fut longtemps à reprendre sa gaieté.

Une autre prédiction d'une date beaucoup plus ancienne, attribuée à un personnage de la cour, était ainsi conçue : « Le fils aîné d'Oscar mourra sans laisser d'héritier; son fils cadet (Gustave), mourra dans la fleur de sa jeunesse, et son troisième fils (Oscar), portera la couronne et le sceptre. »

III

Depuis son avénement au trône, le roi Oscar n'est
point venu en France : mais, sous l'empire, il faisait de
fréquents voyages à Paris, où il était très-apprécié de la
famille impériale, à laquelle l'attachaient des liens de parenté.

Aussi quand, en 1870, tant de malheurs s'abattirent
sur la France, en fut-il amèrement affecté. Il se souvint
que du sang français coulait dans ses veines, et il souffrit
de ce que souffrait son pays d'origine. Son frère, d'ailleurs,
lui donnait un noble exemple; mais tandis que le roi
Charles XV, se roulant de douleur sur un canapé, s'écriait
qu'il « mourait de la mort de la France, » le prince Oscar, moins expansif, se promenait morne et silencieux
dans les rues de Stockholm, évitant même la rencontre
du ministre de France, afin, sans doute, de conserver plus
religieusement au fond de son cœur le sentiment dont il
était pénétré. Il est vrai que le prince Oscar avait plus
de motifs que tout autre de s'émouvoir des triomphes de
l'Allemagne. N'avait-il pas vu en 1866, le duc de Nassau,
son beau-frère, tomber victime de Sadowa et sacrifié à
l'avidité implacable de l'unité allemande?

Le roi Oscar, comme homme, est un cavalier accompli.
Il est grand, élancé, et son abord, quoique imposant,
même un peu roide, n'exclut pas une bienveillance aimable. Il porte toute sa barbe, qui est d'un beau noir; il
a le front vaste et découvert, le teint vif et coloré des
Bernadotte, et aussi des Bernadotte, surtout des rois Oscar Ier et Charles XV, le regard doux et pénétrant. Il se
plaît au milieu de ses enfants, dont il dirige l'éducation
avec une sollicitude attentive; merveilleusement secondé

dans cette tâche par la reine qui, à ses charmantes qualités de femme et de princesse, joint celles d'excellente
mère de famille.

Quant à ses aptitudes d'esprit, le roi Oscar a montré
qu'elles étaient fort diverses et des plus élevées. Il s'est
exercé avec succès dans la poésie, bien que son talent
incline moins du côté de l'imagination et du sentiment
que du côté de la raison ; il a écrit des ouvrages d'histoire très-appréciés ; dans les fonctions politiques ou administratives qu'il a remplies même sous le règne de
Charles XV, il a déployé des qualités supérieures. C'est
une intelligence solide, éclairée, et comme en outre elle
est armée d'une volonté ferme sans être aveuglément opi-
niâtre, la Suède a tout à espérer du roi Oscar pour son
développement et sa prospérité.

IV

J'entends dire parfois que le roi Oscar professe une
vive sympathie pour l'empereur Guillaume, qu'il a été
fasciné par les victoires allemandes, et que par suite il est
devenu l'admirateur passionné de l'Allemagne. Il ne
m'appartient pas de discuter les sentiments personnels du
roi Oscar ; je ne veux voir en lui que le roi de Suède. Or,
comme roi de Suède, il doit connaître l'histoire de son
pays : quoi de plus propre à l'y attacher invinciblement !

Il fut un temps où la Suède était gouvernée par des
princes allemands ; les Suédois eux-mêmes, aberration
étrange ! leur avaient offert le trône. Jamais temps fut-il
plus lamentable ? Les noms d'Albert de Mecklembourg,
d'Erik de Poméranie, de Christophe de Bavière, de Christian d'Oldenbourg, etc , ne rappellent aux Suédois qu'hu-
miliations et violences. Leur nationalité, leurs institu-

tions, les usages qui leur étaient les plus chers, qui s'appropriaient le mieux à leur génie, étaient foulés aux pieds. Toutes les faveurs, toutes les dignités, tous les emplois, surtout les plus lucratifs, étaient réservés à des Allemands que ces monarques d'emprunt importaient de leur pays. La Suède était littéralement mise à sac.

A la vérité, les Suédois, poussés à bout, finissaient par chasser les tyrans. Mais ceux-ci ne s'en allaient que gorgés de butin. Erik de Poméranie se sauve en compagnie de sa concubine avec les joyaux de la couronne, et gagne l'île de Gottland, d'où il exerce le métier de pirate dans les eaux mêmes du pays sur lequel il vient de régner. Frédérick Ier, le plus modéré de tous, subalternise la chancellerie de Stockholm à la chancellerie de son landgraviat de Hesse-Cassel, qu'il cumulait avec la couronne de Suède.

V

On devine quel genre de sentiments éveillent dans l'âme du peuple suédois ces tristes souvenirs. Si malgré cela il ne déteste pas systématiquement l'Allemagne, s'il apprécie en elle ce qu'elle peut avoir d'imposant et de fort, il n'en est pas moins très-peu disposé à retomber sous sa domination, ou même à subir son influence.

Le roi Oscar, sans aucun doute, partage ces sentiments. Il sait que la Suède n'a jamais été heureuse et prospère que sous des rois patriotes; il sait que la dynastie à laquelle il appartient n'a conquis une place si solide dans l'affection et le dévouement des Suédois, que parce qu'elle s'est inféodée, autant et plus encore que toute autre dynastie indigène, à leur génie national.

« O patrie bien-aimée, s'écrie-t-il dans une de ses

poésies, ô nourrice des âmes héroïques, reçois la foi et l'hommage de nos cœurs émus! Cet amour que tu as allumé en nous flamboiera sans pâlir, dans les jours sereins du bonheur comme au milieu des sombres menaces de la tempête. Je me sens heureux d'habiter parmi tes fils, je me sens fier d'être nommé tien. Ton avenir rayonne comme une réponse à mes prières, et mes regards plongent avec respect dans les profondeurs de ton passé. »

Dans un autre poëme, voici en quels termes, à l'occasion d'un voyage à l'étranger, Oscar fait ses adieux à la Suède :

« Je t'envoie un tendre salut, ô asile de mon enfance, ô cité de mon berceau, cité où jeune homme j'ai aimé et chanté, où j'ai cru au bonheur. — Si ceux qui m'accusent d'être attiré au loin par la seule curiosité des choses nouvelles savaient ce que mon cœur souffre quand je te quitte, ils changeraient de langage; ils t'aimeraient comme je t'aime, ils aimeraient, comme moi, ta nature et ton peuple. — Adieu, donc, ô ma patrie! Adieu à tout ce que tu possèdes de grand, de noble, de bon! Quel que soit mon destin, mon cœur ne se refroidira jamais; tu seras toujours mon orgueil, mon ardent amour... Oui, à toi toute mon âme, adieu! adieu! »

Certes, un roi de Suède qui s'exprime ainsi sur la Suède est un roi véritablement national; et s'il s'éclaire, s'il s'inspire de pareils sentiments, il aura beau éprouver les sympathies personnelles les plus vives pour l'empereur d'Allemagne, l'enthousiasme le plus ardent pour les victoires auxquelles Guillaume doit sa couronne, il ne fera pas de la politique allemande.

LE PRINCE ROYAL DE SUÈDE

SA PREMIÈRE COMMUNION

I

Le 24 avril 1875, le prince royal de Suède Oscar-Gustave-Adolphe, duc de Wermland, a été confirmé. Le lendemain, 25 avril, il a fait sa première communion.

Suivant l'usage traditionnel, cette double solennité s'est accomplie au milieu d'une pompe imposante. Tout ce qu'il y a d'illustre dans le royaume y assistait : le roi et la reine, la reine-mère, les ducs de Gottand, de Westrogothie et de Néricie, la duchesse de Dalécarlie, les membres de la Diète, les chevaliers de l'ordre des Séraphins, les ministres d'État de Suède et de Norvége, les hauts fonctionnaires civils et militaires, la cour, les états-majors, etc.

La cérémonie de la confirmation s'est ouverte par le chant d'un psaume ; après quoi l'évêque Bring, chargé de l'instruction religieuse du jeune prince, lui a fait subir l'examen final, dont il s'est tiré de façon à charmer et à émouvoir toute l'Assemblée. Puis l'archevêque d'Upsal, assisté de l'évêque Bring et du grand aumônier de la cour, étant monté à l'autel, a développé dans une allocution éloquente ce texte de l'Apocalypse : « Sois-moi fidèle jus-

qu'à la mort, et je te donnerai la couronne de la vie. »
Enfin l'archevêque a administré la confirmation au prince;
la cérémonie s'est terminée par une bénédiction solennelle
et le chant d'un second psaume.

Quant à la communion, le prince l'a reçue des mains de
l'évêque Bring; le roi, la reine et les autres membres de
la famille royale y ont participé.

On remarquera ici une différence curieuse entre les
pratiques du culte catholique et celles du culte luthérien,
tel qu'il s'exerce en Suède, d'après la confession d'Augsbourg et les résolutions du congrès ecclésiastique d'Upsal
de 1593. Tandis que dans les pays catholiques la première
communion précède la confirmation, dans les pays luthériens, et notamment en Suède, elle la suit. Pour les luthériens de la confession d'Augsbourg, la confirmation
n'est point un sacrement proprement dit; mais c'est l'acte
capital qui, en complétant l'initiation du baptême, introduit définitivement le chrétien dans le giron de l'Église;
la première communion n'est que le couronnement de
cet acte.

La confirmation a encore en Suède des effets civils.
Ainsi, tout individu qui n'est pas muni de son certificat de
confirmation, y est considéré comme un citoyen suspect;
il lui est interdit, en certains cas, de revendiquer ses droits
civiques. De là vient que, pour la confirmation, une longue préparation est exigée, et qu'on ne l'administre qu'à
des sujets d'un âge déjà avancé. Le jour où le prince
royal de Suède a été confirmé, il ne lui manquait que six
semaines pour atteindre ses dix-sept ans.

II

L'archevêque d'Upsal, qui vient de jouer le premier rôle dans la cérémonie de la confirmation du prince royal, porte aussi le titre de primat du royaume. Il est en même temps évêque de Stockholm et de l'île de Saint-Barthélemy, la seule colonie que possède la Suède. De grands priviléges sont attachés à sa dignité. Il couronne le souverain, il baptise, confirme, marie et enterre les membres de la famille royale. Lorsque l'Église nationale se réunit en concile, il le préside de droit ; mais il n'exerce aucune juridiction sur les autres diocèses ; il en consacre seulement les titulaires.

L'archevêque d'Upsal menait autrefois un train presque royal. Il avait une cour luxueuse, des chambellans, une garde d'honneur de deux cents hommes. Ses revenus étaient considérables. Aujourd'hui son existence est simple, mais d'une dignité appropriée à son rang. Sauf une croix d'or qu'il porte comme les autres évêques, suspendue au cou par une chaîne d'or, il ne se distingue point, par le costume, des pasteurs ordinaires. Ce costume consiste en une tunique noire, plus ou moins longue, à collet droit, boutonnée jusqu'au menton, et un petit rabat blanc.

Dans les cérémonies religieuses, le prêtre luthérien suédois revêt une aube et quelques ornements conservés des temps catholiques. Ces ornements lui donnent l'air étrange. Le prêtre suédois, en effet, est époux et père de famille ; il va dans le monde, il fréquente les cafés, les bals, les spectacles ; il joue aux cartes, il fume ; il danse au besoin et fait la cour aux dames. Or, de telles habitudes cadrent peu, ce semble, avec une chape ou une cha-

suble. Il faut de l'harmonie entre l'homme et le costume.
Aussi, l'avouerai-je, chaque fois que j'ai assisté à l'office
divin dans une église de Suède, j'ai toujours été assez
singulièrement impressionné.

Le clergé suédois est, d'ailleurs, instruit, bienveillant et
généreux. Il compte parmi ses membres des hommes illustres dans les sciences et dans les lettres. Tegner, évêque de Vexjœ, mort en 1846, est certainement le plus
grand poëte de la Suède ; il en est, en tout cas, le plus
populaire. Ses œuvres ont été traduites dans presque
toutes les langues. Il a publié entre autres un poëme
émouvant, intitulé : *la première Communion*, que j'ai tra-
duite dans un de mes ouvrages (1).

Ainsi qu'on l'a vu, la confirmation, de même que la
première communion, sont regardées par les luthériens
suédois comme le complément du baptême. C'est une imposante cérémonie que le baptême d'un membre de la
famille royale de Suède. Je n'ai point assisté à celui du
prince royal actuel ; mais j'étais en mission à Stockholm
lors de la naissance de la princesse royale, fille du roi
Charles XV, et j'ai pris part à toutes les fêtes qui ont accompagné son baptême. Je les rappellerai brièvement ;
elles sont fort intéressantes, ne serait-ce que pour faire
connaître les usages actuels de cette cour du Nord, qui
jadis a eu tant d'éclat en Europe.

III

La veille du baptême, dans la journée, un brillant cortége parcourut les rues de la ville, annonçant aux habitants la solennité qui se préparait. Ce cortége était composé de la musique de la garde à cheval, du timbalier de

(1) *Poëmes nationaux de la Suède moderne.* — Paris 1867.

la cour, à cheval, portant suspendues de chaque côté de
sa selle ses deux timbales ornées de riches draperies ; d'un
héraut en costume de gala, chargé de faire la procla=
mation ; enfin d'un détachement de dragons fermant la
marche. Une foule immense suivait, préludant par de
bruyants hurrahs à l'allégresse du lendemain.

Le lendemain, à midi et demi, je me rendis au château
avec le ministre de France. On nous introduisit, avec les
autres membres du corps diplomatique, dans un salon
d'attente, où le grand maître des cérémonies nous reçut.
Tout le monde était en uniforme ; les dames en costume
de cour, costume fort simple, consistant, suivant les cir=
constances, en une robe de moire blanche ou noire à lon=
gue traîne.

Au bout d'une heure environ, sur l'avis du grand maître
des cérémonies, nous nous acheminâmes, à travers plu=
sieurs salles, vers la chapelle. Partout, sur notre passage,
des grenadiers, dont l'uniforme rappelait l'ancienne garde
impériale, formaient la haie et nous portaient les armes.
Derrière eux une foule compacte ; car dans les cérémonies comme celle dont il s'agit, le peuple suédois a le droit
de pénétrer dans l'intérieur du château. On ne met à
l'exercice de ce droit que les limites imposées par l'espace ;
et je ne me suis pas aperçu qu'il en résultât aucun
trouble.

Nous arrivons à la chapelle. Trois tribunes y sont pré-
parées : l'une à droite, destinée au corps diplomatique ;
l'autre, à gauche, aux dames présentées à la cour ; la troisième, sous le buffet de l'orgue, pour les chanteurs et autres artistes du roi.

Nous attendons quelques instants ; j'en profite pour
examiner l'intérieur de la chapelle. C'est un superbe vaisseau à la voûte élancée, à la nef vaste et solennelle. La
peinture et la sculpture l'ont enrichie de remarquables

chefs-d'œuvre. Les toiles sont de Pasch et aussi, dit-on, de Taraval, artiste français, qui résida quelque temps en Suède; les statues et les groupes de Bouchardon, de Larchevesque et de Sergell. Un magnifique baptistère en argent massif est placé pour la circonstance devant l'autel.

Le cortége du baptême arrive enfin. La reine, marraine de l'enfant, ouvre la marche de front avec la reine-mère. Elle porte dans ses bras sa petite filleule, enveloppée de gaze et de dentelles. Le costume de la reine est éblouissant. C'est le même qu'elle avait le jour de son couronnement. Après les deux reines, la princesse Eugénie, en longue traîne de velours bleu brodé d'argent, et les dames d'honneur. Viennent ensuite le roi, le prince royal et les autres princes, en grand uniforme, suivis des ministres, des grands officiers de la couronne, des chambellans, des pages, en un mot, de tout le personnel de la cour, personnel qui ne compte pas moins de huit cents dignitaires de tous grades. Chacun prend la place qui lui est désignée par les maîtres des cérémonies.

IV

Au moment où le cortége fit son entrée, l'orchestre, placé sous le buffet de l'orgue, exécuta une marche brillante. Puis, le clergé, composé de sept évêques, dont trois en chape et en mitre et quatre en dalmatique, étant monté à l'autel, il se fit un grand silence et la cérémonie religieuse commença. Elle s'ouvrit par un discours de l'un des prélats. Pendant l'administration du sacrement les choristes, accompagnés de l'orgue, chantèrent des psaumes. Enfin les prières du rituel étant terminées, il y eut un second discours, après lequel le héraut royal, s'avançant à l'entrée du chœur et se tournant vers l'assistance, proclama les prénoms de la jeune princesse en disant d'une voix haute : « Vive Louise-Eugénie-Joséphine, princesse de Suède, de Norvége, des Goths et des Vendes! » A ce moment le canon de Skeppsholm, qui avait grondé pendant toute la cérémonie, tira sa dernière salve.

Le cortége se remit en marche dans le même ordre qu'auparavant, au milieu des admirations respectueuses de la foule et des fanfares de l'orchestre. Nous quittâmes notre tribune pour retourner dans le salon qui nous avait reçus à notre arrivée. Il était trois heures.

Bientôt, le grand maître des cérémonies nous donna le signal, et nous descendîmes dans les appartements de la princesse royale, où nous fûmes introduits dans un vaste salon tendu en brocart rouge.

Là, dans un berceau de parade placé sur une estrade était la nouvelle baptisée. Deux dames d'honneur et un chambellan veillaient sur elle et faisaient les honneurs de sa petite personne. Chacun s'approcha pour la regarder et la saluer. Elle était rose et fraîche, et ressemblait trait pour trait au prince royal, son père, ce dont nous nous promîmes de lui faire compliment.

ALLEMAGNE

L'UNITÉ ALLEMANDE

I.

Si au mois de juillet 1875, nous nous sommes préoc-
cupés si fort du mouvement électoral dont la Bavière était
le théâtre, ce n'était pas, je suppose, que nous nous fis-
sions la moindre illusion. Au point de vue de notre intérêt
patriotique, ce mouvement était absolument sans valeur.
L'expérience nous a appris que chez les Bavarois nous ne
comptons pas plus d'amis que chez les autres Allemands.
Ils ont suivi le casque à pointe de M. de Moltke, ils le
suivraient encore ; et les plus catholiques d'entre eux tom-
beraient sur les meilleurs catholiques français, avec plus
d'ardeur et de férocité que sur des mécréants. L'Allemagne
sera longtemps encore en proie à ce vertige ; la haine
soufflée aux Allemands contre la France forme l'essence
même de leur politique ; il faut en prendre notre parti.

Donc ce qui se passe en Bavière ne nous regarde
pas. Il en est autrement pour l'Allemagne ; et c'est ce qui

explique l'émotion produite à Berlin par tout ce qui vient de Munich.

Berlin, en effet, met son amour-propre à persuader au monde que l'unité allemande est faite et bien faite. Berlin n'entend pas que l'on suspecte l'efficacité des guerres qu'il a provoquées dans ce but, et que la vertu du *fer et du feu* tant célébrée par M. de Bismarck soit réputée illusoire. Berlin a tout inspiré, tout conduit; il tient à ce que son œuvre ne passe pas pour une ébauche, à ce qu'on ne s'imagine pas qu'elle attend encore son couronnement.

C'est pourquoi tout symptôme un peu accusé de séparatisme offusque Berlin. Il le considère comme un scandale. Qui sait d'ailleurs si l'exemple ne deviendrait point contagieux? C'en serait fait alors de tout le prestige.

II

Car, on ne saurait le nier, l'agitation antiprussienne qui se produit si ouvertement en Bavière couve plus ou moins dans tous les pays d'Allemagne annexés ou non à la Prusse. Sans doute, leurs populations sont fières d'appartenir à ce qu'elles appellent « la grande patrie » (*grosse Vaterland*); mais une telle gloire exigeait-elle donc qu'elles sacrifiassent leurs libertés, leurs franchises, leur autonomie, pour se courber sous l'hégémonie d'une puissance qui, par ses affinités d'origine et de race avec les Obotrites, les Vandales et les Finnois, forme une véritable anomalie au milieu des peuples de sang allemand? Voilà ce que ces populations se demandent. Maintenant que les premières fumées de la victoire se sont dissipées, elles envisagent la situation plus à froid : Saxons et Souabes souffrent de se voir subalternisés par des Borusses.

Nous nous faisons difficilement une idée de l'antagonisme existant entre les divers peuples de l'Allemagne.
Parce que la langue allemande est parlée des Karpathes
au Rhin, de la Baltique aux montagnes de la Bohême,
nous nous figurons, on cherche du moins à nous le persuader, qu'il n'y a là qu'un seul et même peuple, un
peuple animé des mêmes goûts, doué des mêmes aptitudes
et aspirant avec l'ensemble le plus parfait à ne former
qu'une nation compacte, indivisible et régie par les mêmes
lois. C'est là une erreur.

Je n'entamerai point ici une longue discussion. Qu'il me
suffise de signaler la manière dont les Allemands se jugent
entre eux dans les journaux satiriques, par exemple. Voici
le *Kladeradatch*, de Berlin : quel personnage choisit-il
pour en faire une dupe, un Calino, un Jocrisse? Un Souabe,
toujours un Souabe. Prenons, au contraire, les *Flügende-*
blætter, de Münich : elles veulent peindre un aigre-fin, un
vantard, un chevalier d'industrie, quel est leur type? Un
Berlinois, toujours un Berlinois. C'est le Scapin, le Sgana-
relle, le Robert-Macaire obligé.

Assurément je me garderai d'attacher à ces fantaisies
plus d'importance qu'elles ne méritent; elles révèlent
néanmoins, sous leur forme légère et par suite de leur reproduction persistante, autre chose qu'une radieuse harmonie.

III

Ah! si en rivant l'Allemagne à sa politique d'ambition
et de conquêtes, la Prusse lui avait donné je ne dis pas
toutes, mais une partie seulement des glorieuses satisfac-
tions qu'elle lui avait promises, cette harmonie fleurirait
peut-être. Mais il est loin d'en être ainsi. Ce n'est pas moi

qui le dis, c'est un Allemand, un Allemand des plus considérables et dont la parole impose par sa haute raison et son indépendance : c'est Karl Vogt. Voici comme il s'exprime, dans la *Gazette de Francfort* du 24 juin 1875 : « Après la guerre, l'Allemagne, du haut de sa grandeur, devait voir le monde à ses pieds. L'unité la conduisait tout droit à la liberté. Bien-être universel, impôts diminués, prodigieux accroissement de ressources ; l'esprit allemand devait flotter sur les eaux comme l'esprit de Dieu, et rayonner sur les autres peuples en répandant partout, d'une hauteur inabordable, la plénitude de sa pensée et la perfection de ses produits. Celui qui osait en douter était dénoncé comme traître à la patrie. »

M. Vogt montre que tout cela n'était qu'un mirage trompeur.

« La force y est bien, dit-il, mais nul à l'étranger ne s'y fie... En dépit des milliards, le peuple n'est pas devenu plus riche. Renchérissement de tout, stagnation des affaires, pauvreté croissante. La conscience de la force ne donne pas à manger et ne console pas les ventres vides... Moins de profits et plus d'impôts, voilà le résultat des victoires et conquêtes ; ce n'est pas gai, mais c'est ainsi... Quant à la liberté, où est-elle ? On la met en prison ou à l'amende... Mais, ce n'est pas le pis : cette guerre a fort abaissé chez nous le niveau intellectuel.

« La décadence est partout, dans toutes les sciences. On ne se critique plus chez nous, on s'admire, et l'on croit avoir produit quelque chose quand on a saupoudré des travaux médiocres de grandes phrases à effet sur la vocation de l'Allemagne qui doit sauver le monde, sur l'esprit allemand, la puissance allemande, la science allemande, l'art allemand, etc. — Pour peu que cela continue, nous ne ferons plus rien du tout, rien n'étant plus stérile que cette agitation nerveuse pour des vétilles de politique et

de religion qui usent nos forces et dévorent notre temps.
« L'Allemagne se trouve dans l'état d'un homme que
tourmente un moustique attaché au mur; cette inquiétude
l'empêche de travailler. Il s'épuise à chasser l'insecte avec
un tue-mouches, et plus il est agacé par cet exercice,
moins il arrive à tuer l'animal, qui se moque de lui. »

Voilà un tableau de l'unité allemande telle que l'a faite
la Prusse qui, certes, n'est pas flatté. Nous devons le tenir
pour vrai, puisqu'il émane d'un Allemand aussi autorisé
que M. Vogt, et qu'il est publié par une feuille aussi sérieuse que la *Gazette de Francfort*. Les journaux chargés
de célébrer la gloire de l'Allemagne, bien que, d'après
les propres paroles de M. de Bismarck, « la gloire ne soit
point cotée en Allemagne, » ces journaux n'ont pas manqué
de courir sus à M. Vogt. Ils l'ont ménagé tout aussi peu
qu'ils ménageaient naguère MM. Schorlemer et Mallin-
crodt, ces deux honorables députés qui, pour s'être permis,
du haut de la tribune du Reichstag, quelques vérités dé-
sagréables à M. de Bismarck, furent traités par eux de
vipères, d'*hommes sans patrie*, d'*hommes venimeux et sans
vergogne*, même de *canailles*. Aimables procédés ! mais, je
connais assez M. Vogt pour être certain qu'il ne s'en cha-
grinera pas outre mesure.

IV

Un fait curieux, c'est que, lorsque les Allemands n'ont
aucun intérêt à dissimuler, ils s'expriment sur leur pays
et les hommes de leur pays en termes tels que l'étranger
même le plus hostile à l'Allemagne hésiterait à les employer. J'ai constaté ce fait très-souvent, mais surtout
lorsque j'écrivais l'ouvrage auquel j'ai donné pour titre :
Les Odeurs de Berlin. Cet ouvrage renferme des aveux in-

croyables. Par exemple, dans une pétition du Comité central de l'Église évangélique allemande, adressée au Reichstag et renvoyée par ordre du Reichstag à M. de Bismarck, pétition signée de plus de quinze mille Allemands, pris dans l'élite de la société, on lit des phrases comme celle-ci :

« La démoralisation est une lèpre qui recouvre la ville et la province, et qui déjà a rongé notre pays jusqu'à la moelle. » Se fût-on attendu à voir des Allemands parler ainsi de cette Allemagne que dans leurs déclamations officielles ils célèbrent avec tant d'aplomb comme « la patrie de la crainte de Dieu et des bonnes mœurs? » Un rapport annuel de la police de Berlin est encore plus explicite. « L'immoralité est tellement chose commune; le dévergondage couvre avec tant de liberté les membres de la société allemande de ses ignobles bavures, la femme mariée ou non en est arrivée à une telle dégradation, qu'un homme honnête tremble devant le mariage et se demande sérieusement si la femme qu'on lui offre n'est pas un résidu de lubricité, et si réellement il n'est pas exposé à n'admettre dans sa couche qu'un amas de pourriture. »

Remarquons que ces doléances, dont on vient de lire la traduction littérale, étaient adressées par des Allemands au Parlement allemand en 1869, c'est-à-dire juste à l'époque où les journaux à gages de la chancellerie de Berlin dénonçaient la France à l'Europe comme la nation corrompue par excellence, comme la Babylone digne de toutes les vengeances du Ciel et de la terre.

Et c'est précisément la Prusse qui, aux termes de la pétition évangélique, est le foyer principal et responsable de cette immense dépravation, la Prusse qui a pris l'initiative de ce qu'elle appelle l'unité allemande et qui après l'avoir réalisée comme elle l'a entendue, l'exploite à son profit. Quoi donc d'étonnant que les Alle-

mands des autres parties de l'empire n'en éprouvent pas
une satisfaction sans mélange! Au point de vue de la force
matérielle ils y ont gagné sans doute; mais, comme le
déplore si amèrement M. Vogt, au point de vue de la force
intellectuelle et morale, des grandes idées, des nobles
sentiments, leur décadence est flagrante; et certes il est
peu probable que les persécutions, renouvelées des anciens
âges, contre les évêques et les prêtres, jointes aux palino-
dies étonnantes et au servilisme intéressé du parti soi-
disant national-libéral, réussissent à les en relever.

V

A dire vrai, cette triste situation de l'Allemagne est
loin de nous être favorable, et s'il nous est permis de la signaler, il ne nous est pas permis de nous en réjouir. Mieux
vaudrait pour nous mille fois une Allemagne fortement
unie, prospère et heureuse ; nous la verrions peut-être se
replier sur elle-même et jouir sans arrière-pensée de sa
fortune.

Oui, ne l'oublions pas, l'Allemagne, quoi qu'elle en ait,
est à la discrétion de la Prusse ; la Prusse fera de l'Allemagne ce qu'elle voudra. Or, l'état de l'unité allemande étant
tel que le dépeint M. Vogt, à quoi peut songer la Prusse ?
Attendra-t-elle du temps qu'il ait effacé peu à peu les
obstacles contre lesquels elle a à lutter, amorti les griefs
dont elle est l'objet, créé enfin dans toutes ses parties une
harmonie normale et durable ? Cela n'est guère à croire.
La Prusse est orgueilleuse et impatiente ; elle tient à
expédier en un jour ce qui ne doit être que l'œuvre de
longs siècles. Pour elle la force morale n'est rien, elle n'a
foi que dans la force matérielle ; elle procède par le fer et
le feu. Qui donc pourrait répondre qu'au lieu de s'appliquer

à corriger le mal qui la ronge intérieurement, elle ne
cherche à en distraire les intéressés en portant leur attention au dehors ? L'œuvre de sa diplomatie n'a pas de quoi
la flatter ; elle échoue ou, si elle réussit, ce n'est qu'à
propos d'arguties mesquines. Quand on est armé jusqu'aux
dents et qu'on a pour chef un Bismarck, on fait de plus
beaux rêves. Donc, que l'Europe veille, que la France
veille aussi, la France surtout, si l'on veut épargner au
monde de nouvelles aventures.

VI

On ne saurait trop insister, quand on s'occupe de l'unité
allemande, sur la crise à laquelle la Bavière est en proie.
Les dernières élections ont amené au Parlement une majorité patriote, c'est-à-dire une majorité qui tient aux franchises et à l'indépendance du royaume, n'admettant pas
que, sous prétexte d'unité allemande, l'autonomie de la
Bavière doive être sacrifiée à l'hégémonie prussienne.
Cette majorité, il est vrai, est faible : elle ne repose que
sur deux ou trois voix ; mais il n'en est pas de même dans
le pays. Le pays est animé d'un patriotisme ardent, et si à ce
point de vue, il n'est pas plus largement représenté, la
cause en est, on le sait, dans les manœuvres électorales
d'un ministère inféodé à la Prusse et mené à la baguette
par le parti national-libéral.

Donc, la majorité du Parlement bavarois a usé de son
droit : par 79 voix contre 76, elle a voté une Adresse à la
Couronne. Cette Adresse était un verdict formel contre le
ministère, dont il entraîna immédiatement la démission.
Le roi Louis II, refusant de recevoir l'Adresse, maintint
néanmoins son ministère. Berlin avait parlé.

Louis II est roi de Bavière et, comme tel, attaché de

cœur et d'âme au peuple bavarois ; mais, en même temps,
il porte une des couronnes de l'empire : double situation,
qui chacune lui impose des devoirs. Malheureusement, et
par suite de la politique de la Prusse, ces devoirs sont
souvent opposés ; la crise que l'on a vu éclater montre
que leur conciliation est le plus ardu des problèmes.

Voilà, au fond, où en est ce que l'on appelle l'unité allemande : Etats annexés rongeant leur frein, Etats confédé-
rés souffrant dans leur vie propre, tremblant sans cesse
devant un coup de force. Et M. de Bismarck planant au-
dessus de tout cela, agitant le drapeau prussien, retenant
de sa main de fer les éléments mal joints de sa combinaison poméranienne, rêvant enfin, en désespoir de cause et
comme ciment approprié à l'œuvre violente, de nouvelles
guerres à l'étranger sinon à l'intérieur.

VII

Les journaux prussiens étaient entrés en campagne ; les
reptiles dardaient sur les patriotes bavarois leur fiel le
plus venimeux. On est stupéfait d'un pareil langage.
M. Joerg et ses amis étaient traités par la *Gazette nationale*
de « valets des Jésuites, de noirs compagnons, de paysans,
de politiques de cabaret, etc. » Le *Courrier de la Bourse*
les comparait à des « porcs. »

Il va sans dire que la manifestation du patriotisme bavarois est mise sur le compte du catholicisme ; le mot
d'ordre, dit-on, lui vient de Rome. C'est une tactique.
Berlin voudrait persuader au monde que si le catholicisme
ne faisait obstacle, tous les Etats allemands, quels qu'ils
soient, vivraient heureux et fiers à l'ombre tutélaire de la
Prusse.

Paradoxe, rien de plus ; tous les faits le démentent,

Sans doute, il est à croire qu'au spectacle des violences
du *Kulturkampf* et de ses effets démoralisateurs, le sentiment religieux des populations bavaroises, qui sont
aux deux tiers catholiques, se trouve vivement surexcité.
Mais là n'est point pour la Bavière le principe de son antagonisme contre la Prusse. Bien avant qu'il fût question de
Kulturkampf, cet antagonisme éclatait.

VIII

On n'a pas oublié qu'en 1870, au début de la guerre, un
télégramme de Berlin annonçait fièrement à l'Europe que
le Parlement bavarois avait voté à l'unanimité les crédits
demandés par le gouvernement, au nom de la Prusse.

Ce télégramme était faux. Non-seulement le vote dont
il s'agit n'avait point été unanime, mais encore il avait été
précédé d'une discussion des plus orageuses, où les sentiments exprimés n'étaient rien moins que favorables à la
Prusse. De plus, le projet du gouvernement ne passa qu'a-
près avoir subi des amendements considérables.

Je crois devoir rappeler cette discussion rétrospective ;
elle est aujourd'hui pleine d'enseignements, et, chose à
considérer, ce sont les mêmes adversaires politiques qui se
trouvent en présence.

L'ensemble des crédits demandés s'élevaient à 26 millions 600 mille florins, dont 5,600,000 spécialement affec-
tés au ministère de la guerre, pour armer les troupes et
les placer sous le commandement de la Prusse. La Chambre renvoya le projet à une commission, et le 20 juillet,
c'est-à-dire le lendemain même de la déclaration de
guerre, les débats publics s'ouvrirent.

M. Joerg, rapporteur de la commission, prit le premier

la parole. Il déclara que la commission avait tout d'abord désapprouvé l'usage que le gouvernement prétendait faire des crédits, et qu'à la majorité de six voix contre trois, elle proposait de les employer non à mettre l'armée du pays aux ordres de la Prusse, mais à observer une neutralité armée. Il blâma énergiquement le roi Guillaume, qui, suivant lui, d'un seul mot et en prenant moins de souci de ses intérêts de famille et de sa dignité personnelle, eût pu détourner de l'Allemagne le fléau de la guerre. Il nia que le *casus fœderis*, tel qu'il était exposé dans les traités de 1866, fût applicable à la circonstance présente ; il contesta la sincérité et les avantages des garanties offertes par la Prusse, ajoutant qu'accéder au projet du gouvernement serait enchaîner la Bavière à la Prusse, sacrifier l'indépendance de la couronne et réduire le droit du Parlement de voter des subsides à un droit illusoire.

Ce discours produisit un effet immense. Plusieurs orateurs s'élancèrent à la tribune, et parlèrent dans le même sens. « J'aime mieux avoir les Prussiens pour ennemis que les Français, s'écria le docteur Ruland, car les Français, du moins, ne nous ont jamais fait directement aucun mal. Je vote pour la neutralité. » M. Westermayer se joignit à lui, affirmant que son opinion était celle de tous les habitants du Palatinat. Les partisans de la Prusse, de leur côté, se mêlèrent aux débats avec une violence sans pareille ; l'agitation était à son comble.

Le ministère comprit alors que le moment était venu de faire jouer les grands moyens. Il déclara que la patrie était en danger, que la terre allemande était déjà envahie par les Français ; que, par conséquent, il n'était plus question de délibérer, mais d'agir.

M. Joerg ne se laissa point intimider par cette fantasmagorie mensongère ; il réfuta victorieusement tous les arguments produits en faveur de la Prusse ; mais, pour montrer que son opposition au projet du gouvernement n'était point systématique, il proposa d'en subordonner l'adoption à la marche des événements.

C'est sur cette base que fut préparé le vote. Le docteur Schleich rédigea un ordre du jour ainsi conçu : « Eu égard à l'état de guerre existant actuellement entre la France et la Prusse, il est accordé au gouvernement, dans le cas ou l'intervention de la Bavière deviendrait indispensable, un crédit de 5,600,000 florins. » Cet ordre du jour fut adopté. Néanmoins, un ordre du jour de M. Huttler, impliquant la neutralité, n'échoua qu'à une majorité de quatre voix : 76 contre 72.

Quant au reste du crédit général, soit 21,000,000, il fut réduit, sur la proposition de la commission, à 12,660,000. De plus, le ministre des finances ayant demandé l'autorisation d'émettre des titres du Trésor non productifs d'intérêt pour une somme de 10,000,000, ne l'obtint que pour 6,000,000. Enfin, au lieu de prolonger les subsides de guerre jusqu'à la fin de décembre, comme le réclamaient les ministres, le parlement les limita à la fin d'octobre.

IX

Telle est l'unanimité avec laquelle, d'après le télégramme de Berlin, la Bavière mit son armée, en 1870, aux ordres de la Prusse. On voit, au contraire, que son patriotisme s'y opposa de toutes ses forces, et qu'il sut faire entendre à un ministère plaidant pour la Prusse des paroles sévères. Si plus tard la Bavière fut entraînée au-delà de toute mesure, si ses soldats ont joué pendant la guerre un rôle d'une activité exceptionnelle, cela n'ôte rien à la signification des manifestations premières, manifestations qui devaient partir d'un sentiment intime bien profond, bien tenace, puisque, cinq ans après la moisson de la victoire, elles se renouvellent encore avec tant d'éclat. Mais, si l'antagonisme de la Bavière contre la Prusse se traduisait ainsi dès 1870, n'est-ce pas la preuve évidente que les croyances catholiques, que les excitations du *Kulturkampf* n'en sont ni le principe exclusif ni même la cause déterminante ?

M. de Bismarck qu'à bon droit peut-être on pourrait soupçonner d'avoir provoqué la lutte religieuse dans le but unique de masquer aux yeux de l'Europe, sous une couleur ultramontaine, les résistances sincèrement nationales de certains États allemands, M. de Bismarck sait bien que, chassât-il de la Bavière tous les évêques et tous les prêtres, il ne rendrait pas la Bavière plus prussienne pour cela. De là l'irritation que lui fait éprouver le mouvement patriotique, et par là même séparatiste, dont le royaume de Louis II est le théâtre. Car, dans l'édifice qu'il s'est juré de construire, il ne saurait souffrir la moindre fissure : tout risquerait de s'écrouler. Des idées de feu et de sang doivent traverser le cerveau du terrible chancelier. C'est là le danger, le danger pour la Bavière, le danger pour l'Europe aussi.

M. DE BISMARCK

ET LA LOI ITALIENNE DES GARANTIES

I

L'Italie a cru devoir consommer son unification en s'emparant de Rome et en y établissant le siége de son gouvernement. Or, à Rome, elle se trouvait en face d'une double souveraineté, souveraineté temporelle, souveraineté spirituelle, et cette double souveraineté s'étendait à la fois, suivant le caractère et la portée de ses titres respectifs, sur l'État romain et sur l'univers tout entier.

De là, pour l'Italie, un problème très-complexe. Sans doute, il lui eût été facile de le résoudre d'un seul coup ; elle n'avait pour cela qu'à traiter la conquête de Rome comme une conquête vulgaire, et à en chasser le pape, à en exiler la papauté, effaçant ainsi de l'histoire ce qu'on appelle l'Église romaine. L'Italie n'a pas fait cela ; elle a senti que si, du haut de la force triomphante elle pouvait violenter la couronne, elle ne pouvait, sans s'exposer à un immense échec moral, insulter la tiare. On ne joue pas impunément avec une tradition séculaire, surtout quand cette tradition remplit le monde et qu'elle a ses racines dans la foi ardente, dans la conscience inflexible de plusieurs millions d'hommes.

S'il est un peuple capable plus que tout autre de comprendre et d'apprécier cette puissance impérieuse de la tradition, c'est assurément le peuple allemand. N'est-ce pas au nom de la tradition et pour en renouer le fil soidisant interrompu qu'il a accompli la plupart de ses coups de force? Nous n'avons pas oublié l'enseignement qui tombait du haut de ses chaires. Jacques Grimm, entre autres, l'illustre philosophe, ne réussissait jamais mieux à enflammer son patriotisme que lorsqu'il exhumait à ses yeux, partout où il croyait en rencontrer, les moindres vestiges traditionnels de la nationalité allemande. C'est Jacques Grimm qui a inventé ce fameux droit populaire, *Volksrecht*, droit primordial, supérieur à tous les traités, à toutes les conventions, autorisant l'Allemagne à s'étendre partout où la langue allemande est en vigueur, partout où un simple dialecte allemand est parlé ou a été parlé. Certes, quand on pousse aussi loin le fanatisme de la tradition, on ne saurait s'étonner, ce semble, de la conduite tenue par l'Italie à l'égard de la papauté.

II

Ainsi donc le pape resta à Rome ; il y resta non comme souverain temporel, puisque la cité pontificale avait été proclamée capitale du royaume italien. Le pape resta à Rome comme souverain spirituel, comme chef suprême de la catholicité.

Ceci posé, le gouvernement italien s'appliqua à combiner un ordre de choses tel qu'il fût clairement établi, aux yeux du monde catholique, que le pape, bien que vivant à Rome, n'était ni le sujet ni le subordonné du roi d'Italie, que sa suprématie spirituelle demeurait pleine et entière, et qu'il pouvait l'exercer en toute liberté et independance. C'étaient deux souverainetés distinctes, quoique territorialement juxtaposées, agissant souverainement chacune dans sa sphère, sans trouble, sans pression quelconque de l'une sur l'autre.

On a nommé cette combinaison la loi des garanties.

Par cette loi, le gouvernement italien s'est formellement désintéressé de tout ce que le pape pourrait faire dans sa sphère spéciale ; il en a dégagé d'avance sa responsabilité ; et pour que nul ne doutât qu'il avait agi d'après sa seule initiative, que le régime adopté par lui vis-à-vis du Saint-Siége intéressait exclusivement son domaine intérieur, il s'est abstenu de soumettre la loi des garanties à une ratification internationale, laissant ainsi à chaque puissance la libre faculté de régler ses rapports avec le chef de l'Église comme elle l'entendrait.

Avant de m'étendre davantage sur la loi des garanties, il me semble opportun d'en citer ici les points les plus caractéristiques.

Art. 1ᵉʳ. — La personne du souverain pontife est sacrée et inviolable.

Art. 2. L'attentat contre la personne du souverain pontife et la provocation à le commettre sont punis des peines établies pour l'attentat et pour la provocation à le commettre contre la personne du roi. La discussion sur les matières religieuses est pleinement libre.

Art. 3. — Le gouvernement italien rend au souverain pontife, sur le territoire du royaume, les honneurs souverains et la prééminence d'honneur qui lui est reconnue par les souverains catholiques.

Art. 6. — Durant la vacance du siége pontifical, aucune autorité judiciaire ou politique ne pourra, pour quelque cause que ce soit, apporter un empêchement ou restriction à la liberté personnelle des cardinaux.

Art. 7. — Aucun représentant de l'autorité publique ou agent de la force publique ne peut, pour accomplir des actes de son office, s'introduire dans les palais et lieux qui sont la résidence habituelle ou la demeure temporaire du souverain pontife, ou dans lesquels se trouve rassemblé un conclave ou un concile œcuménique, sinon avec l'autorisation du souverain pontife , du conclave ou du concile.

Art. 9. — Le souverain pontife est pleinement libre de remplir toutes les fonctions de son ministère spirituel, et de faire afficher à la porte des basiliques et églises de Rome tous les actes du susdit ministère.

Art. 11. — Les envoyés des gouvernements étrangers près de Sa Sainteté jouissent, dans tout le royaume, de toutes les prérogatives et immunités accordées aux agents diplomatiques, selon le droit international.

Art. 12. — Le souverain pontife correspond librement avec l'épiscopat et avec tout le monde catholique, sans aucune ingérence du gouvernement italien.

Art. 15. — Les évêques ne seront pas requis de prêter serment au roi.

Art. 16. — Sont abolis l'exéquatur et le placet royal et toute autre forme d'autorisation gouvernementale pour la publication et l'exécution des actes des autorités ecclésiastiques.

Art. 17. — En matière spirituelle et disciplinaire il n'est admis ni réclamation, ni appel contre les actes des autorités ecclésiastiques, et il ne leur est accordé ni reconnu aucune exécution par la force publique.

III

Telle est l'économie de la loi des garanties. On voit que, tout en réglant les rapports particuliers, le *modus vivendi* du gouvernement italien avec le Saint-Siége, elle a pour but capital, essentiel, d'assurer au pape une complète indépendance pour l'exercice de son pouvoir spirituel. Le gouvernement italien se tient en dehors ; il n'influe, ni directement, ni indirectement sur les actes du pape, et la loi est tellement combinée que ces mêmes actes lui passent par-dessus la tête, et vont au monde catholique sans qu'il en soit seulement informé.

Il résulte de là que si un gouvernement étranger croit avoir à se plaindre du pape, c'est au pape seul qu'il peut, qu'il doit s'en prendre ; le gouvernement italien n'a pas à intervenir.

Et cette conséquence est d'autant plus rigoureuse qu'au point de vue des rapports du pape avec les gouvernements étrangers, la loi des garanties n'existe pas. Elle n'existe pas, d'abord parce que, ainsi que je le disais tout à l'heure, elle ne constitue pour l'Italie qu'un règlement d'ordre intérieur ; ensuite parce que si le gouvernement italien se regarde comme lié par elle, il n'en est pas de même du pape. Le pape n'a pas reconnu la loi des garanties ; il subit, en protestant, la perte de son pouvoir temporel, mais, inattaquable, inviolable dans son pouvoir spirituel, il ne veut devoir qu'à lui-même la liberté de l'exercer. Faire retomber sur une loi ou sur ceux qui l'ont faite des actes auxquels cette loi est absolument étrangère serait donc forfaire à la logique.

Je sais bien qu'aux yeux de la tradition catholique, une pareille situation est fort anormale. Mieux eût valu, évidemment, que l'Italie pût réaliser son unité sans toucher à Rome. L'indépendance, même l'indépendance spirituelle du pape eût paru ainsi dégagée de tout nuage, et nulle discussion ne se fût élevée sur les responsabilités. Mais le roi d'Italie trône à Rome ; c'est là un fait, un fait admis, reconnu, consacré par toutes les puissances ; une thèse diplomatique doit nécessairement le prendre pour point de départ.

IV

Cette impossibilité d'arguer de la loi des garanties pour saisir le gouvernement italien à propos des actes pontificaux, semble avoir été comprise des organes de la chancellerie allemande ; c'est pourquoi, faisant abstraction de cette loi, M. de Bismarck a eu l'idée de provoquer toute une reconstitution de la papauté.

Voici comment s'exprimait à ce sujet, la *Post*, une des feuilles les plus importantes de Berlin :

« Le gouvernement italien devrait faire aux puissances européennes la proposition de créer une constitution qui assurerait au pape tous les droits nécessaires, mais qui tracerait des limites à l'élection papale, à la validité des actes du Saint-Siége et à leur responsabilité en cas de violation de la constitution. Tous les Etats auraient un intérêt égal à la création de cette constitution. »

La *Post* ne se faisait-elle pas illusion? Comment traduire son idée en pratique? Le pape, comme chef de la catholicité, n'est pas un de ces princes que l'on puisse à volonté médiatiser, subalterniser ou même simplement réglementer. Par les côtés les plus essentiels de son pouvoir, il échappe à la compétence purement humaine ; il défie jusqu'à la force brutale. Si donc la constitution proposée impliquait autre chose que la consécration intégrale, absolue de son indépendance pontificale, le pape ne l'accepterait pas. Se passerait-on de l'acceptation du pape ? Alors, ce ne serait plus une constitution internationale dans le sens diplomatique du mot : ce ne serait qu'un fait violent, fait qui, dans l'espèce, serait gros de périls.

Mais sans aller aussi loin, on peut se demander de quelle manière se réaliserait pour la constitution de la papauté l'accord de toutes les puissances. A cet égard il faudrait naturellement qu'il y eût entre elles unité de vues, unité de but ; j'ajouterai unité d'inspiration et de sentiment. Or, serait-il permis de l'espérer ? L'action du catholicisme est loin de présenter partout un caractère identique ; elle diffère chez les peuples suivant les degrés de foi et de conscience, l'attachement aux traditions ; suivant les mœurs, les habitudes, le tempérament. Tel système projeté vis-à-vis de la papauté qui passerait aux yeux des uns pour une tutelle protectrice, serait regardé par les autres comme une persécution inique, odieuse. Les cabinets sont généralement peu enclins à se désintéresser de ces impressions populaires ; ils évitent surtout de les froisser, sachant avec quelle force elles rayonnent du for intérieur sur la vie extérieure. Le cabinet de Berlin, entre autres, nous donne ici l'exemple. Combien de fois ne l'avons-nous pas vu, même dans ses négociations les moins importantes, arguer, soit pour justifier une prétention, soit pour refuser une concession, des exigences de l'opinion publique allemande !

V

Du reste, je m'étonne de que M. de Bismarck ait paru attacher tant d'importance à un traité international de garantie. Le spectacle auquel nous assistons depuis ces dernières années aurait dû le rendre sous ce rapport un peu plus sceptique.

Voici un traité international de garantie. Il porte, avec d'autres articles, textuellement ceci : « Est assurée au Danemark la possession perpétuelle du Slesvig contre tous et chacun qui tâcheraient de la troubler, soit directement, soit indirectement. » Ce traité déjà précédé, en 1715, d'une convention analogue entre le Danemark, la Prusse, l'Angleterre, le Hanovre et Brunswick-Lunebourg, a été signé par l'Angleterre et la France en 1720 ; puis sont venues les garanties de l'Autriche et la Russie réunies, en 1732 ; enfin, la garantie individuelle de la Russie, en 1773.

A quoi ont servi toutes ces garanties ?

Rappellerai-je encore le traité de Londres de 1852, garantissant au successeur de Frédéric VII *l'intégrité* de la monarchie danoise ? Tous les États de l'Europe, grands et petits, y ont mis leur signature ; seuls la Bavière, la Saxe-Weimar, la Hesse-Darmstadt, le Mecklembourg et Bade s'étaient réservés.

Où en est aujourd'hui l'intégrité de la monarchie danoise ?

Après de tels précédents, M. de Bismarck et les journaux allemands ne se formaliseront pas, sans doute, si, eu égard aux traités internationaux, même quand il s'agit de la constitution de la papauté, tout le monde ne partage pas leur confiance.

Dans cette courte discussion, je me suis maintenu exclusivement sur le terrain diplomatique, mon unique but étant de montrer combien on s'illusionnerait si l'on songeait sérieusement à y introduire une question que rien n'y appelle, qui n'y serait qu'une plante parasite. Cette idée a son point de départ dans les lois ecclésiastiques émanées du gouvernement allemand, lois qui soulèvent tant de passions en Allemagne et ailleurs ; mais ces lois sont une affaire intérieure, qui regarde le gouvernement allemand seul. Ni la France, ni l'Autriche, ni l'Italie, ni l'Espagne, ni aucune des puissances catholiques ou autres, n'ont à en connaître diplomatiquement. L'Allemagne se trouve ici en face du Saint-Siége ; et comme la loi italienne des garanties ne s'interpose en aucune façon entre eux, c'est à l'Allemagne à s'entendre directement avec le Saint-Siége. Si le gouvernement pontifical est et doit être inflexible en matière de dogme, il a prouvé en plus d'une occasion qu'en toute autre matière il sait assez tempérer ses exigences pour rendre possible entre lui et n'importe quel Etat un *modus vivendi* acceptable.

L'EMPEREUR D'ALLEMAGNE EN ITALIE

I

Si les Italiens avaient, comme les Allemands, la rancune historique, ils auraient fait à l'empereur Guillaume un accueil fort différent de celui dont l'Europe a été témoin. Ils lui eussent rappelé les déprédations et les ravages commis par ses ancêtres dans leur glorieux pays, leurs longs et cruels attentats contre leur indépendance, la ruine de leurs cités les plus florissantes, et ce sac deux fois répété de Milan, Milan, la même ville où le nouvel empereur allemand est venu saluer le roi d'Italie ; ils lui eussent rappelé la vaillante ligue lombarde, qui mit enfin un terme à l'oppression du césarisme tudesque et l'expulsa de la Péninsule.

Les Italiens n'auraient-ils pas eu aussi le droit de rétorquer les insultes que les Allemands prodiguaient naguère à leur nationalité en inaugurant leur monument d'Arminius ?...

« On a abusé de votre conscience, auraient-ils dit à Guillaume ; on a attribué à la défaite de Varus une signification qu'elle n'avait pas. S'il y a ici un héros, ce n'est pas ce petit chef de tribu qui écrase son ennemi après l'avoir perfidement attiré dans un traquenard : c'est le grand guerrier qui le bat à la face du soleil, sur terre et sur mer. Or, ce héros-là n'appartient point à l'Allemagne, il appartient à l'Italie... C'est Germanicus... L'exploit ténébreux de Teutbourg s'éclipse devant l'éclatante victoire d'Idistavisus. — D'ailleurs, eussent-ils ajouté, s'il était indispensable que l'érection du monument d'Arminius servît de prétexte à une leçon, la leçon ne devait s'appliquer qu'aux Allemands, et pas à d'autres, car, il ne faut pas l'oublier, cet Arminius, cet Herrmann, ce soi disant libérateur de l'Allemagne, est mort assassiné par les Allemands. »

Voilà, je le répète, ce que la rancune historique eut dicté aux Italiens, ce qu'ils auraient pu très-justement faire retentir aux oreilles de leur impérial visiteur. Ils s'en sont abstenus et ils ont bien fait. Il est bon de montrer à la race allemande que si elle a pour elle, en ce moment, la force matérielle, la race latine garde toujours de son côté les

attributs les plus distingués, les plus délicats de la force
morale, c'est-à-dire l'esprit, le bon goût et la dignité.

II

Cependant, il n'eût pas été inopportun de mettre sous les
yeux de M. de Bismarck cette dépêche de la chancellerie
prussienne du 13 octobre 1860, où le gouvernement de
Berlin prenait si ouvertement parti pour le pape contre
Victor-Emmanuel. Le baron de Schleinitz, alors ministre
des affaires étrangères, entre autres déclarations, y disait
ceci : « Le gouvernement prussien, tout en attribuant au
principe des nationalités la plus grande importance, ne
saurait en tirer la justification d'une politique qui mécon-
naît le respect dû au principe du droit. » Puis il terminait
en ces termes : « Appelés à nous prononcer sur de tels actes et de tels principes (les actes et les principes du gouvernement italien vis-à-vis du gouvernement pontifical),
nous ne pouvons que les déplorer profondément et sincèrement, et nous croyons remplir un devoir rigoureux en
exprimant de la manière la plus formelle et la plus explicite notre désapprobation tant des principes que de l'application qu'on a cru en pouvoir faire. »
Assurément une telle communication eût offert un à-propos assez ironique, et d'un effet d'autant plus saisissant
qu'il fût allé bien au-delà de l'horizon italien. Mais à
quoi bon ? M. de Bismarck se rappelle parfaitement la dépêche du 13 octobre ; et il est fort probable qu'il est le
premier à en rire aujourd'hui ; on sait d'ailleurs que si
les Allemands se plaisent à invoquer l'histoire et la tradition, ce n'est qu'autant qu'elles favorisent leurs menées ;
dans le cas contraire, ils les repoussent, les nient ou les
travestissent. On appelle cela le droit de la force.

III

Dès que le voyage de l'empereur Guillaume en Italie fut
décidé, les journaux allemands se hâtèrent d'emboucher
la trompette. Rien de plus curieux que leurs rodomontades
à ce sujet. Ils célébraient à l'envi l'identité, la solidarité
d'intérêts qui, suivant eux, unissaient le nouvel empire allemand et le nouveau royaume italien. Et, pour que les
Italiens ne s'avisassent pas de discuter cet étonnant paradoxe, ils leur rappelaient fièrement que l'Italie n'a dû son
unité qu'aux victoires allemandes. La France n'y est pour
rien ; Magenta et Solférino sont des mythes ; c'est l'Allemagne qui a tout fait.

Cette prétention de l'Allemagne d'avoir mis la main partout où de grandes choses ont été accomplies ne s'est guère
produite que depuis la guerre de 1870. Elle est passée
maintenant à l'état de manie. Il semble que, lorsqu'on a
vaincu la France, on peut tout se permettre. Déjà, à l'épo ·
que de l'inauguration de l'Institut allemand d'Athènes,
un orateur s'était avisé de rendre hommage aux valeureux
Allemands qui, suivant lui, avaient versé leur sang pour
l'affranchissement de la Grèce. Jusqu'alors, nul ne s'en
était douté.

L'Amérique y viendra à son tour. Voici qu'un Américain
envoyait naguère à M. de Bismarck une canne taillée dans
la boiserie de la *salle de l'Indépendance*, où fut signée,
le 4 juillet 1776, la déclaration des États-Unis. Un tel cadeau, dans la pensée du donateur, était évidemment un
cadeau symbolique. Mais que signifie le symbole ? Les Allemands, sans que personne l'ait jamais su, se seraient-ils
battus sous l'uniforme de Rochambeau et de Lafayette ?
ou bien quelque krupp formidable se serait-il mystérieuse-

16

ment glissé dans les batteries des libérateurs ? Ne désespérons pas de lire cela plus tard dans quelque poëte des bords de la Sprée. En attendant, on suppose que la canne américaine est un hommage à la grande patrie allemande, qui, ne pouvant nourrir tous ses enfants, en expédie, chaque année, de nombreux milliers sur la terre américaine. Cet hommage serait peu flatteur pour la grande patrie allemande. Quoi qu'il en soit, il y a dans l'incident de la canne une leçon topique pour ceux des républicains français qui se montrent si avides de la confraternité américaine. Se souvient-on avec quels transports les gouvernants du 4 septembre, à peine installés, accueillirent la reconnaissance des États-Unis ? Or, quelques semaines après, les États-Unis étaient aux pieds de M. de Bismarck. Jamais note diplomatique ne s'était formulée en adulation plus plate que celle dont M. Bancroft donna lecture à nos vainqueurs au nom du général Grant.

IV

Quel devait-être le résultat politique du voyage de l'empereur Guillaume en Italie ? Mais, d'abord, ce voyage appelait-t-il nécessairement un résultat politique? Il est très-vrai que l'Italie doit tenir à rester en bons rapports avec l'Allemagne comme avec toutes les autres puissances. Voudrait-elle aller au delà ? Dans quel but ? Songerait-elle à de nouvelle conquêtes, pour lesquelles le bras allemand lui serait utile ? L'Italie a assez de ce qu'elle possède; s'étendre davantage l'affaiblirait. A un autre point de vue, elle n'a rien à redouter ; personne ne la menace.

Sans nul doute, eu égard à son esprit d'envahissement, l'Allemagne aurait tout intérêt à se ménager le concours de l'Italie. Mais l'Italie aurait-elle intérêt, de son côté à engager son concours? Ne s'exposerait-elle pas à faire, un beau jour, le jeu exclusif de l'Allemagne et à tomber sous sa coupe ? Voilà de quoi lui donner à réfléchir.

Les Allemands croient offrir à l'Italie, dans leur *Kulturkampf*, un appât propre à la leur concilier. « Notre cause est commune, disent-ils ; l'Italie et nous, nous luttons contre la papauté. » Bornons-nous à faire observer que la lutte des deux parts est ici fort différente ; et l'échec essuyé par M. de Bismarck, dans l'affaire des lois de garantie, nous laisse préjuger que l'Italie est fort peu disposée à envenimer une situation qu'elle a tout avantage à adoucir.

D'ailleurs, pour entraîner l'Italie par l'exemple du *Kulturkampf*, il faudrait prouver que le *Kulturkampf* a tourné réellement à la pacification et à la prospérité intérieures de l'Allemagne. Or en est-il ainsi ? Depuis que la persécution est déchaînée contre le catholicisme, l'Allemagne est-elle plus paisible, plus unie, plus honnête ? Son développement intellectuel et moral, même son développement matériel sont-ils plus en rapport avec ses immenses agrandissements, avec les hautes destinées qu'elle s'attribue ? Nous assistons, on le sait, à un spectacle tout différent ; et si l'on s'en tient aux faits, on constate que s'il y a encore en Allemagne de l'honorabilité, de l'honnêteté, de la vertu, des sentiments nobles et élevés, ce n'est pas du côté de ceux qui persécutent. Donc, si le *Kulturkampf* en est là, si la lutte dite civilisatrice n'a abouti qu'à enrayer la civilisation, au lieu de la précipiter, est-il croyable que l'Italie puisse s'en inspirer, l'Italie qui n'a pas abdiqué, que nous sachions, dans le mouvement de la civilisation européenne, le rôle auquel les souvenirs de son passé et ses inspirations vers l'avenir lui donnent droit ?

M. DE BISMARCK ET LA BELGIQUE

I

Je ne reproduirai point la fameuse note adressée le 7 février 1875 par la chancellerie de Berlin au cabinet belge. Ce qui en ressort, c'est le peu de gravité, tout au moins le peu d'opportunité des griefs qui lui servaient de base. Des lettres épiscopales de vieille date et depuis longtemps oubliées, une adresse à l'évêque de Paderborn attribuée à un comité et désavouée par ce comité, une fanfaronnade de cordonnier ivre menaçant de mort M. de Bismarck, et, les fumées du vin dissipées, regrettant sa sottise : voilà les faits !

On s'étonnerait vraiment de les voir figurer dans une note diplomatique, si le chef de la chancellerie allemande ne nous avait déclaré lui-même, en plus d'une circonstance, qu'il se croyait obligé de déférer aux vœux de l'opinion publique allemande. Or, l'opinion publique allemande, exprimée par les journaux allemands, est, on le sait, des plus ombrageuses. Tandis que, contre les autres, elle se permet tout, elle ne souffre pas que l'on touche à l'Allemagne, sinon pour l'admirer et lui faire fête.

Les journaux allemands s'étaient donc formalisés de ce qui se passait en Belgique. Ils y voyaient une insulte à la dignité de l'Allemagne, une menace à sa sécurité ; ils ont poussé les hauts cris. De là la note au cabinet belge.

Il eût été facile, cependant, de rassurer directement les

journaux allemands. On eût pu leur représenter que la
Belgique était un petit État, un État faible ; que, par
conséquent, tous les évêques, tous les comités, tous les
cordonniers belges donnassent-ils d'une seule voix contre
l'Allemagne, l'Allemagne aurait tort de s'en émouvoir.
Dès lors, qu'un grand État comme l'Allemagne, un État
où le culte de la force matérielle prime tout, ne voit pas
au service d'une manifestation quelconque une quantité
suffisante de bataillons et de canons, qu'a-t-il à redouter?

Je suis persuadé, d'ailleurs, que l'évêque de Paderborn,
pas plus que les autres chefs de diocèses allemands, n'ont
guère songé à diriger ou à accentuer leur conduite suivant un mot d'ordre ou une excitation venus de Belgique.
M. de Bismarck, lui-même, s'est-il vraiment tant effrayé
d'une menace platonique fulminée par un ivrogne en
délire ?

On eût pu représenter encore aux journaux allemands,
et ceci a une portée plus générale, que pour avoir le droit
de revendiquer au dehors une approbation unanime, il
serait nécessaire, avant tout, que l'Allemagne se mit
d'accord avec elle-même.

Un écrivain allemand a écrit ceci : « Le peuple allemand est sous une forme concentrée toute l'essence de
l'humanité ; et la civilisation européenne ne peut avoir de
grandeur et d'éclat qu'en se moulant exactement sur le
génie chrétien et politique de l'Allemagne. »

C'est là assurément un fier langage, et je ne doute pas
qu'il n'exprime fidèlement l'opinion des Allemands. Mais
pour qu'il fût goûté, comme il le mérite, ailleurs qu'en
Allemagne, il faudrait avant tout, je le répète, que les
Allemands s'entendissent entre eux. Or, il est loin d'en
être ainsi. La nouvelle organisation poursuivie par le
gouvernement allemand est fort discutée. Je ne parle pas
des catholiques : ils sont trop intéressés dans la cause pour

qu'on s'autorise de leur opinion; mais ni les démocrates ni les socialistes, un parti nombreux, n'acceptent cette organisation. Les progressistes, qui comptent dans leurs rangs tant d'hommes considérables, pas davantage. Plusieurs pasteurs protestants, entre autres le pasteur de Münster, la qualifient en termes plus que sévères.

Autre considération qui a son poids. Les journaux allemands célèbrent la lutte engagée comme « la lutte de la lumière contre les ténèbres. » --- Or, il se trouve précisément que la population la plus éprouvée par cette lutte occupe dans l'échelle de l'instruction le degré le plus élevé. Ainsi, mettant à part les provinces polonaises, où l'ignorance n'est encore que trop répandue, on constate dans tous les autres pays de l'empire allemand, au point de vue de l'instruction, entre les protestants et les catholiques, une supériorité très-marquée en faveur de ces derniers. En effet, sur cent protestants au-dessus de dix ans, 6,6 pour le sexe masculin et 11,4 pour le sexe féminin ne savent ni lire ni écrire, tandis que chez les catholiques la proportion dans les mêmes conditions n'est que de 1,3 et de 2,9 au plus. Tels sont les chiffres de la statistique allemande.

II

Je n'abuserai pas de ce défaut d'entente entre les Allemands relativement à leur organisation nouvelle. Je demanderai seulement pourquoi ils s'offusquent si fort de ce qu'à l'étranger on ne se préoccupe pas uniquement d'y applaudir. L'écho de leurs discussions, qu'ils le sachent bien, franchit leurs frontières ; n'est-ce pas assez pour déconcerter jusqu'à ceux qui seraient le mieux disposés à leur être favorables ?

Il y a plus : précisément à l'heure de la note, le gouvernement allemand lui-même se reconnaissait impuissant, je ne dirai pas à étouffer la discussion, mais à supprimer les documents les plus propres à l'envenimer. Qu'on se rappelle les paroles du ministre des cultes, M. Falk, à la séance du Reichstag du 16 mars : « Rome a complétement atteint son but par la publication de l'encyclique dans les journaux ultramontains. *Le gouvernement ne pouvait l'empêcher;* mais il était du moins de son devoir de ne pas soutenir les forces rebelles avec les dotations de l'Etat. »

Ainsi, au moment où le gouvernement allemand, s'en prenait à la loi belge de la publication de certaines lettres épiscopales, il avouait par l'organe d'un de ses ministres que sa propre loi ne lui fournissait aucun moyen d'empêcher la publication des encycliques du pape. Un aussi étrange contraste n'échappera à personne; il n'est guère d'usage en diplomatie d'inviter une autre puissance à faire chez elle, dans un intérêt qui ne la regarde pas, ce qu'au point de vue du même intérêt on déclare ne pouvoir faire chez soi.

III

Les faits que je viens de relever tendent principalement à nous édifier sur l'opportunité plus que discutable de la note allemande. Quant au fond du document, aux principes qu'il essayait de faire prévaloir, ils ont excité dans la presse européenne un étonnement unanime, et ses organes les plus importants en ont fait l'objet d'une critique sévère. On a trouvé exorbitant, inadmissible cette ingérence d'un État dans un autre État, à l'effet d'en réclamer la réforme de sa législation intérieure.

La note allemande semblait reprocher à la Belgique d'abuser des « priviléges de sa neutralité ». Ce n'est point en vertu de sa neutralité que la Belgique règle comme elle l'entend son régime intérieur : c'est en vertu de son autonomie, de son indépendance. Elle ne serait point puissance neutre, qu'eu égard à ce régime elle n'en aurait pas moins la faculté et le droit de ne s'inspirer que de ses propres convenances.

Quant aux obligations internationales, il est évident que tout Etat est tenu de les remplir. Mais en rappelant ce principe, la note allemande n'établissait nullement que la Belgique y eut manqué. Les faits signalés par elle eussent-ils été tels qu'elle les représentait, qu'on ne comprendrait même pas qu'elle en fît un grief à la Belgique; car chaque jour des faits analogues et d'un caractère autrement grave se produisent en Allemagne, sans que le gouvernement allemand songe à les réprimer, ou s'il les réprime, sans qu'il puisse les empêcher de se reproduire. C'est au point que si au lieu d'un cabinet catholique, la Belgique, cela s'est vu, avait à sa tête un cabinet libéral, il eût pu suffire à ce cabinet, pour répondre victorieusement à la note de Berlin, de se plaindre au ministre allemand du préjudice causé à sa politique par les excitations de la presse ultramontaine allemande.

D'ailleurs la Belgique est un pays de liberté de presse absolue. On y trouve par conséquent des organes de toute opinion, des organes libéraux aussi bien que des organes ultramontains ; si les uns contrarient le gouvernement allemand, les autres le favorisent. Il y a donc compensation; c'est de la neutralité pratique.

IV

Je ne relèverai point ce que disait la note allemande au sujet des modifications introduites dans la législation belge en 1852 et 1856. Il s'agit d'une époque où les journaux belges s'attaquaient moins encore à la politique qu'à la personne même de l'empereur des Français. Or, rien de semblable n'existait dans l'attitude de ces journaux vis-à-vis de l'empereur d'Allemagne.

Quant à l'argument que le ministre allemand tirait de la législation suisse, il paraît qu'il ne portait pas. Des correspondances de Berne nous ont appris que l'article 37, invoqué par M. de Perponcher, ne vise point, comme le prétendait ce diplomate, les critiques dirigées contre un gouvernement étranger, mais bien « l'appel direct à l'intervention étrangère. »

Il serait superflu de pousser plus loin l'examen de la note allemande. On a supposé que par cette note, ainsi que par sa démarche auprès du gouvernement italien, le chancelier allemand n'avait eu d'autre but que de sonder l'opinion de l'Europe à l'égard de l'Allemagne. J'aime à croire qu'il est fixé maintenant. Du reste, certaines feuilles allemandes, plus libres d'allures, notamment la *Gazette de Francfort*, se sont chargées elles-mêmes de rappeler les vrais principes, savoir : que tout Etat est maître chez lui, qu'il peut s'organiser d'après les exigences de ses seuls intérêts, et que, pour lui, la meilleure manière de remplir ses obligations internationales est de s'abstenir de toute immixtion dans la politique intérieure des autres Etats.

V

Malgré toutes ces consultations le cabinet de Berlin n'en insista pas moins auprès du cabinet belge. Laissant provisoirement de côté les lettres épiscopales et l'adresse à l'évêque de Paderborn, il réclama impérieusement à propos de l'affaire Duchesne une réforme dans la législation pénale de Belgique, faisant de cette réforme pour la Belgique une question de devoir international.

Devant cette singulière injonction, le cabinet belge prit d'abord une attitude très-ferme et très-digne. Tout en promettant de mener à bonne fin l'enquête judiciaire déjà commencée contre Duchesne, il déclina l'initiative de la réforme qu'on voulait lui imposer comme une obligation isolée, pour la subordonner à l'exemple qui pourrait lui être offert par d'autres États.

Voici, sur ce point, les termes de la note belge du 25 février : « Si la plupart des nations européennes, ou du moins quelques-unes d'entre elles, voulaient modifier leurs lois pénales en ce sens que l'intention manifestée par écrit ou en paroles, de trouver un complice pour un crime ou un délit est punissable, même dans le cas où cette intention, loin d'avoir été accueillie avec satisfaction, a été repoussée avec indignation, alors certainement la Belgique aurait à examiner ce grave problème du droit pénal et à suivre probablement un mouvement dont elle ne se croit pas appelée à prendre l'initiative. »

Dans la séance du parlement du 8 mai, le comte d'Aspremont-Lynden, ministre des affaires étrangères, confirma la note diplomatique du 25 février. « L'acte du sieur Duchesne, dit-il, était immoral, et je n'ai pas attendu jusqu'aujourd'hui pour le déclarer. Alors même que l'intention criminelle ferait défaut, la proposition faite par le sieur Duchesne n'en est pas moins odieuse. Ce n'est qu'après l'instruction judiciaire que nous saurons si le cas de Duchesne tombe sous l'application de la loi pénale. S'il y a une lacune à cet égard dans notre législation, elle n'existe pas seulement chez nous. Notre législation est une des plus complètes. La question est à l'étude dans divers Etats ; quand le résultat de ces études sera connu, le gouvernement fera son devoir. »

Rien de plus sage, de plus correct assurément que ces déclarations. La Belgique ne relève pas seulement de l'Allemagne ; toutes les puissances de l'Europe l'ont garantie. Si donc sous l'empire d'un sentiment international, elle entreprend de modifier sa législation, il ne lui appartient pas de consulter les convenances particulières de telle ou telle puissance ; elle doit s'inspirer de cet esprit de solidarité générale qui l'unit à toutes les puissances dont le concours et l'appui lui ont assuré et lui assurent son existence comme Etat. Autrement, elle s'exposerait à des tiraillements qui, en troublant profondément son harmonie intérieure, pourraient atteindre jusqu'à son autonomie.

VI

Que s'était-il donc passé depuis les déclarations que je viens de rappeler, c'est-à-dire à la date du 10 juin ? Avait-on vu quelque grand État de l'Europe, dans un but hautement proclamé de nécessité internationale, prendre l'initiative d'une réforme analogue à celle que l'Allemagne réclamait de la Belgique ? Non : l'empire allemand seul était entré dans cette voie Or, qu'on me permette de le dire, ce n'était point là un argument. L'empire allemand est né d'hier; ses assises sont posées à peine; il en est à la période des essais, des tâtonnements; de longtemps encore il n'aura fixé son organisation définitive. Par conséquent, il ne peut éprouver aucun scrupule à modifier, à réformer les lois qu'il rencontre dans les diverses parties qui le composent. S'il ne réussit pas une première fois, il recommencera ; cela lui importe peu. Seulement les autres États n'ont pas à se préoccuper d'un tel travail; malgré son immense force matérielle, l'empire allemand n'aura sur eux de véritable autorité morale, que lorsqu'il leur présentera un système d'institutions sérieusement consacré par l'expérience.

Je n'ignore pas que les Allemands revendiquent fièrement cette autorité morale. Un d'eux a écrit cette phrase que j'ai déjà citée : « Le peuple allemand est, sous une forme concentrée, toute l'essence de l'Humanité ; et la civilisation européenne ne peut avoir de grandeur et d'éclat qu'en se moulant fidèlement sur le génie chrétien et politique de l'Allemagne. » Superbe boutade, en vérité, et qu'admirent évidemment les patriotes d'outre-Rhin, mais elle n'a pas encore pris place, que je sache, dans l'évangile diplomatique.

Ainsi donc, sauf en Allemagne, la Belgique ne trouvait nulle part l'impulsion qu'elle avait si formellement déclaré vouloir attendre pour la réforme de sa législation pénale. Elle a néanmoins passé outre ; et dans sa séance du 23 juin 1875, sur la proposition du cabinet d'Aspremont-Lynden, le Parlement belge, par 75 voix de majorité contre 6 et 5 abstentions, a voté une loi qui donnait pleine et entière satisfaction à M. de Bismarck.

Du caractère propre de cette loi, des avantages ou des inconvénients qu'elle peut produire, je crois qu'il est superflu de se préoccuper : ce qui frappe et paraît infiniment plus grave, ce sont les circonstances dans lesquelles elle a été votée. On s'ingénie à en rendre responsables des influences étrangères à la Chambre et au cabinet.

On ne saurait disconvenir qu'à la lumière de certains faits plus récents, l'affaire Duchesne avait beaucoup perdu de son acuité et même de sa signification première. Rapprochée de l'affaire Wiesinger, ce buveur fantastique du sang de M. de Bismark, elle semblait impliquer bien plus une combinaison de spéculateur qu'un complot d'assassin. En outre, du choix des personnages que les deux héros voulaient associer à leur dessein, il ressortait qu'ils visaient avant tout, non la tête de M. de Bismarck, mais l'honneur du catholicisme. Moyen ingénieux, selon eux, de seconder la politique anticatholique du chancelier. Wiesinger, pour sa part, en a fait l'aveu devant le tribunal ; il s'attendait même à ce que son intrigue lui vaudrait des honoraires. « Des honoraires de qui ? » lui demanda le président. — « Je n'en sais rien moi-même, repondit-il ; de l'ambassade allemande ou du prince de [Bismarck. Je n'ai pas d'idées précises là-dessus. »

Cette déposition de Wiesinger prêterait à de curieux commentaires. Je m'en abstiendrai. Mais le cabinet belge n'aurait-il pas pu y trouver un nouveau point de départ pour prolonger ses négociations ; en tout cas, pour retarder la présentation de son projet de loi jusqu'à ce que, conformément à ses notes et à ses déclarations précédentes, il eût vu un mouvement dans ce sens se prononcer du côté des autres puissances ? Le cabinet belge a préféré se hâter ; on eût dit qu'il regrettait le déclinatoire opposé d'abord par lui à la sommation du cabinet de Berlin, et qu'il eût à cœur d'effacer par un acte de docilité mémorable le déplaisir qu'il avait causé à M. de Bismarck en le faisant attendre.

Cette complaisance du cabinet belge lui a mérité de la

17

part de l'Allemagne un témoignage approbateur, d'une
formule inouïe jusqu'ici dans les fastes diplomatiques.
L'empereur Guillaume lui-même, joignant sa voix à celle
de son ministre, a exprimé à M. d'Aspremont-Lynden
« sa plus vive satisfaction. » Maintenant que d'autres
puissances hésitent à souscrire à certains *desiderata* de
l'Allemagne, la Belgique sera là pour leur être offerte en
exemple, la Belgique redevenue pour la circonstance le
pays le plus libre, le plus indépendant, le plus sage, le
pays modèle entre tous les pays de l'Europe.

VII

Mais ce n'est pas seulement sur les autres puissances
que réagira l'exemple donné par la Belgique. La Belgique
elle-même en subira les conséquences. Dieu veuille qu'elles
ne lui soient pas trop amères ! La diplomatie allemande
est d'une habileté prestigieuse; de plus, elle est d'une ténacité que rien n'égale. Comme elle excelle à féconder le
champ le plus stérile ! Avec elle rien n'est oublié, rien
n'est perdu. Elle tire parti des choses les plus insigni-
fiantes ; elle surveille vos côtés faibles, elle en use et
abuse. Vous vous croyez encore libre comme l'air, que
déjà elle vous a enveloppé dans ses filets.

On l'a vue à l'œuvre en 1862 et 1863 avec le Danemark.
Toute sa tactique, alors, n'eut pour base qu'un mot, un
seul mot. Après l'arrangement de 1851, relatif aux duchés,
le prince Schwarzenberg témoigna le désir que le roi
Frédéric VII donnât quelques *éclaircissements* sur le régime
qu'il prétendait leur appliquer. Frédéric VII s'y prêta. Ce
n'étaient là que de simples explications personnelles, un

échange amical d'idées ; le traité de Londres n'en fit même pas mention.

Eh bien ! de ce mot « *éclaircissements* » qu'a fait la diplomatie allemande ? Elle en a fait successivement « déclarations, stipulations, » et enfin, « engagements, » engagements formels, solennels, sacrés, puis, envenimant tout cela, elle en a construit contre le Danemark un acte d'accusation monstrueux dont toute l'Europe a été dupe, et qui a décidé de la perte du pays.

Donc en face de la diplomatie allemande, il n'est pas permis de s'endormir ; toute distraction peut devenir funeste. A plus forte raison, toute concession que l'on pourrait éviter et que l'Allemagne aurait le droit de s'attribuer comme un triomphe ; on la payerait cher. L'Allemagne n'est point un pays comme un autre. Tout s'y tient : la littérature, la science, la politique ; elles s'éclairent et se soutiennent mutuellement. On connaît le rôle de la presse allemande ; ce rôle se poursuit dans les livres et dans les chaires ; le savant Wirchow s'évertue, aujourd'hui, à prouver, à coups de crânes exhumés, que la race prussienne est la première race du monde et a droit à toutes les ambitions. Du fond de son cabinet le chancelier provoque le mouvement et donne le mot d'ordre.

Défions-nous avec les Allemands, même d'un mot qui semble jeté au hasard. Ce mot germera, et, si l'on n'y prend garde, on le verra, un jour, s'épanouir en belle parure diplomatique dans un protocole. Tout récemment, comme je le disais plus haut, à l'inauguration du nouvel institut archéologique qu'ils viennent de fonder à Athènes, les Allemands ne se sont-ils pas vantés d'avoir versé leur sang pour la délivrance de la Grèce ? Voici un de leurs historiens qui, dans le but, sans doute, de faire du canal de Suez une œuvre allemande, enseigne à ses lecteurs que

M. Ferdinand de Lesseps a été consul de Prusse. Je pourrais multiplier à l'infini les faits de ce genre ; c'est le génie de l'annexion. Et qu'on ne s'imagine pas que, malgré leur instruction et leur forte cervelle, les Allemands repoussent, comme absurdes, toutes ces fables ; du moment qu'ils y trouvent leur compte, ils y ajoutent une foi aveugle. Vanité patriotique très-utile à l'Allemagne, évidemment, car la politique ne manque jamais de s'en servir à un moment donné, mais dont les autres nations sont exposées à pâtir. Il est prudent d'y couper court dès la première éclosion.

VIII

Qui douterait, par exemple, que depuis sa dernière concession, la Belgique ne soit regardée par les Allemands comme absolument ralliée à leur cause et résolue à suivre la grande patrie dans toutes les phases de sa destinée ? M. de Bismarck, il n'est pas téméraire de l'affirmer, partage aussi cet avis ; il serait bien étonnant qu'il n'agît pas en conséquence.

Du reste, la dépêche congratulatoire de M. Perponcher au comte d'Aspremont-Lynden le laisse prévoir. Voici en effet comment elle se termine : « Sa Majesté l'empereur et roi se plaît à espérer que le retour d'immixtions de sujets belges dans les conflits intérieurs allemands sera empêché dans le même esprit conciliant et de bon voisinage dont le gouvernement de Sa Majesté le roi des Belges a donné, dans le cas Duchesne, une preuve si digne de reconnaissance. »

Quand on pense à la signification que la chancellerie de Berlin attache à ce mot d'immixtions, on ne peut s'empêcher de voir dans la conclusion de la dépêche allemande, une déclaration peu rassurante. M. de Bismarck, qui a obtenu gain de cause dans l'affaire Duchesne, tiendra à l'obtenir également sur d'autres points ; et certes en se rappelant la facilité avec laquelle le cabinet belge s'est départi de la ferme attitude qu'il avait observée d'abord, il ne manquera pas de se montrer très-impérieux. Il faudra au cabinet belge une habileté exceptionnelle pour se mouvoir au milieu des nouvelles exigences qui le menacent, pour ne pas être broyé dans l'engrenage. Cette habileté, il l'aura, nous l'espérons. La dignité, la sécurité de la Belgique sont ici en jeu; il y va aussi de la tranquillité de l'Europe.

Quoi qu'il arrive, et grâce à la Belgique, M. de Bismarck est parvenu à un de ses buts les plus chers, celui d'avoir pour sa diplomatie une question ouverte. Il rétrécira ou élargira cette question au gré de ses convenances ; mais toutes les puissances, il faut s'y attendre, en subiront plus ou moins le contre-coup. Si pour notre part, nous sommes appelés, à cette occasion, à faire de nouvelles concessions, notre diplomatie saura certainement les mesurer de telle sorte que nous n'ayons ni à en souffrir, ni à nous en repentir.

M. DE BISMARCK ET LE DUCHÉ DE SLESVIG

I

S'il est des questions que M. de Bismarck se plaît à tenir ouvertes, il en est d'autres, au contraire, qu'il serait fort aise de fermer. Non, à coup sûr, qu'il s'en trouble personnellement ; M. de Bismarck a le scrupule rebelle. Mais, enfin, tout le monde en Europe n'en est pas là ; et lorsque par hasard l'habile chancelier croit avoir besoin de l'Europe, il faut bien, bon gré, mal gré, qu'il fasse quelque chose pour les consciences d'un puritanisme trop classique.

On a beau avoir la force pour soi ; il est des moments où le droit se regimbe, et il n'est pas toujours facile de le mater. Il est vrai qu'alors on subtilise ; on feint de n'être soi-même que l'instrument du droit, et l'on se targue fièrement de marcher sous sa bannière. Ainsi font les Allemands officiels et officieux. Qu'il s'agisse d'Arminius ou de tout autre vainqueur moins problématique, il n'est pas de chant consacré à leurs exploits qu'ils ne couronnent par un hommage à la suprématie du droit. Ajoutez quelques grains d'encens brûlés sur l'autel du Dieu Justicier, et le mirage est complet. Peut-être est-il permis de supposer que, grâce à l'oblitération morale produite par tant d'exercices de cette jonglerie transcendante, les Allemands en arrivent à s'illusionner, prenant réellement pour vrai ce que les sages de l'Europe tiennent pour apocryphe : enfin, n'importe.

II

Parmi les questions que M. de Bismarck serait fort aise de fermer, il faut compter avant tout la question du Slesvig. Cette question l'agace, le gêne ; et, à la manière dont ses agents se comportent actuellement dans le duché, il paraît clair qu'il veut en finir. C'est qu'aussi la question du Slesvig est une réplique toujours flagrante, toujours irréfutable et irréfutée à cette affirmation cent fois renouvelée par les Allemands, que l'empire allemand est fondé sur la justice et sur le droit. Où est donc ici la justice ? Où est le droit ? Voilà onze ans qu'au nom de « la Très-Sainte et Indivisible Trinité » l'empereur d'Allemagne, alors roi de Prusse, jurant de respecter la nationalité danoise des habitants du Slesvig, a signé le traité de Prague. Or, le traité de Prague gît encore aujourd'hui, de ce chef, à l'état de lettre morte. Non-seulement il n'a pas été exécuté, mais encore le gouvernement allemand s'est obstinément refusé à toutes les suggestions, à toutes les réclamations, à toutes les mesures tendant à en déterminer l'exécution. Quelle confiance, par conséquent, pourrait-on avoir dans les engagements pris par les Allemands? Quelle garantie pourraient offrir les traités signés par les hommes d'Etat allemands, par l'empereur allemand? On se demande aussi quelle serait le prestige de négociateurs allemands soit dans une conférence, soit dans un congrès? Il leur appartiendrait évidemment d'y parler au nom de la force, mais au nom du droit ? Non. Leurs plus belles assurances, leurs plus belles promesses seraient protestées d'avance.

On conçoit qu'il y a dans ce fait diplomatique, ou plutôt extra-diplomatique, de quoi préoccuper vivement M. de Bismarck. C'est le ver dans le fruit, et un ver qui a déjà assez percé pour montrer la tête. On ne sert point de tel fruit á l'Europe, surtout quand on aspire à y occuper la première place. C'est pourquoi M. de Bismarck songe, dit-on, à changer le menu. « La force prime le droit! » On lui a prêté cette boutade. Elle fait bien dans le paroxysme de la victoire ; mais après ? Après, on se dégrise, et l'on avise à abriter l'œuvre de la force sous le droit. M. de Bismarck avise à cela aujourd'hui ; il est dévoré de la soif des traités : il en a proposé à la Belgique pour les lois pénales, il en a proposé à l'Italie pour les lois de garanties, il en médite entre les populations orientales soulevées contre la Turquie. Quel compte en tiendrait-il ?

III

Mais dira-t-on, puisque la question du Slesvig est pour M. de Bismarck un cauchemar, puisqu'il y voit une pierre d'achoppement pour la sincérité de sa politique, que ne se hâte-t-il d'exécuter purement et simplement le traité de Prague ? Une pareille conduite, en effet, n'aurait rien que de très-correct ; mais ce serait mal connaître l'illustre Poméranien que de l'attendre de lui. Si M. de Bismarck ferme la question du Slesvig, ce sera par une autre serrure et une autre clef.

Déjà les journalistes à sa solde se sont mis en campagne et lancent les premières fusées. Le moment semble favorable ; l'attention de l'Europe est ailleurs. La *Gazette des chemins de fer allemands* suggérait naguère, sous cette forme axiomatique, le mode de solution :

« 1º La *Gazette de Francfort*, en rappelant les engagements de l'Allemagne vis-à-vis du Slesvig, forfait au patriotisme ; 2º l'Allemagne ne doit résoudre les questions où elle est engagée, que dans son intérêt exclusif; 3º rien ne saurait empêcher l'Allemagne de se débarrasser de cette question gênante du Slesvig ; ni l'Autriche : l'Autriche s'inquiète peu que l'Allemagne ou le Danemark s'allongent d'un pouce de terre ; ni la France : la France de 1866 est morte ; ni les traités : qui donc a jamais exécuté ponctuellement un traité ? 4º qu'on organise une comédie de suffrage universel ; le traité de Prague sera ainsi exécuté à la lettre, et l'on n'en parlera plus. »

Il va sans dire que cet audacieux article se termine par l'éloge obligé de la loyauté, de l'esprit de justice, de l'attachement invincible au droit qui caractérisent le peuple allemand.

IV

Ainsi le mouvement est donné ; grâce à la *Gazette des chemins de fer allemands*, et à d'autres journaux qui s'inspirent à la même source, les esprits se trouvent préparés à tout événement. Que se passe-t-il dans le Slesvig ? La guerre de 1863 avait eu soi-disant pour but de le délivrer du joug danois pour le ramener sur le lit de roses de la grande patrie. Or, les violences brutales jointes aux tracasseries inaugurées dès les premiers jours de l'occupation allemande, ont pris un caractère encore plus odieux et plus persistant depuis la visite du roi Oscar à Berlin. Il semblerait vraiment que le gouvernement allemand cherche à se venger de l'espoir qu'avait fait concevoir aux habitants du duché le voyage du monarque suédois, et de l'intérêt qui, à cette occasion, s'était réveillé en leur faveur dans toute la presse européenne.

Il s'attaque aux manifestations les plus inoffensives de leur nationalité. Si, dans un banquet agricole, on porte la santé du roi Christian IX, si l'on boit à la prospérité du Danemark, si l'on fait la plus légère allusion au souvenir religieusement conservé de son gouvernement éclairé et libéral, la police intervient aussitôt et disperse les convives. Rappeler l'article 5 du traité de Prague, cet article qui reconnaît aux habitants du Slesvig du Nord le droit de rentrer sous la domination danoise du moment où ils en témoigneront le désir, est un crime. Un rédacteur du *Danewike*, nommé Junggreen, a été condamné pour ce fait à six mois de prison. L'article 5 du traité de Prague a ouvert, dans le Slesvig, plus de cachots et occasionné plus d'amendes que partout ailleurs les codes les plus draconiens.

Cette population du Slesvig du Nord ne parle que le danois ; c'est sa langue maternelle, et elle y tient d'autant plus qu'aux yeux des traités elle est la marque indiscutable de sa nationalité. Or, le gouvernement allemand lui donne des pasteurs, des instituteurs, des juges, des agents de toute sorte qui ne savent que l'allemand, ou qui, s'ils comprennent le danois, refusent de s'en servir.

En juin 1875, les habitants du pays, indignés d'un abus qui entrave au plus haut point leurs rapports civils et religieux, résolurent de s'en plaindre à Berlin. Comme le droit de pétition est inscrit dans les lois de l'empire, ils rédigèrent une pétition qui se couvrit aussitôt de nombreuses signatures. La police confisqua la pétition et pourchassa les signataires. Parlerai-je de citoyens honorables expulsés du duché pour simple cause de *danisme*? On leur donne vingt-quatre heures de répit : pas une minute de plus. Pour la même cause, on ferme des écoles ; on a dissous aussi toutes les sociétés grandes ou petites dont, suivant une habitude scandinave, les femmes et les enfants font partie, et qui ne s'occupent guère que d'intérêts professionnels et d'excursions d'agrément ; la police y a flairé un but politique mortel à l'unité allemande. Il n'est même plus permis aux Slesvigois de recevoir la visite de leurs amis du Danemark lorsqu'ils forment un cortége un peu nombreux, témoin ce qui leur est arrivé le 4 juillet, avec une société de l'île de Fionie, venue en partie de plaisir à Sœnderborg. Sur l'injonction de la police, les bateaux qui amenaient les visiteurs durent rebrousser chemin pour gagner une côte plus hospitalière.

Ainsi, tout ce qui, dans le Slesvig, se rattache à l'élément danois est, pour le gouvernement allemand, un objet de suspicion. Espérerait-il donc désarmer cet élément ? On le croirait presque ; car tout récemment la chancellerie de Berlin a adressé au gouverneur du Slesvig

du Nord un office, où elle lui demande s'il juge le terrain
assez préparé pour introduire l'enseignement de la langue allemande dans les écoles du duché où, jusqu'ici,
la langue danoise a seule été enseignée.

Sous ce régime étrange et sans analogue dans l'histoire,
il s'est produit un fait qui, joint à ceux que je viens de
signaler, montre clairement, selon moi, quelles sont les
dispositions actuelles de M. de Bismarck à l'endroit de la
question du Slesvig. Auparavant la persécution allemande
ne s'appliquait qu'aux parties du duché dont la population est exclusivement danoise. Maintenant elle s'étend
à celles où, d'après les protocoles de Berlin, il n'existe
que des Allemands. En bonne logique, il suivrait de là
que les protocoles ont été fondés sur une statistique
erronée et qu'ils sont à refaire. Mais c'est tout simplement
une tactique, et il n'est pas difficile d'en saisir le but.
M. de Bismarck veut ainsi montrer à l'Europe que si les
choses ne vont pas dans le Slesvig comme elles devraient, la
question de nationalité n'y est pour rien ; que tout tient à
ce que les habitants, pris dans leur ensemble, sont absolument ingouvernables, et que pour le Midi comme pour le
Nord, la faute en est aux excitations provoquées par le
traité de Prague.

C'est là un mal, un très-grand mal. Il réclame par
conséquent un grand remède, un remède radical,
héroïque. Or, quel peut être ce remède, sinon l'annexion
pure et simple ? De la sorte, le traité de Prague perdrait
son aiguillon funeste, et la question du Slesvig serait
irrévocablement fermée.

ÉGYPTE

ISMAIL PACHA

ET

LA RÉFORME JUDICIAIRE

Le projet de loi sur la réforme judiciaire en Égypte a été voté par l'Assemblée nationale le 17 décembre 1875. Ce projet de loi a passé par bien des péripéties et donné lieu à de longs débats. Je reproduirai ici ce que j'en écrivis aux diverses époques où il fut porté à la tribune parlementaire, c'est-à-dire de juin à décembre 1875.

I

Pour se faire une juste idée de la réforme judiciaire en Egypte, il suffirait de lire l'exposé de motifs présenté à l'Assemblée par M. le duc Decazes. Cet exposé, comme tout ce qui porte le cachet de notre ministre des affaires étrangères, est ferme, lumineux, précis ; on y suit, à travers les péripéties de la négociation, l'action pénétrante et vigoureuse de notre diplomatie, luttant pied à pied, ne s'abandonnant jamais, ne cédant qu'à un intérêt manifestement démontré. Ce qui en ressort surtout, c'est le soin jaloux, je ne dirai pas seulement de notre dignité, mais encore de nos susceptibilités nationales.

J'entends dire que la nouvelle réforme aura pour effet d'abroger nos anciennes capitulations, et par suite de laisser sans garantie les Français établis en Égypte. Rien n'est moins vrai. La nouvelle réforme respecte au contraire les anciennes capitulations dans tout ce qu'elles ont d'essentiel et de diplomatiquement consacré ; son unique but est de mettre fin à de nombreuses anomalies, dégénérées peu à peu en coutumes et préjudiciables aux droits légitimes du souverain territorial, aussi bien qu'aux intérêts des colons étrangers.

Les capitulations datent de 1535. Ce n'était point alors des traités proprement dits ; c'étaient des concessions personnelles du monarque oriental en faveur des Européens venus sur ses domaines, concessions révocables à sa volonté et expirant d'ailleurs avec son règne. En 1740 seulement, les capitulations prirent un caractère de permanence, Mahmoud s'étant engagé pour lui et ses successeurs.

Envisagées en elles-mêmes, les capitulations sont une véritable dérogation au droit des gens. Je parle ici exclusivement de celles qui ont trait à la spécialité judiciaire. Il est en effet universellement reconnu que l'administration de la justice, sur son propre territoire, est un des attributs essentiels du souverain. Pourquoi les monarques orientaux se sont-ils si facilement dessaisis de cet attribut au profit des étrangers ? Ceci tient à l'idée même que les musulmans se font du droit et de la justice. Les musulmans regardent le droit et la justice comme partie intégrante de leur religion. Par conséquent, du moment où ils admettaient les étrangers au libre exercice de leur religion dans leur pays, il était logique qu'ils leur laissassent leurs lois et leurs juges. Tel est le principe ; il suffit de le rappeler pour établir *à priori* que quelle que soit la nature de la réforme judiciaire, les capitulations proprement dites ne sauraient en subir aucune atteinte.

Les anciennes capitulations s'appliquaient à tout l'Orient concentré dans l'empire ottoman, qui exerçait alors une souveraineté absolue, même sur les États devenus depuis ses simples tributaires. Elles touchaient aux matières civiles et commerciales, en même temps qu'aux matières criminelles, lesquelles relevaient non de la juridiction locale, mais de la juridiction consulaire. Il serait trop long d'aborder ici, dans ses détails, la pratique de cette juridiction ; je renverrai pour cela à une excellente brochure publiée par M. L. Renault, agrégé à la faculté de droit de Paris (1). M. Renault résume en quelques pages les points les plus caractéristiques de la question et y jette une lumière des plus compétentes.

Comme il s'agit pour nous de l'Égypte, je m'en tiendrai exclusivement à l'Égypte.

II

On ne saurait nier que depuis Mehemet Ali, l'Égypte ne soit entrée dans une voie sérieuse de civilisation et de progrès. Ismaïl-Pacha, surtout, le Khédive actuel, y a puissamment contribué. C'est sous son règne que le canal de Suez a été achevé, et que l'on a vu surgir une foule de

(1) *Étude sur le projet de réforme judiciaire en Egypte.* — Paris, Cotillon, 1875.

créations empreintes de génie occidental, qui assurent à l'Égypte une remarquable prospérité. Il n'est donc pas étonnant que, lancé dans un pareil mouvement, le Khédive ait voulu mettre toutes ses institutions sur un bon pied, et pour cela les dégager de cette foule de superfétations abusives qui faisaient de la plupart d'entre elles un inextricable chaos. De là la réforme judiciaire.

L'Égypte est, de tous les États orientaux, celui où es capitulations ont le plus dévié de leur esprit et de leur portée primitive. La juridiction consulaire ne s'y exerce pas seulement dans les causes où un Français, par exemple, plaide contre un Français, mais encore indifféremment dans celles où un Français plaide contre un indigène ou contre un étranger. Il en est ainsi, même en matière criminelle. Pas de correctif : en dépit des articles 26 et 70 de la capitulation de 1740, qui impliquent, pour l'indigène traduisant un étranger devant un tribunal local, le droit d'y être jugé, sauf l'assistance du drogman ou du consul de la partie, le consul retient les deux plaideurs, quels qu'ils soient, et prononce.

A coup sûr, il y a là une grave atteinte aux priviléges de la souveraineté territoriale; mais ce n'est pas au gouvernement égyptien à s'en plaindre ; il y a prêté lui-même les mains, tout au moins par une complicité tacite. Comme il avait besoin des étrangers, il craignait de les froisser en les rappelant à l'ordre. Seulement, un tel état de choses ne dérivant d'aucune négociation et ne s'appuyant sur aucun traité, le gouvernement égyptien est toujours libre d'aviser.

A première vue, il est vrai, il semble que les étrangers auraient tout avantage à demeurer ainsi exclusivement entre les mains de leurs consuls. Les inconvénients, cependant, en sont faciles à démontrer

« Seize juridictions consulaires environ, dit M. L. Re-

nault, fonctionnent en Égypte; il faut y ajouter les juridictions locales pour avoir l'ensemble des tribunaux qui
peuvent statuer sur les différends de toute nature. Chacun de ces tribunaux suit sa procédure, applique sa loi
nationale sur le fond, les moyens, la preuve, etc. Quelle
complication va résulter d'un pareil état de choses? On le
prévoit. Une convention se forme entre personnes de nationalité différente; d'après quelle loi en appréciera-t-on
la validité, en réglera-t-on les effets? Il est impossible de
le savoir d'avance, puisque cela dépend de la nationalité
du tribunal appelé à statuer. C'est le hasard des circonstances qui, le plus souvent, détermine le rôle de chaque
partie, fait qu'elle est demanderesse ou défenderesse ; on
recourra, s'il le faut, à tous les moyens pour être en possession de la chose litigieuse et se trouver ainsi justiciable
de son tribunal, ou à l'inverse, on cherchera à être de-
mandeur pour obtenir l'application de telle règle de
droit. »

Et si l'on a un procès à engager contre des individus de
plusieurs nationalités différentes? Et si le défendeur ori-
ginaire a une action en garantie à exercer contre un individu d'une autre nationalité? Que de difficultés embar-
rassantes, ou même insurmontables! Ce qui est certain,
c'est qu'avec cette multiplicité de législations, le commerce et l'industrie manquent de protection efficace. Pas
de règles possibles pour les brevets d'invention et les
marques de fabrique; pas de constitution possible pour
la propriété immobilière, à laquelle pourtant les étrangers sont conviés ; un Crédit foncier serait une chimère.
A Alexandrie, le consul russe applique à ses nationaux
propriétaires d'immeubles la loi hypothécaire en vigueur
en Russie; tout autre consul est libre d'en faire autant à
l'égard de ses nationaux, en leur appliquant la loi de
son pays. On le voit, c'est un enchevêtrement où l'on

chercherait en vain à se reconnaître. Je ne dis rien des procès criminels. Ils donneraient lieu à des observations analogues.

III

Une situation aussi anormale ne pouvait se prolonger indéfiniment. En 1867, Nubar-Pacha proposa au Khédive d'y mettre un terme. Le rapport qu'il lui soumit à cet effet est très-énergique. « Des capitulations, dit Nubar, il n'existe plus que le nom ; elles ont été remplacées par une législation coutumière, arbitraire, résultant du caractère de chaque chef d'agence, qui laisse actuellement le gouvernement sans force et la population sans justice régulière dans ses rapports avec les Européens. Cet état de choses ne profite à personne, pas plus aux intérêts généraux des puissances qu'à la population honnête du pays, indigène ou étrangère. La manière dont la justice s'exerce tend à démoraliser le pays. La position du gouvernement n'est plus tenable lorsqu'on pense que la police est impuissante à réprimer les plus légères infractions, jusqu'à ne pouvoir faire exécuter les règlements de voirie ou ceux qui concernent le stationnement des voitures publiques. »

A la suite de ce rapport, Nubar-Pacha rédigea un projet d'organisation judiciaire nouvelle, qui fut communiqué aux puissances. Notre gouvernement nomma pour l'examiner une commission, à la tête de laquelle fut placé M. Duvergier, président de section au conseil d'État.

Les conclusions de cette commission, de même que la réponse des autres puissances, n'étant pas de nature à satisfaire le Khédive, il demanda qu'une commission internationale se réunît à Alexandrie, pour procéder à une enquête et formuler son avis. L'Allemagne du Nord, l'Angleterre, l'Autriche-Hongrie, les États-Unis, la France, l'Italie et la Russie s'y firent représenter par leurs consuls généraux. La commission internationale, après trois mois de délibérations, c'est-à-dire le 17 janvier 1870, présenta son rapport, dont la conclusion était ainsi conçue : « Le système actuel de juridiction, la multiplicité des tribunaux et des législations appliquées, et le défaut d'organisation de la juridiction locale offrent des inconvénients très-fâcheux et qui nuisent à tous les intérêts. Le gouvernement, le pays en général, les étrangers, ont gravement à s'en plaindre, et la commission doit déclarer qu'il lui paraît nécessaire qu'une réforme sérieuse mettre fin à ces imperfections. »

Puis vint la guerre, qui interrompit les négociations. Enfin, dans les premières semaines de 1873, une nouvelle commission, formée des délégués diplomatiques des différentes puissances, se réunit à Constantinople, et après une discussion approfondie, rédigea un projet qui reçut l'approbation de tous ses membres, et qui bientôt agréé par le Khédive, fut soumis à l'acceptation des autres gouvernements.

Ce projet a pour titre : *Règlement d'organisation judiciaire pour les procès mixtes en Egypte*. Voici quelle en est l'économie :

IV

Trois tribunaux de première instance seront institués à Alexandrie, au Caire et à Zagazig, composés chacun de sept juges, quatre étrangers et trois indigènes : les sentences seront rendues par cinq juges, trois étrangers et deux indigènes. Dans les affaires commerciales, le tribunal s'adjoindra deux négociants, un étranger et un indigène. Il y aura à Alexandrie une cour d'appel composée de onze magistrats, sept étrangers et quatre indigènes, les sentences devront être rendues par huit magistrats, dont cinq étrangers et trois indigènes. La présidence des tribunaux et des cours d'appel appartiendra à un magistrat étranger, désigné par la majorité absolue de ses collègues étrangers et indigènes.

Quant aux affaires criminelles, elles seront jugées par les mêmes magistrats qu'au civil. Le juge des contraventions à la charge des étrangers sera un des membres étrangers du tribunal. Le tribunal correctionnel se composera de trois juges, dont un indigène et deux étrangers, et de quatre assesseurs étrangers. La cour d'assises comprendra trois conseillers, un indigène et deux étrangers; les douze jurés seront étrangers. La moitié des assesseurs et des jurés appartiendra à la nationalité de l'inculpé, s'il le demande.

Il serait trop long d'exposer en détail les dispositions relatives à la compétence des tribunaux, à la nomination des magistrats, à la procédure, à l'exécution des arrêts, etc. Je rappellerai seulement que la nouvelle organisation judiciaire impliquant nécessairement une nouvelle législation, le gouvernement égyptien a fait procéder à la rédaction de nouveaux codes, et que ces codes sont calqués presque intégralement sur les codes français.

V

Quand on considère la réforme judiciaire égyptienne dans son ensemble, il est impossible de ne pas reconnaître que tout y est combiné avec le but de donner aux étrangers toutes les garanties auxquelles ils peuvent prétendre.

Des mesures sont stipulées pour assurer l'aptitude, l'intégrité et l'indépendance des magistrats, pour dégager les tribunaux de toute ingérance abusive, de toute pression arbitraire. Par suite de la composition du personnel, du mode de roulement, chaque partie est toujours sûre d'avoir devant elle assez de juges et de jurés de sa nationalité pour n'avoir rien à redouter d'une partialité locale.

Remarquons, d'ailleurs, qu'il ne s'agit ici que de tribunaux mixtes, c'est-à-dire de tribunaux appelés à prononcer entre étrangers et indigènes, ou entre étrangers de nationalité différente. En dehors de là, les anciennes capitulations restent intactes. Ainsi, après comme avant la réforme, les litiges entre Français relèveront toujours des consuls français. Même dans leurs procès avec des étrangers ou des indigènes, les Français auront le privilége d'être jugés d'après les principes qui prévalent dans leur pays. « Car ce que l'on propose, dit très-justement M. le duc Decazes, dans son exposé de motifs, c'est une magistrature en majorité européenne, organisée avec le concours des gouvernements d'Europe, sur le modèle même de leur propre magistrature, et appliquant aux parties de nationalité différente une loi européenne, presque française. »

Ce qui me paraît singulier, c'est que, malgré la part privilégiée faite par la réforme aux idées françaises, c'est surtout parmi les Français qu'elle rencontra le plus d'opposition. Toutes les autres puissances, l'Allemagne, l'Angleterre, l'Autriche, les États-Unis, l'Italie, la Russie, l'avaient acceptée. Il faut bien admettre cependant que les gouvernements de ces puissances ne sont pas dépourvus de sagacité et de prudence, et que tout autant que nous ils tiennent à ne pas mettre en péril les intérêts de leurs nationaux. Il est beau sans doute de lutter seul contre tous ; mais ici la lutte eut été stérile, elle pouvait même nous être funeste, car il s'agissait d'un fait accompli, d'un fait contre lequel il nous était impossible de réagir.

En effet, appuyé sur l'assentiment des puissances, le Khédive avait décrété la réforme. Dès le 28 juin 1875, les nouveaux tribunaux devaient être installés, dans trois mois ils fonctionneraient. Si, dans cet intervalle, c'est-à-dire si dans le cours de la session, l'Assemblée ne donnait sa ratification, la situation de nos nationaux en Égypte deviendrait intolérable. Ils pourraient bien encore vider devant les consuls les procès qu'ils auraient entre eux ; mais, en cas de procès avec des étrangers ou des indigènes, ils se trouveraient sans tribunal et sans juges.

Du reste, en même temps qu'étaient venues d'Égypte des protestations contre la réforme, il en était venu aussi des approbations formelles. Des Français établis dans ce pays, et des plus considérables, la réclamaient avec instance. Il importait que leur avis prévalût, et que l'on ne s'exposât pas à retomber dans un système des abus duquel il n'eût même plus été permis de profiter. Ajoutons que la réforme projetée n'était point une institution définitive ; c'était un essai limité à un *maximum* de cinq ans. Si dans cet intervalle elle ne donnait pas les résultats que l'on en attendait, nous aurions alors toute liberté d'y renoncer et d'aviser à une autre organisation.

VI

Une commission avait été nommée par l'Assemblée pour examiner le projet de loi du gouvernement sur la réforme égyptienne. Cette commission ; était hostile ; le 8 décembre la discussion s'ouvrit sur son rapport, lequel avait pour rédacteur M. Rouvier, député des Bouches-du-

Rhône. Voici en quels termes, quelques jours avant la discussion, j'appréciais ce rapport.

M. Rouvier remonte jusqu'au huitième siècle. Il déroule la longue suite des capitulations françaises et étrangères avec les sultans. C'est de l'histoire rétrospective. M. Rouvier la traite avec compétence ; rendant loyalement hommage à nos rois pour l'influence conquise par eux en Orient, il fait surtout ressortir l'esprit généreux et libéral de la France, qui stipulait non-seulement pour elle, mais encore pour toutes les puissances chrétiennes de l'Occident.

Quand il arrive à l'époque contemporaine, M. Rouvier est moins heureux. C'est qu'ici il rétrécit son point de vue. Oubliant les changements profonds qui se sont produits depuis ces dernières années dans l'organisme politique de l'Europe, il s'étonne que les puissances impliquées dans ces changements aient voulu en profiter. Le fait de la Turquie, partant du traité de 1856, qui l'a introduite dans le concert européen, pour revendiquer l'abrogation de certaines obligations séculaires peu en harmonie avec sa nouvelle situation, lui paraît exorbitant. Rien cependant de plus naturel. Les cabinets l'ont compris ainsi. C'est pourquoi, en renouvelant tous ses traités de commerce, la Turquie a obtenu d'importantes allégeances. Or, nul doute qu'elle n'en obtînt progressivement de plus importantes encore, si elle entrait résolûment dans la voie des transformations que l'on serait en droit d'attendre d'elle.

Le Khédive a suivi l'exemple de son suzerain, croyant avoir d'autant plus de raison de compter sur le bon accueil des puissances que, grâce à son initiative éclairée et à son énergie, l'Egypte marche en civilisation d'un pas plus rapide et plus sûr. M. Rouvier n'admet pas que l'Égypte marche ; il la condamne à la barbarie perpétuelle. Un de ses prédécesseurs en opposition ne signalait-

il pas comme un des plus grands obstacles à la réforme,
la confusion des calendriers ? « Les huissiers, écrivait-il,
ne sauront jamais à quel jour ils doivent signifier les jugements. » Or, au même moment, par ordre du Khédive,
le calendrier grégorien devenait obligatoire dans tous ses
États.

M. Rouvier est plus sérieux. Il se parque dans les capitulations et n'en sort pas ; il n'entend pas non plus qu'on
en sorte. M. Rouvier se méprend Les capitulations ne
sont point en cause, et s'il n'eût obéi à une opinion préconçue, si l'argumentation de son rapport eût été moins
exclusive, il lui eût été facile de le prouver. Les preuves
abondent, et ces preuves qu'il passe sous silence, sont des
faits.

Non, les capitulations ne sont point en cause. Ce qui est
en cause, se sont les usages discordants qui, comme des
plantes parasites, ont germé à l'ombre des capitulations
et peu à peu tout encombré. Voilà ce dont il importe de
se débarrasser.

VII

On se figurerait difficilement, je l'ai déjà exposé plus
haut, ce qu'est aujourd'hui la justice en Egypte. Seize juridictions étrangères, sans compter les juridictions locales,
se mêlant, s'enchevètrant, n'ayant entre elles aucune correspondance normale. Ajoutez la diversité des législations
appliquées, l'éloignement des tribunaux d'appel, le conflit
des idées musulmanes et du droit européen, le défaut de
moyens réguliers pour l'exécution des sentences. Véritable chaos où il est impossible de se reconnaître. Qu'un
procès éclate entre plusieurs étrangers de nationalités différentes, il est engagé devant autant de consulats ou au-

tant de cours d'appel de pays différents ; en sorte que le
même procès peut conduire successivement demandeurs
et défendeurs d'Alexandrie à Aix, à Bruxelles ou même à
New-York. Cette situation est-elle tolérable? Telle est
pourtant l'arche sainte à laquelle M. Rouvier défend de
toucher.

On y a touché néanmoins ; on y a mis sept ans. M. Rouvier subtilise à ce propos. « Voyez-vous, s'écrie-t-il, quel
long temps ! N'est-ce pas une preuve que l'affaire est
grave ? » Evidemment, mais n'est-ce pas une preuve aussi
que la décision arrêtée, loin d'être prise à la légère, ne
l'a été qu'après un examen sérieux et réfléchi ?

M. Rouvier fait l'historique des délibérations, et il appuie, avec une insistance marquée, sur les objections des
commissaires étrangers. N'y avait-il pas là pour lui tout
un enseignement ? Car, enfin, si toutes les puissances
étrangères ont accédé à la réforme, il en ressort qu'à leurs
propres yeux ces objections n'avaient point la valeur
qu'elles leur avaient attribuée d'abord, ou, en tous cas,
qu'il y avait été fait droit.

Qu'est-ce donc que la réforme égyptienne? Je me bor-
nerai à rappeler qu'en vertu de cette réforme tout procès
entre étrangers et indigènes ou entre étrangers de nationalités différentes pourra se plaider et se terminer en
Égypte ; que, dans chaque tribunal, les parties trouveront
des juges de leur pays et choisis par les autorités de leur
pays. N'y a-t-il pas dans cette organisation, étant donné
son caractère mixte, c'est-à-dire le seul caractère qu'elle
dût avoir, toutes les garanties désirables ?

Quant aux procès entre Français, la réforme n'y touche
pas. Ils ne relèveront, comme par le passé, que de nos
consuls. Ainsi nos capitulations demeurent entières ; tous
les avantages, tous les priviléges stipulés et acquis exclusivement en faveur de nos nationaux, dès ces temps reculés

que M. Rouvier regrette avec tant d'amertume, nous restent ; nous n'usons de la nouvelle convention que pour
échapper à des embarras devenus chaque jour de plus en
plus inextricables. Par conséquent, ceux qui, à l'exemple
de M. Rouvier, regardent nos capitulations comme le pal-
ladium de notre influence en Orient, doivent être complétement rassurés.

Mais, disent les adversaires, cette convention sera-t-elle
exécutée ? Le Khédive, monarque absolu, ne peut-il pas
revenir quand il lui plaira sur ses engagements et ses
promesses ? Rien n'est plus vrai ; tout est possible. Il pourrait même arriver que Nubar-Pacha, se transformant en un
second Bismarck, déchirât convention et capitulation, le
Khédive entendant reprendre dans toute sa plénitude
l'exercice de sa souveraineté territoriale et rester seul
maître chez lui. M. Rouvier tirerait-il l'épée pour le rappeler à l'ordre ? Ce sont là de chimériques hypothèses.
Non, le Khédive ne violera pas la convention qu'il a signée ;
il irait directement contre son intérêt. Car alors, indépendamment du discrédit moral qui, dans l'opinion du monde
entier, retomberait sur sa tête, il verrait tous les étrangers déserter ses États. Or, l'Égypte d'Ismaïl, comme autrefois la Russie de Pierre-le-Grand, a besoin des étrangers.

VIII

Du reste, ce cas même a été prévu. Dans cette affaire de
la réforme égyptienne M. le duc Decazes n'a rien voulu
laisser à l'aventure. Après avoir émondé le projet de
toutes les dispositions ambiguës et sujettes à dispute, de
tout ce qui pouvait offusquer les esprits les plus om-

brageux, il a, par une dernière dépêche coupé court à toute objection ultérieure, rendu superflues toutes celles qui ont été faites jusqu'à présent, et placé la France vis-à-vis de l'Égypte dans une condition telle qu'en tout état de cause, et quoi qu'il arrive, elle garde sa liberté la plus entière, la plus absolue.

Citons les termes de l'article 4 de cette dépêche : « Soit » que le gouvernement égyptien ne remplisse pas les con- » ditions stipulées, soit que le résultat de l'expérience ne » soit pas satisfaisant ou que la protection que les consuls » ont le droit et le devoir d'exercer dans l'intérêt de la sé- » curité de leurs nationaux devienne inefficace et impuis- » sante, le gouvernement français se réserve, ainsi que l'a » fait la cour de Russie, d'aviser immédiatement ou même » de revenir au régime actuel, sans attendre l'expiration » de la période quinquennale d'essai. »

Voilà qui est péremptoire. Ajouterai-je que le Khédive a ratifié très-explicitement les stipulations de notre ministre? Si donc la réforme ne fonctionnait pas au gré de nos convenances ou de nos intérêts, nous n'aurions pas à attendre l'expiration du délai de cinq ans, comme on pouvait l'inférer du projet primitif ; nous serions libres d'en exiger l'amendement immédiat, et, en cas de refus, de nous retirer. Ceci démontre la parfaite inopportunité, pour ne pas dire le danger flagrant des conclusions du rapport de **M. Rouvier**. A quoi bon ajourner encore notre adhésion pour entamer de nouvelles négociations? les négociations resteront virtuellement pendantes tant que durera l'essai, et comme nous ne pourrons jamais y être sacrifiés, nous n'avons pas à en prendre ombrage. Il nous sera même d'autant plus aisé de les faire tourner à notre profit que nous serons dans la place. Qu'importent les défauts que l'on reproche au projet actuel ! On les corrigera peu à peu. Nous avons mis trois siècles pour former notre organisation judiciaire.

Le Khédive, pas plus que les puissances, n'ont eu la
prétention sans doute de créer d'emblée une œuvre
irréprochable. Il est de l'honneur, il est du devoir de la
France, comme puissance civilisatrice, de s'associer au
perfectionnement de cette œuvre. N'est-elle pas certaine
d'y jouer le premier rôle ? L'Assemblée en jugera ainsi,
je l'espère. L'Assemblée ne voudra pas tenir la France
plus longtemps en dehors d'une convention où, sans
courir aucun risque, elle n'a à recueillir que des avantages.

Mais, disent encore les adversaires, c'est précisément en
restant en dehors de la convention, en différant tout au
moins d'y entrer que la France fait acte de force, qu'elle
donne plus de valeur à son concours, plus de poids à son
influence. Car, ajoutent-ils, il est manifeste que la France
s'isolant de la réforme, la réforme ne fonctionnera pas ; si
donc on y tient, on viendra forcément à nous ; nous n'au-
rons qu'à demander, qu'à désirer pour recevoir. Nubar-
Pacha le sent si bien que, pour nous rallier, il se montre
prêt, en notre faveur, à tous les sacrifices.

Ce sont là autant de sophismes. Que la France y accède
ou non, la réforme n'en fonctionnera pas moins. La volonté du Khédive est formelle, et comme il est appuyé
par toutes les autres puissances, l'Angleterre, l'Allemagne,
l'Autriche, la Russie, les Etats-Unis, l'Italie, il n'a aucune
raison de reculer ; il regardera notre refus, notre tempori-
sation, si l'on veut, comme une de ces conspirations de
parti qui, chez nous, paralysent trop souvent les desseins
les plus patriotiques, et il passera outre. Les derniers
délais sont irrévocablement fixés. Au 1er janvier prochain,
les tribunaux, ces tribunaux dont la présidence nous était
assurée, entreront en exercice. Nos juges y seront rem-
placés par des juges suédois. Tout est préparé, tout est
arrêté.

Notre abstention n'aurait qu'une seule et unique conséquence. En laissant les Français établis en Egypte aux
mains de nos consuls pour les procès qui s'élèveraient
entre eux, elle les exposerait, dans les cas où ils auraient
à plaider contre des indigènes ou contre des étrangers, à
une déchéance judiciaire absolue ; ils ne trouveraient,
pour connaître de leurs causes, ni tribunaux ni juges.
Singulière façon de protéger nos nationaux ! Il me serait
facile de nommer des Français faisant de grandes affaires
en Egypte qui, par crainte du triomphe de M. Rouvier, se
disposent à placer leurs intérêts sous un pavillon étranger.

Quant aux faveurs dont soi-disant Nubar-Pacha se
montre prêt à nous combler, et que l'on nous propose de
gagner par une sorte de chantage indigne de la France,
on ne voit pas comment nous ne pourrions pas y aspirer
tout aussi bien après qu'avant notre adhésion. Pour nous,
dans les deux cas, la situation à ce point de vue est identique. A la vérité, ces faveurs dont on fait tant de bruit,
on les dénonce comme un mirage perfide, supposant à
Nubar-Pacha le dessein secret de les retirer dès qu'il aura
atteint son but. On oublie ici la dépêche du duc Decazes
citée plus haut. Cette dépêche, qui nous ménage la faculté
de battre en retraite à toute heure, nous garantit, en effet,
quoi qu'il advienne, le maintien des concessions qui nous
auraient été faites ; ces concessions, d'ailleurs, dans la matière dont il s'agit, ne peuvent jamais être qu'une satisfaction donnée à nos exigences légitimes.

Ainsi la question est vidée, les raisonnements de M. Rouvier s'écroulent : sophistique pure, vain épouvantail auquel un Parlement ne saurait se laisser prendre. La
réforme égyptienne est, quoi qu'on dise, une œuvre de
civilisation et de progrès ; le Khédive a convié toutes
les puissances à y participer, et toutes, sauf la France, lui

ont prêté leur concours. Pourquoi donc, puisque la porte nous reste encore ouverte, hésiterions-nous à la franchir? A l'heure qu'il est, le nom, l'influence de la France ont besoin de s'accentuer plus que jamais en Orient. J'aborde ce dernier point, qui est le côté politique de la question.

IX

On a traité la question égyptienne comme une de ces intrigues de parti où se joue le sort d'un cabinet ou d'un ministre ; on a même cherché à en faire un engin électoral. La question est plus haute : il ne s'agit point avec elle d'exalter ou de renverser un ministère, de conquérir la faveur ou de s'attirer l'animadversion de tel ou tel collége ; la question égytienne touche à notre honneur national par un des points les plus vifs, car le but qu'elle poursuit n'est rien moins que le maintien dans les pays d'Orient de l'influence que nous y exerçons depuis des siècles.

Cette influence avait été fondée par les capitulations. Mais les capitulations n'ont jamais empêché de nouveaux usages de s'établir quand des intérêts nouveaux les imposaient, et ces usages se perpétuaient en dépit des traités. Plus encore en Egypte qu'en Turquie, les innovations se sont multipliées ; elles ont été poussées jusqu'à l'abus, en sorte qu'il vint un moment où, suivant la très-juste expression de Nubar-Pacha « les capitulations n'existaient plus en Égypte que de nom. »

Telle était la situation lorsque, en 1867, le Khédive invita les puissances à y pourvoir, et leur présenta un projet *ad hoc*. Des négociations s'ouvrirent aussitôt. Nos ministres des affaires étrangères, MM. le marquis de Moustier, le comte Daru, Jules Favre, de Rémusat, et surtout les ducs de Broglie et Decazes, auxquels en échurent les plus délicates, les dirigèrent avec autant de vigilance que de fermeté. Dès l'abord, ces négociations soulevèrent des questions très-complexes. Jaloux de sa souveraineté nationale, le Khédive en accentuait les exigences outre mesure ; il dut les tempérer ; des concessions se firent de part et d'autre ; enfin, l'accord se conclut.

Du projet issu de cet accord résulte ceci : 1° que les droits du Khédive sont reconnus dans tout ce qu'ils ont de conforme aux traités ; 2° qu'au point de vue de la justice, la situation des Français et autres étrangers établis en Egypte devient régulière et normale ; 3° enfin, que les capitulations, en ce qu'elles ont pour nous de propre et de national, dégagées des superfétations qui les encombraient, reprennent toute leur clarté primitive, toute leur force traditionnelle. De plus, non content de ces stipulations générales, M. le duc Decazes, de concert avec la Russie, a formulé une dernière réserve, acceptée par le Khédive, réserve d'après laquelle, si par suite de l'organisation nouvelle, nos droits, nos capitulations souffraient le moindre dommage, nous aurions la faculté d'y renoncer immédiatement et de revenir au *statu quo*.

Ainsi le projet dont il s'agit, non-seulement ne porte aucune atteinte au principe de notre influence ; il le rajeunit au contraire et le confirme.

X'

A ce projet, on le sait, toutes les puissances ont adhéré. Nous y avons adhéré, nous aussi, mais conditionnellement, c'est-à-dire sauf ratification de l'Assemblée. Or, c'est précisément à la ratification de l'Assemblée que s'oppose la commission Rouvier.

Pourquoi? pas de raisons ; des prétextes plus ou moins spécieux et qui tous, ainsi que je l'ai démontré, n'accusent qu'un aveugle parti pris. Voici le prétexte politique : « La nouvelle organisation consacrerait un abandon irréparable des traditions plusieurs fois séculaires de la France en Orient ; elle porterait un coup décisif au prestige qui entoure le nom français d'Alexandrie au Soudan. »

Il devrait suffire de dénoncer une pareille allégation pour en faire justice. Comment ! On soustrait nos nationaux à une foule d'abus qui mettent leurs intérêts en péril ; on leur laisse, quand ils plaident entre eux, leur tribunal consulaire ; on leur donne, quand ils plaident avec des indigènes ou des étrangers, des tribunaux où ils trouvent des juges européens en majorité, et toujours des juges de leur pays ; on leur évite de porter leurs causes à tous les coins de l'horizon ; et vous traitez une pareille organisation d'abandon de nos traditions séculaires, d'attentat à notre prestige ! En vérité, cela ne se discute pas.

Ne dirait-on pas que nous sommes seul à seul avec le Khédive et que nous pouvons nous passer la fantaisie de lui tenir la dragée haute ? Telle paraît être, en effet, la pensée de la commission. Nous avons, au contraire, devant nous l'Angleterre, l'Allemagne, l'Autriche, les États-Unis, l'Italie, la Russie etc. Or, ces puissances ont bien aussi, je suppose, quelque souci de leurs traditions et de leur prestige ! Elles ont cependant accepté l'organisation, et, par suite, sa mise en exercice a été décrétée.

La commission a-t-elle calculé les conséquences de notre abstention ? Il est permis d'en douter. En tous cas, elle ne semble pas se faire une idée très-juste de l'Orient et du génie oriental. C'est là surtout que ce proverbe est vrai : « Les absents ont toujours tort. » Que dirait l'Egyp-

tien s'il voyait fonctionner les nouveaux tribunaux sans
juges français ? Il dirait que la France a définitivement
succombé sous ses derniers malheurs, qu'elle a abdiqué,
qu'elle est morte ; et nos nationaux n'apparaîtraient plus à
ses yeux que comme des aventuriers sans patrie, que le
dernier des fellahs pourrait molester impunément. Où en
seraient alors et nos traditions séculaires et notre prestige ?
On en ferait litière, et dans un rayon autrement vaste que
celui d'Alexandrie au Soudan, M. Rouvier peut y compter.
N'ai-je pas déjà signalé certaines de nos maisons franco-
égyptiennes des plus importantes qui, dans l'appréhension
d'un pareil sort, se disposent à placer leurs intérêts sous
un pavillon étranger, c'est-à-dire à abdiquer leur nationalité ? La commission avait-elle prévu cette conséquence
de son parti pris ?

XI

Je ne dirai rien du Khédive : il se passera de nous, il
nous laissera à la situation que nous nous serons faite ;
peu enclin, évidemment, à nous combler de ses prévenances. Mais les puissances ! Les puissances n'éprouve-
raient-elles pas un vif froissement de notre attitude ? N'y
verraient-elles pas une critique tout au moins indirecte de
la résolution que, dans leur sagesse, elles ont cru devoir
prendre ? Elles s'étonneraient de ce que chez nous, même
en temps de république, des diplomates de feuilleton
l'emportent sur des diplomates de cabinet.

Nous commençons déjà à recueillir les fruits de cette
étrange politique. On incrimine M. le duc Decazes à propos
de l'achat par l'Angleterre des actions du Khédive. C'est
renvoyer à un autre le pavé que l'on a reçu sur la tête.
D'abord le fait de cet achat n'était nullement imprévu ;

on en parlait dès l'époque de l'inauguration du canal.
J'étais alors à l'étranger, et je puis affirmer que dans les
salons politiques de Stockholm, de Saint-Pétersbourg, de
Vienne, de Berlin, on s'entretenait très-ouvertement de
cette éventualité. « L'Angleterre, disait-on, s'est isolée,
jusqu'ici, de l'affaire de Suez, mais elle saura bien y
rentrer d'une façon ou d'une autre quand elle le jugera
opportun. »

Si dans la forme on trouve quelque chose qui nous
choque, à qui la faute? Ce n'est certes point à M. le
duc Decazes, c'est à la commission. Par son mauvais
vouloir, par ses atermoiements, par l'opposition soufflée
aux journaux à son service, la commission a aigri le
Khédive contre nous et facilité l'accès auprès de lui de
tout ce qui pouvait nous être hostile. L'Angleterre a
exploité ces dispositions. Quoi d'étonnant ? C'est le jeu de
la diplomatie. M. de Bismarck nous a habitués à de bien
autres tours de force.

Quant au côté politique du marché, il est beaucoup
moins grave qu'on ne voudrait le faire croire. Les Anglais
eux-mêmes versent déjà de l'eau dans le vin dont ils s'é-
taient grisés d'abord. Non, l'Angleterre ne tirera pas plus
le canon sur les navires étrangers des hauteurs de Suez
ou de Péluze qu'elle ne le tire des hauteurs de Gibraltar.
Il interviendra probablement, pour la navigation de l'isthme
un arrangement analogue à celui qui a eu lieu jadis pour
la navigation du Sund. Du reste, quoi qu'il arrive,
l'œuvre de M. Ferdinand de Lesseps ne perdra point son
caractère d'internationalité. Mais, encore une fois, si la
commission ne nous eût laissé attendre plus d'un an un
rapport qu'il était facile de rédiger en huit jours, si elle
n'eût usé de ce long intervalle pour crier et faire crier son
opposition par-dessus les toits, notre situation en Egypte
eût été toute différente. Nous nous serions trouvés sur le

lieux en même temps que les autres puissances, et, d'accord
avec elles, nous aurions pu atténuer, du moins, dans sa forme un marché dont on ne fait tant de bruit aujourd'hui
que parce qu'il a l'air d'un coup de théâtre. On prête à la
commission le dessein d'établir une sorte de connexité
entre ce marché et la réforme judiciaire. Libre à elle ;
seulement pour peu qu'elle y mette de conscience et de
loyauté, pour peu qu'elle présente la connexité telle qu'elle
est, c'est-à-dire avec les principes et les conséquences
dont elle est seule responsable, il est à croire qu'elle ne
sortira de son aventureuse tentative que pour faire son
meâ culpâ.

XII

Si le marché conclu entre le Khédive et l'Angleterre
suffit pour nous faire déplorer notre absence de la nouvelle organisation judiciaire de l'Egypte, quels ne seraient
pas nos regrets si tant d'autres questions soulevées, à
l'heure qu'il est, en Orient, devaient se débattre et se résoudre sans nous ? Est-ce que nos traditions séculaires,
est-ce que notre prestige n'en souffriraient aucune atteinte ?

Nous sommes en Orient, nous y sommes diplomatiquement, mais avec une force de moins : la force que nous
donnerait un accord complet avec les puissances. A cet
égard, l'Egypte ne saurait être séparée de la Turquie, dont
elle forme partie intégrante. Un mot dit dans les conseils
du Caire a son écho dans les conseils de Constantinople.
Par contre, une action tentée à Constantinople s'énerve
fatalement si elle correspond à une déchéance au Caire.
Connexité sérieuse que celle-là, plus sérieuse que celle

dont je parlais tout à l'heure à propos de la cabale ourdie soi-disant par la commission.

La commission nous parle de nos traditions séculaires, de notre prestige retentissant d'Alexandrie au Soudan. C'est fort bien. Mais alors pourquoi, par des tracasseries mesquines, des sophismes flagrants, une opposition préconçue et systématique, chercher à provoquer une mesure dont l'effet direct serait d'altérer ce prestige et de rompre ces traditions ? L'Assemblée, je l'espère, ne suivra point la commission dans cette voie : elle aura plus de souci de nos intérêts et de notre drapeau.

C'est ainsi que je m'exprimais en 1875. L'Assemblée a donné tort à la commission ; le projet de loi sur la réforme judiciaire en Egypte a été voté à une imposante majorité. Ce qui se passe aujourd'hui en Orient n'est-il pas une confirmation nouvelle de tout ce qui a été dit en faveur de cette réforme? Quelle serait notre situation politique dans ce pays si, conformément au rapport de M. Rouvier, nous avions différé encore de nous joindre à l'action qu'y exercent les puissances?

FIN.

TABLE DES MATIÈRES

FRANCE

ANGLETERRE

LA GRÈCE

AUTRICHE-HONGRIE

ALLEMAGNE

ÉGYPTE

Paris. — Imprimerie de E. DONNAUD, rue Cassette, 9.